——／ 崇祯帝手迹

陈梧桐 ⊙ 著

# 崇祯传

河南文艺出版社
·郑州·

**图书在版编目(CIP)数据**

崇祯传/陈梧桐著. --郑州:河南文艺出版社,2023.8
(2023.11 重印)

ISBN 978-7-5559-1480-8

Ⅰ.①崇⋯ Ⅱ.①陈⋯ Ⅲ.①崇祯帝(1611-1644)-传记 Ⅳ.①K827=48

中国国家版本馆 CIP 数据核字(2023)第 124873 号

| | | | |
|---|---|---|---|
| 选题策划 | 杨彦玲　梁素娟 | | |
| 责任编辑 | 梁素娟 | | |
| 责任校对 | 殷现堂 | | |
| 书籍设计 | 吴　月 | | |

| | | | |
|---|---|---|---|
| 出版发行 | 河南文艺出版社 | 印　张 | 19.25 |
| 社　　址 | 郑州市郑东新区祥盛街 27 号 C 座 5 楼 | 字　数 | 269 000 |
| 承印单位 | 河南瑞之光印刷股份有限公司 | 版　次 | 2023 年 8 月第 1 版 |
| 经销单位 | 新华书店 | 印　次 | 2023 年 11 月第 3 次印刷 |
| 开　　本 | 700 毫米 × 1000 毫米　1/16 | 定　价 | 68.00 元 |

印厂地址　河南省武陟县产业集聚区东区(詹店镇)泰安路

邮政编码　454950　　电话　0371-63956290

# 序　言

明朝的末代君主明思宗朱由检,因年号崇祯,人们也习称他为崇祯皇帝。崇祯十七年(1644)三月十九日,李自成领导的大顺农民军攻入北京内城,明思宗走投无路,与太监王承恩一起登上煤山(今北京景山),在皇寿亭畔的一棵槐树上自缢身亡,宣告了明王朝统治的终结。

统治长达277年的明王朝,最后葬送在明思宗手里,他自然负有不可推卸的责任。但明思宗自己却不这样看。崇祯八年(1635),当凤阳的明皇陵遭到农民起义军放火焚烧之后,他发布了罪己诏,在"罪己"的同时,就指责文武大臣"夸诈得人,实功罕觏",似乎明王朝面临的深刻危机,都是由"诸臣失算"①造成的。到崇祯十七年二月,当李自成率领的大顺军渡过黄河横扫山西之时,他更是大肆谴责臣僚,说:"朕非亡国之君,诸臣皆亡国之臣矣!"②到了三月,大顺军兵临北京城下,他在煤山自缢之前,还在衣襟上愤然写道:"朕薄德匪躬,上干天咎,然皆诸臣误朕。"③至死都不承认自己是亡国之君。

作为明思宗的劲敌,明末农民起义领袖之一的李自成,在崇祯十七年二月率部

① [明]谈迁著,张宗祥校点:《国榷》卷九四,崇祯八年十月乙巳,中华书局1958年版,第5717页。
② [清]查继佐:《罪惟录》帝纪卷一七,《毅宗烈皇帝纪》,浙江古籍出版社1986年版,第384页。
③ [清]张廷玉等撰:《明史》卷二四,《庄烈帝纪》二,中华书局1974年版,第335页。

横扫山西,发布檄文也说:"君非甚黯,孤立而炀灶恒多,臣尽行私,比周而公忠绝少,赂通公府,朝端之威福日移,利擅宗绅,闾左之脂膏殆尽。"①

明思宗死后,对他的评价便出现了聚讼纷纭的现象,既有斥责者,也有同情者,更有赞颂者,令人莫衷一是。

清康熙帝为修明史,曾对明史馆诸臣发表对明史的看法,谓:"当洪、永开国之际,创业垂统,纲举目张,立政建官,法良意美,传诸累叶,虽中更多故,而恪守祖制,足以自存。又十六朝之内宫禁毖严,而女主不闻预政,朝纲独御,而权奸不敢上侵。统论一代规模,汉迄唐宋,皆不及也。惟是晚近诸君生于深宫之中,长于妇寺之手,不能接对群臣,巡省风俗,以致民隐壅于上闻,军务日益弛废。迨末季朋党滋繁,一时大小臣工,悉固私交而行欺罔,遂使国是淆乱,盗贼恣猖,役重赋烦,边腹交困,而明祚驯至衰危矣。"②这段话概括地论述了明代诸帝的是非功过,既充分地肯定明初太祖、成祖"创业垂统,纲举目张,立政建官,法良意美"的历史功绩,也无情地揭露晚明诸帝"民隐壅于上闻,军务日益弛废",特别是末季崇祯帝"国是淆乱""役重赋烦"而致明祚衰危的弊政。

清乾隆朝修成的《明史》,在《庄烈帝纪》之后的赞语中,对明思宗做出这样的评价:"帝承神、熹之后,慨然有为。即位之初,沉机独断,刈除奸逆,天下想望治平。惜乎大势已倾,积习难挽。在廷则门户纠纷,疆场则将骄卒惰。兵荒四告,流寇蔓延。遂至溃烂而莫可救,可谓不幸也已。然在位十有七年,不迩声色,忧勤惕励,殚心治理。临朝浩叹,慨然思得非常之材,而用匪其人,益以偾事。乃复信任宦官,布列要地,举措失当,制置乖方,祚讫运移,身罹祸变,岂非气数使然哉。"③这则代表清代官方的评论,褒多于贬,极力赞扬明思宗的"慨然有为""不迩声色,忧勤惕励",至于"祚讫运移,身罹祸变",那不过是"气数使然"罢了。

---

① 《国榷》卷一○○,崇祯十七年二月壬申,第6026页。

② [清]刘承干:《明史例案》卷一,徐蜀编:《〈明史〉订补文献汇编》,北京图书馆出版社2004年版,第7页。

③ 《明史》卷二四,《庄烈帝纪》二,第335页。

明末的忧时之士夏允彝,在《幸存录》中评价明思宗说:"烈皇帝太阿独操,非臣下所得窃用。而每当大举措,则内珰每发其端,似阴中而不觉也。而满朝之用舍荣枯,则一视首揆之趋向,亦似为所阴移而不觉者。"①批评明思宗"太阿独操",也就是独断专行,认为明王朝之亡就亡在他的独断专行。

清初浙江海宁人查继佐,在《罪惟录》中评述明思宗一生的功过是非说:"帝勇求治,寡欲崇俭,鳃鳃民瘼。此心诚可享上帝。独少推诚,稍舞智,往往以处逆魏之法绳其下。于是诸臣救过不暇,即贤者亦或宁自盖。而坚任诸内侍,益灰豪杰之隐。曰吾自不旁落,已旁落矣。以饥益盗,以加派益饥,以缮兵益加派,以不知所以用兵益缮兵,久之兵皆盗也。盟诸中者,不与众喻,有恝视耳。帝信王时尝阅《三国志》,见十常侍及董卓、曹瞒矫制擅权,未尝不抚掌切齿。已闻立枷之刑,颇为动色,乃逡巡似失初指,则事势流激之,不期其然也。虽然,不屈者人臣之节,而天子先之。为南面持大防,义矫百代,是故愿从者众。为北面昭大节,亦矫百代。"②赞扬明思宗勇于求治、寡欲崇俭、关心民瘼,最后以身殉国,是个"矫百代"的壮举。同时批评他少推诚,稍舞智,疏远大臣而信任宦官,最后导致王朝的覆灭。

清初直隶丰润人谷应泰,在《明史纪事本末》中评论明思宗说:"怀宗之图治,与其所以致乱,揆之事实,盖亦各不相掩焉。方其大东罢贡,便殿停香,记法重珥笔之臣,寒暑御文华之讲,进监司而问民疾苦,重宰执而尊礼宾师,以至素服论囚,蠲逋珥乱,罪己则辍减音乐,赈饥则屡发帑金,于是爱民勤政,发奸摘伏,此则怀宗之图治也。及其御寇警则军兴费烦,急征徭则闾阎告病,以至破资格而官方愈乱,禁苞苴而文网愈密,恶私交而下滋告讦,尚名实而吏多苛察,于凡举措听荧,贞邪淆混,此则怀宗之致乱也。"③认为明思宗的为政,其致治的绩效与致乱的祸患都极显著,互不相掩。

曾协助谷应泰编修《明史纪事本末》的文学家张岱,在《石匮书后集》中,对明思宗的功过逐一进行评述,最后以同情的笔触写道:"古来亡国之君不一,有以酒亡

① [明]夏允彝:《幸存录》,《明季稗史初编》卷一五,上海书店 1988 年版,第 306 页。
② 《罪惟录》帝纪卷一七,《毅宗烈皇帝纪》,第 386—387 页。
③ [清]谷应泰:《明史纪事本末》卷七二,《崇祯治乱》,中华书局 1977 年版,第 1210 页。

者,以色亡者,以暴虐亡者,以奢侈亡者,以穷兵黩武亡者。嗟我先帝,焦心求治,旰食宵衣,恭俭辛勤,万几无旷,即古之中兴令主,无以过之。乃竟以崔苻(原意为泽,引申为盗贼出没之处)剧贼,遂至殒身。凡我士民,思及甲申三月之事,未有不痛心呕血,思与我先帝同日死之为愈也。"还说:"先帝焦于求治,刻于理财,渴于用人,骤于行法,以致十七年之天下,三翻四覆,夕改朝更。耳目之前,觉有一番变革,向后思之,迄无一用,不亦枉此十七年之精励哉!"①褒扬多于谴责,字里行间流露出一股惋惜之情。

清乾隆年间驰誉文坛的全祖望,在《明庄烈帝论》中则针对明思宗自谓非亡国君的言论,评论说:"庄烈自言非亡国之君……虽然庄烈之明察济以忧勤,其不可以谓之亡国之君,固也。而性愎而自用,怙前一往,则亦有不能辞亡国之咎者。凡庄烈之召祸,在内则退宦官而不终,在外吝于议和。"②他认为放任宦官干政、拒绝与清议和,是导致明思宗亡国的两个关键问题。

对明思宗评价的这种意见分歧,在史学界长期存在。新中国成立之后,史学家对明思宗的评价多持否定态度,但也有些论者仍对其表示同情,甚至为之开脱、辩解,赞同其为"非亡国之君"说。近年就有学者援引明清史学家孟森"思宗而在万历以前,非亡国之君也;在天启之后,则必亡而已矣"③的论断,进而推论是历史让明思宗演出了一个非亡国之君的亡国悲剧。

那么,明思宗究竟是怎样的一个历史人物,上述的诸多评论究竟哪一种符合历史实际呢?这部《崇祯传》,择取明思宗生平活动的十个专题,以点带面地概述其一生的重大活动及其对历史演进所产生的影响,进而对其是非功过做出客观公允的评价,来回答读者的疑问。

---

① [明]张岱著,中华书局编辑所编辑:《石匮书后集》卷一,《烈皇帝本纪》石匮书曰、又曰,中华书局1959年版,第40—41页。

② [清]全祖望:《鲒埼亭集》卷二九,《明庄烈帝论》,国学基本丛书本。

③ 孟森:《明清史讲义》上册,中华书局1981年版,第283页。

# 目 录

contents

# 第一章

# 危难之际就帝位

　　朱由检按照惯例推辞了两次，到第三次才答应继位。他牢记皇嫂张皇后"勿用宫中食"的嘱咐，袖中暗藏岳父周家为他制作的麦饼，忐忑不安地随涂文辅入宫，在乾清宫住下。此时的宫中，空空荡荡，冷冷清清，除了几个小宦官，不见一个大臣的身影，让他感到阴森恐怖。当晚，他未敢入睡，独自秉烛静坐，警惕地听着殿外的动静。有个巡视的宦官佩剑进来，他要过剑观赏一番，放到几案上，说留着把玩，实则用以防身，而许诺将给这个宦官重赏。接着，他又叫近侍太监从光禄寺取来酒食，犒赏巡逻的禁卫人员，同他们搞好关系。住在信王府的周妃，也是一夜未眠，战战兢兢地为朱由检祈祷，求神灵保佑他免遭不测。

# 一、降生于多事之秋

明思宗朱由检，是明朝的末代皇帝。他降生于万历三十八年（1610）的年末，时值危机四伏的多事之秋。

本来，在明前朝奠定的基础上，明代的社会生产在中后期得到长足的发展，商品经济空前繁荣，白银实现货币化，农业和手工业都出现新的经济因素，经济结构开始缓慢地由较为单一的农业经济向农、工、商并举的多元经济转变。与此同时，国内市场也由区域性市场向全国性的统一市场发展，并积极参与世界市场的建构，海外贸易迅速兴起，中国已经开始融入世界贸易体系。经济领域的变化，又引起上层建筑的一系列变化。在阶级关系方面，官绅地主的政治经济实力空前增强，贫富两极分化加剧，市民阶层逐渐形成。在社会生活方面，追求财富、崇尚奢华、逾礼越制、喜新厌旧成为时代的风尚，人们的日常生活开始出现新的变化。在思想观念方面，阳明心学的勃兴与实学思潮的涌动，使人的个性和欲望得到大胆的肯定，伦理观、财富观、价值观、政治观等也开始发生转变，贯穿着批判与求实的精神，闪现出人文主义的思想光芒。在文学艺术方面，传统正宗诗文等雅文学日趋衰落，小说、戏曲等俗文学悄然勃兴，突显出主体个性的张扬与对人欲的充分肯定。在科学技术方面，在对传统科技进行总结的同时又有创新，强调实验手段与数学语言的运用，以及对西方自然科学技术的吸收。尤其值得注意的，是上层政治领域出现的改革潮流。先是明武宗去世后,杨廷和与张璁相继进行革故鼎新,而后张居正更在隆庆和万历初年将改革推向高潮,实行赋役的货币化,使明朝的实物财政转变为货币财政,扭转了嘉靖、隆庆时期财政连年亏损的困境,"府库充溢""太仓粟可支十年,阃寺(太仆寺)积金至四百余万"①,成为正德以来国家财政最好的时期。

所有这一系列的变化,使晚明社会呈现新旧因素杂陈的多元色彩。中国古代的封建社会由此进入成熟阶段,并开启了向近代社会转型的进程。

但是,此时的明朝最高统治阶层眼界狭窄,消息闭塞,没有看到15世纪末16世纪初世界地理大发现后,西方殖民主义不断向东方拓展势力,世界各大洲已逐渐连为一体,全球化的趋势初露端倪,这对中国既是挑战,也是机遇。他们未能抓住这个机遇,对治国方略进行必要的调整,大力推进社会转型,使中国尽快走向世界,加快发展的速度。相反,晚明的几任君主都极其昏庸腐朽,他们为了维护既得利益,死死抱住君主专制的制度和重农抑商的政策不放,推行一系列倒行逆施的举措,导致吏治高度腐败,贫富差距极端扩大,社会矛盾急剧激化,造成社会的大动荡,使社会转型遭受严重挫折,丧失了走向世界并获得快速发展的机遇。

朱由检的祖父明神宗,在虚龄10岁继承皇位之时,内廷由生母李太后主政,外朝以内阁首辅高拱为首。万历元年(1573)正月,次辅张居正勾结宫中太监冯保,驱逐高拱,当上首辅兼帝师。他在李太后的支持下,大力推行改革,同时严格管教小皇帝,力图将他培养成"尧、舜之君"。但张居正的严格管教未能敌过随侍小皇帝的宦官们的潜移默化和商品货币大潮的负面影响,反而使其产生逆反和报复的心理。随着年龄的增长,明神宗逐渐滋长了嗜酒、恋色、贪财、尚气(意气用事)四大恶习。

万历十年(1582),张居正病逝,明神宗亲政。他掌握封建专制统治的大权后,立即对张居正进行清算,张居正的改革事业由此遭到否定或篡改。建立在清丈田亩,限制贵族地主、官绅地主优免特权基础上的一条鞭法,虽然延续了下来,但贵族地主、官绅地主仍然肆行无忌地欺隐田产、滥免粮差,使一条鞭法变味走形,未能发

---

① 《明史纪事本末》卷六,《江陵柄政》,第958页。

挥其均平负担、缩小贫富差距的作用。

明神宗亲政之后，开头几年，尚能勤奋理政，"日视朝讲，万几亲总，五夜夙兴，又且留心民瘼，加意人才，召对辅臣，咨访部院，开诚纳谏，虚己受言"①。亲政期间，他决策进行的"万历三大征"即平定宁夏哱拜之叛、援朝御倭之战及平定播州杨应龙之乱，均取得成功，对维护国家统一、巩固边防产生积极的作用，赢得了后人的赞许，表明他并非庸主。无奈他是酒色之徒，"每夜必饮，每饮必醉"②，在酩酊大醉之后，就拽过在旁侍候的嫔妃、宫女行房事。过度的酗酒和纵欲，使他的身体日渐虚弱。从万历十四年（1586）下半年到万历四十八年（1620）病危，长期疏怠政事，难得视朝，也很少面见大臣，许多军国大事不能及时处理，官员的选拔任免无法正常进行，以致"人滞于官"③，"曹署多空"④，"职业尽弛，上下解体"⑤，政治也就更加黑暗腐朽了。

明神宗的生活极其奢华糜烂。他不仅"因曲蘖而欢饮长夜，娱窈窕而晏眠终日"⑥，而且对饮食、衣装及器用都非常讲究，极尽挥霍之能事。继位一段时间后，他就掏空专供皇室开支的内府，于是又不断伸手向户部"传索帑金"。国库历年储积的存银被他逐渐花光，出现巨额的财政亏空，因而无法向御边的守军拨发军饷，导致兵变频繁发生。

面对国家财政的巨额亏空，明神宗不是采取措施扶植和支持工商业特别是海外贸易的发展，加速由较为单一的农业税向多种税制的转变，以扩大税源，相反却加紧对工商业者的直接搜刮。从万历二十四年（1596）起，明神宗就派出大批宦官

---

① 《明神宗实录》卷三〇一，万历二十四年闰八月丁卯，台北"中央研究院历史语言研究所"1962 年影印校勘本。（以下所引之《明神宗实录》者，皆出自该版本，不另加注。）

② ［明］陈子龙等选辑：《皇明经世文编》卷四九四，［明］冯从吾：《请修朝政疏》，中华书局 1962 年影印本。

③ 《明神宗实录》卷三九二，万历三十二年正月辛酉。

④ 《明史》卷二二五，《赵焕传》，第 592 页。

⑤ ［清］赵翼著、王树民校证：《廿二史札记校证》卷三五，《万历中缺官不补》，中华书局 1984 年版，第 798 页。

⑥ ［清］邹漪：《启祯野乘》卷一，清刻本。

充当矿监税使,分赴各地开矿征税,将搜刮来的钱财直接上交内府。矿监名义上是督领金银等矿的开采,实际上是借开矿之名,对百姓进行敲诈勒索,如妄指百姓的良田之下有矿脉,迫使主人交出大笔钱财,否则便毁坏庄稼、拆毁宅院。税使则在繁华的城镇、关津、渡口设置关卡,强迫过往的商旅、车船交纳各种税金。有的地方不仅重复征税,而且任意扩大征税的范围,就连"穷乡僻坞,米盐鸡豕,皆令赋税"①。正如户科给事中田大益在万历二十八年(1600)的上疏所指出的:"矿不必穴,而税不必商,民间丘陇阡陌,皆矿也;官吏农工,皆入税之人也。公私骚然,脂膏殚竭。"②矿监税使的苛剥,使广大民众遭受一场空前的浩劫,商业经营和手工业生产更是遭到严重的摧残,导致民变频发。

明神宗的倒行逆施,不仅导致朝政腐败,贪风炽盛,赋役沉重,土地集中,兵变与民变此伏彼起,而且导致边防废弛,为女真的崛起与坐大提供了条件。

女真是我国东北的古老民族,元代分布于松花江下游、黑龙江流域直至库页岛,元末明初陆续南迁,分成建州女真、海西女真和东海野人女真三大部。他们原以渔猎为生,后来南迁的建州女真和海西女真逐渐过渡到以农耕为生,并跨进了奴隶社会。明朝建立后,大力招抚女真三部,建立众多羁縻卫所,隶属奴儿干都司(治特林,今俄罗斯蒂尔)管辖。明廷准许各部的首领、酋长入京朝贡与互市,令其为明朝守边,以抑制蒙古势力,同时实行"分而治之"的政策,令其"各自雄长,不相归一"③,借以维护东北局势的稳定。在明朝统治的两百多年间,女真各部通过贡赐与互市,加强与中原的经济文化交流,加快发展的步伐。到万历年间,诸部蜂起,彼此攻伐,互争雄长。就在诸部的混战之中,建州女真的努尔哈赤逐渐崛起。努尔哈赤出身于建州左卫的奴隶主家庭,祖父觉昌安和父亲塔克世都在明朝的羁縻卫所担任过官职,他本人也曾在明朝的辽东总兵李成梁帐下当过兵。万历十一年(1583),李成梁在建州右卫图伦城主尼堪外兰的引导下,率兵镇压建州右卫古勒寨主阿台

---

① 《明史》卷八一,《食货志》五,第1978页。
② 《明史》卷二三七,《田大益传》,第6171页。
③ [明]董其昌:《神庙留中奏疏汇要》卷一,《兵部卷》,明天启刊本。

的叛乱,误杀随同前往劝降的觉昌安和塔克世。努尔哈赤闻讯,从李成梁帐下出逃,返回建州女真。明廷为了安抚努尔哈赤,给了他 30 道敕书、30 匹骏马作为赔偿,并命其承袭父职担任建州左卫指挥使。当年五月,努尔哈赤便以报父祖之仇为名,攻占图伦城,开始了统一女真的战争。努尔哈赤采取"远交近攻"之策,交好朝鲜和蒙古,用 10 年的时间统一了建州女真;尔后又用 20 年的时间,征服了乌苏里江和黑龙江流域的东海女真;接着,进一步统一了海西女真和东海女真的大部分地区。在统一的过程中,努尔哈赤将女真原有的狩猎和军事组织"牛录"制度加以改造,建立军事、政治、经济合一的八旗制度,大大提高女真的战斗力,加速了社会经济的发展。万历四十四年(1616),他在赫图阿拉(今辽宁新宾老城)登基建立后金政权,自称英明汗。过了两年,努尔哈赤以"七大恨"告天,公开背叛明朝,一举攻占了抚顺。

明廷对努尔哈赤统一女真,甚至建国称汗,从未进行干预,但努尔哈赤公然背叛明朝,并大举攻明,这是明神宗不能容忍的,他决定给予有力的反击。当时,明朝内部党争正酣,浙党首领、内阁首辅方从哲支持明神宗的决定,并推荐与浙党关系密切的杨镐为兵部左侍郎兼右金都御史,经略辽东。要打仗,就需要大笔军饷,此时国库荡然一空,而宫廷的内帑山积,达到"亘古所无"①的地步,一些大臣请发内帑,遭到明神宗的断然拒绝。经明神宗批准,户部援引嘉靖年间平定东南沿海倭寇与万历年间几次征战时一度实行的田赋加派办法,规定除贵州之外,各省田赋每亩加派 3 厘 5 毫,称为"辽饷",共计加征 200 万两白银。万历四十七年(天命四年,1619)命杨镐统率 10 万兵马,分四路攻打赫图阿拉。努尔哈赤采取"凭尔几路来,我只一路去"②的对策,于三月初在萨尔浒(今辽宁抚顺东南)集中八旗兵力,相继歼灭西路、北路和东南路的明军。杨镐急令南路明军退师。明军从此丧失在辽东战场的主动权,已无力再发动进攻,不得不采取守势,在战略上陷入了被动。后金

---

① [清]孙承泽:《春明梦余录》卷三五,《户部》一,江苏广陵古籍刻印社影印清光绪刻本。
② [明]傅国:《辽广实录》,丁丑丛编本。

八旗兵乘胜进攻，先后攻占开原、铁岭，征服了叶赫部，进而谋取沈阳、辽阳两城，成为明朝的一大劲敌。

除了国事的处理屡屡出现失误，明神宗对家事的处理亦多乖张之举。他在万历六年(1578)大婚，娶了王皇后。王皇后"贤而多病，不能育"①。李太后让张居正为之册选九嫔，以广子嗣。就在册选九嫔之时，有天他到李太后居住的慈宁宫，索水盥手，宫中出身卑微的侍女王氏给他端来盆水，他见了甚是喜欢，与之发生关系，使她怀了孕。经李太后追问，他只好认账，封其为"恭妃"。万历十年(1582)，王恭妃为之生下皇长子朱常洛。但明神宗钟爱的是出身富有人家、早年读过书又长得漂亮的郑贵妃，因而长期不给王恭妃晋封位号，对朱常洛也是"一应恩礼俱从薄"②。过了三年，郑贵妃为他生下皇三子朱常洵(皇次子早殇，生母不详)，明神宗即晋封其为皇贵妃，并与之一起到紫禁城西北门的大高元殿行香，暗中立下拟立朱常洵为皇太子的"密誓"③。此举违背明朝嫡长子继承制的传统，因而引起众大臣的关注。万历十四年(1586)二月，首辅申时行等大臣为绝后患，上疏请求册封朱常洛为皇太子。明神宗未允，百官又纷纷上疏，与明神宗展开了一场长达15年的"国本"之争。

明神宗一系列的失误和乖张举措，引起一些正直官员(主要是中下级官员)的不满。他们多以气节自负，要求明神宗亲御朝政，抑制贪欲，改良政治，体恤民情，关心民瘼，属于政治上的清流派。另一些官员(主要是当权的上层官员)则不问是非曲直，一味阿顺明神宗和内阁大臣，属于政治上的浊流派。双方围绕一些重大的政治问题，展开激烈的斗争。前面提到的争国本，就是双方争论的一项重要内容。

万历三十二年(1604)，被罢官回到无锡老家的吏部文选司郎中顾宪成，与志向相同的高攀龙、钱一本、顾允成(顾宪成弟)、薛敷教等正直的士大夫，在无锡东林书院讲学。他们在讲学之余，"讽议朝政，裁量人物"，"朝士慕其风者，多遥相应

① 《罪惟录》卷二，《王皇后传》，第1174页。

② [明]文秉：《先拨志始》卷上，中国历史研究资料丛书本。

③ 《先拨志始》卷上。

和"①,逐渐形成一股政治力量。浊流派的官员,逐渐形成齐、楚、浙、昆、宣诸党,他们将与之对立的朝廷内外的正直之士称为"东林党"。东林党与齐、楚、浙、昆、宣诸党,围绕着朝廷官员的任命和皇储等问题,继续展开激烈的斗争。

明神宗专宠郑贵妃,不喜欢王恭妃,因而也不喜欢皇长子朱常洛,既迟迟不让他出阁读书,也迟迟不立他为皇太子,万历二十九年(1601)经李太后的干预虽勉强立其为皇太子,但对他仍是不冷不热。而在册封朱常洛为皇太子的同时,则封朱常洵为福王,在其成年之后也一直未令其按祖制离开京城就藩封国,从而对朱常洛的太子地位构成严重的威胁。因此,朱常洛处处谨小慎微,整天愁眉深锁,便在近侍的诱导之下,纵情酒色,既借酒消愁,又期盼能早生贵子,博取父皇的欢心。明神宗在政治上压制朱常洛,在生活上则尽量满足他的要求,供其玩乐。所以,在朱常洛身边,除了太子妃,还有成群的妃嫔和选侍(没有封号的侍女)。这群妃嫔和选侍,果然为他生下一大群子女,其中包括未来的明朝最后两位君主朱由校和朱由检。万历三十三年(1605)十一月十四日晚,当王选侍为朱常洛生下长子朱由校时,他立即命年老的宫人去仁德门外向明神宗报喜,孰料,明神宗并未因此改变对他的态度,仍迟迟未让福王就藩封国,亦迟迟不立朱由校为皇太孙。

在强大的舆论压力下,福王于万历四十二年(1614)勉强就藩洛阳,但第二年五月,就发生了梃击事件。五月初四日,有一名叫张差的男子,手持枣木棍,闯进朱常洛居住的慈庆宫大门,击伤守门太监,又蹿至前殿檐下,被几名太监捉住。浙党的巡皇城御史刘廷元审问后,说他是个疯子。东林党的刑部提牢主事王之寀再加审问,发现他并不疯癫。经刑部等三法司会审,张差供出其闯宫梃击,系受郑贵妃宫中太监刘成、庞保的指使。消息一传出,"中外籍籍,疑(郑)贵妃弟国泰为之"②。明神宗为了保护郑贵妃,仅下令将张差处死,而将庞、刘二人在内廷秘密击毙。

由于明神宗不喜欢朱常洛及其子朱由校,朱由校之弟朱由检更得不到明神宗

---

① 《明史》卷二三一,《顾宪成传》,第6032页。
② 《明史》卷二四一,《张问达传》,第6260页。

的疼爱。朱由检除了 5 岁那年随父亲朱常洛和两个哥哥一起参加明神宗对大臣的召见，远远见过祖父那副病恹恹的仪容，平时根本见不到祖父的身影，祖父对他也几乎没有印象。朱由检的生母刘氏，是初入太子宫的淑女，为人贤惠忠厚，对朱由检疼爱有加，悉心呵护，期盼将来能母以子贵。"时宫中有二李选侍，人称东、西李。康妃者，西李也，最有宠"①，她常在朱常洛面前说三道四，挑拨离间，致使朱常洛逐渐疏远了刘氏，进而寻隙训斥。刘氏谨守妇道，从不辩解，但仍不时遭受西李的凌辱殴打，终于积愤成疾，在朱由检 5 岁那年含恨而逝。刘氏死后，朱常洛将朱由检交给西李抚育。但仅过 4 年，朱由校之生母王才人病逝，朱常洛又将朱由校交给西李抚育。西李见朱由校是皇长孙，便把主要精力都放到朱由校身上，而冷落朱由检。后来，她又生下一个女儿，朱常洛便将朱由检交给东李抚养。东李为人正直，"仁慈寡言笑"②，行事小心谨慎，从不与西李计较。由于膝下没有子女，她将全部的爱心都倾注到朱由检身上，视如己出，百般呵护，尽心调教。朱由检重新获得一份母爱的温暖，并在东李的调教之下，逐渐养成良好的生活习惯。每天清晨起床后，先拜天，随后即向东李请安，尊如生母。他还喜欢读书，并养成静坐颐养的习惯，阅读儒家经典，常长久不动，有时口中念念有词，有时静思默想。同时，东李的溺爱，也养成他自以为是、独断专行的性格特点。

---

① 《明史》卷一一四，《后妃传》二，第 3541 页。
② 《明史》卷一一四，《后妃传》二，第 3542 页。

## 二、少年与信王生涯

朱由检 10 岁那年，即万历四十八年（1620）七月二十一日，明代历史上在位时间最长的明神宗去世。八月初一日，朱由检的父亲朱常洛继位，是为明光宗，改元泰昌。他的大政方针继承乃父明神宗的老套路未变，不顾国库空虚、百姓穷困，继续大兴土木，催征税粮。生活上仍然沉溺酒色。郑贵妃为讨其欢心，给他送去八个（一说四个）妖艳的女乐，他欣然接受。有一天退朝，升座开宴，他令这几个女乐陪饮，至半夜就寝，连幸数人，第二天即大病不起。郑贵妃又指使其亲信崔文昇进大黄药，明光宗服后大泻不止，"一夜数十起，支离床褥间"①。而后，又服下鸿胪寺丞李可灼所进的"红丸"，继位仅一个月，就"龙驭上宾"，成为明代在位时间最短的一位君主。

明光宗临终时，明确表示由虚龄 16 岁的皇太子朱由校继位。当时，西李选侍占据只有皇帝、皇后才能居住的乾清宫，挟持皇太子，邀封皇太后，并与郑贵妃相勾结，支持郑贵妃邀封太皇太后，郑贵妃则支持她邀封皇太后。她们妄图在朱由校继位后，以太皇太后、皇太后的身份垂帘听政，左右一切。东林党人识破她们的图谋，给事中杨涟与内阁大学士刘一璟、韩爌等东林党大臣冲进乾清宫，与司礼监掌印太

---

① ［清］李逊之：《三朝野记》卷一，《泰昌朝纪事》，中国历史研究资料丛书本。

监王安一起抢出朱由校,至文华殿举行即东宫位典礼,入住慈宁宫,以摆脱西李的控制。然后采取强硬措施,逼迫西李选侍搬出乾清宫。泰昌元年(1620)九月,朱由校登基就位,以明年为天启,是为明熹宗。

祖父和父亲相继去世,使朱由检感到无比哀痛。但是,长兄朱由校能顺利摆脱西李的控制,继承皇位,又让他感到些许欣慰。朱由校只比朱由检大6岁,兄弟俩过去都曾由西李抚养,共同生活过一段时间,一起嬉戏玩耍,亲密无间。朱由校登基之后,想到诸弟相继夭亡,只剩下五弟存世,对他更是关心和呵护。继位刚半年,即于天启元年(1621)二月晋封东李为庄妃,让她能更好地照顾自己这个年幼的弟弟。一有闲暇,朱由校也来到朱由检居住的勖勤宫看望这个弟弟,嘘寒问暖,无话不说,两人的关系越发亲密。有一次,年幼无知的朱由检竟抬起头问他:你这个官儿,我能不能做? 他笑着回答道:当然可以,我先做几年,就让你来做。也许是受到这句戏言的影响,有天夜晚,朱由检竟梦见"黑龙蟠殿柱"的景象,他将此事告诉庄妃,"妃异之"。勖勤宫的后花园有两口井,相距甚远。有次,朱由检到一口井边玩耍,用水桶放下去打水,井里竟跳上来一尾金鱼,再到另一口井去打水,同样也跳上来一尾金鱼。左右随从觉得这是一种吉兆,但想到当今皇上毕竟登基不久,说这种事犯忌,于是都守口如瓶,"弗敢宣"①。

在险恶的宫廷争斗中,明熹宗之所以能躲过各种险滩暗礁登上皇位,实赖于清流派官员特别是东林党人以及同他们关系密切的太监王安的拥戴与支持。因此,在天启前期,清流派官员特别是东林党人的势力不断增长,不少东林党人出任内阁大学士及七卿之职,有的还担任内阁首辅、吏部尚书、左都御史的关键职务,形成"东林势盛、众正盈朝"②的局面。

掌握部分权力的东林党人,积极整顿内政,整肃吏治,斥逐奸佞,留用贤能,惩治贪腐,提拔贤吏。他们还奏请明熹宗发放内帑,以充军饷,并设法减轻百姓的负

---

① 《崇祯长编》卷一,台北"中央研究院历史语言研究所"1962年影印校勘本。以下所引《崇祯长编》,除另行加注外,皆出自此版本。

② 《明史》卷二四三,《赵南星传》,第6299页。

担,一时"中外忻忻望治"①。

与此同时,东林党人还大力加强辽东的防务,抵挡后金的进攻。自萨尔浒战败之后,明廷曾起用江夏(今湖北武汉武昌)人熊廷弼为辽东经略。他有胆知兵,实行以守为战、筑城以守的积极持久的防御策略,使后金不敢轻举妄动。但因红丸、梃击、移宫三案而失势的内阁首辅方从哲,却坚持速战速决的作战方针,想尽快扭转辽东的战局,以稳定自己在朝中的地位。于是,他便指使言官攻击熊廷弼"出关逾年,漫无定画",甚至说不罢免熊廷弼"辽必不保"②。明熹宗不明是非,下令罢免熊廷弼,以用兵非所长的袁应泰代之。结果,很快就丢失沈阳和辽阳,袁应泰也自缢而亡。东林党人掌握部分权力后,力主重新起用熊廷弼。天启元年(1621)二月,明熹宗下旨再命熊廷弼为辽东经略,但同时又命既不习兵而又刚愎自用的王化贞为辽东巡抚。熊廷弼提出以山海关为核心,以广宁(今辽宁北镇)为前线,以天津、登州(今山东蓬莱)、莱州为水军基地的"三方布置策",拟海陆配合,以保广宁。但掌握辽东实际兵权的王化贞却主张速战,尽快收复辽、沈。这种经抚不和的局面,给了后金以可乘之机。天启二年(1622)五月,后金八旗兵渡过辽河,攻取西平堡(今辽宁盘山东北),再克广宁。阉党利用广宁之败,加紧迫害东林党人,熊廷弼、杨涟后终被杀。随后,东林党人孙承宗受命为兵部尚书兼东阁大学士,亲赴山海关阅视,提出守关外以屏关内、以辽人守辽土之策,并自请出关督师。同年八月,他受命督理关城及蓟、辽、天津、登、莱等处军务,即大力整顿防务,依靠袁崇焕、满桂等将领筑城练兵,收复失地400里,构建起一道坚固的宁锦防线,使努尔哈赤未敢率兵西进,从而稳定了辽东的局势。

然而,东林党人在整顿内政、加强辽东防务的同时,又花费相当多的精力,去辩论梃击、红丸、移宫三案的是非曲直,追究浊流派官员在其中的罪责。结果虽然迫使浙党首领方从哲辞去内阁首辅之职,并将崔文昇贬谪南京,李可灼遣戍边地,但

---

① 《明史》卷二四三,《赵南星传》,第6300页。
② 《明史》卷二五九,《熊廷弼传》,第6697页。

也加剧了长期存在的门户之见，为腐朽的宦官势力的崛起提供了可乘之机。

这股腐朽的宦官势力，就是以魏忠贤为首的阉党集团。魏忠贤出身于北直隶河间肃宁（今属河北）的一个农家，"多机变，有小才"①。年轻时吃喝嫖赌，无所不为，不仅将家产变卖净尽，还欠下一屁股债，遂自行阉割，入宫当了一名低级宦官，管理甲字库。他先是依靠西李选侍，西李失势后，又勾结明熹宗的乳母客氏，与之结为"对食"。明熹宗虽是明神宗的长孙，但因其父不得宠，他也受到明神宗的冷落，迟迟不被立为皇太孙，也不让他出阁读书，成了一个文盲。为了消磨时光，他在宫中整天就是爬树、掏鸟窝、养猫、斗鸡、斗蟋蟀、听戏、骑马、射箭，或者做木匠、油漆匠、泥水匠的活，从中寻找乐趣。魏忠贤和客氏就利用明熹宗年幼无知、生性好动的特点，极力诱导他嬉戏玩乐，"劝帝选武阉，炼火器为内操"，"又日引帝为倡优声伎，狗马射猎"②，以讨其欢心。明熹宗继位之后，竟让一字不识的魏忠贤担任司礼监秉笔太监，掌握替皇帝对内阁的票拟批红的大权。东林党人追论三案的责任，敌对诸党惶恐不安，于是纷纷投靠魏忠贤。魏忠贤的势力迅速壮大，开始主动出击。他先诛杀与东林党人关系密切的太监王安，逐步掌控内廷的实权，再将东林党人刘一璟逐出内阁，在内阁安插自己的亲信。天启三年（1623）底，魏忠贤受命提督东厂，进一步掌握镇压异己的生杀大权，权势更加显赫。

东林党人对魏忠贤势力的崛起满怀疑忌，极力进行反击。天启四年（1624）六月，东林党干将、副都御史杨涟上疏揭露魏忠贤的二十四大罪，要求明熹宗将魏忠贤就地正法，把客氏逐出皇宫。群臣纷纷响应，交章论劾魏忠贤不法诸罪。明熹宗懵然不辨忠奸，下旨斥责杨涟，并对上疏弹劾魏忠贤的工部郎中万燝施行杖刑，将他活活打死在殿廷之上。一批东林党人随即被罢斥，失去在朝中的权力优势。阉党集团有恃无恐，公然炮制《东林点将录》等黑名单，罢斥、杀害东林党人，特别是利用手中掌握的厂卫迭兴大狱，捕杀杨涟等六君子和高攀龙等七君子，并编制《三朝

---

① ［清］宋起凤：《稗史》卷二，清刻本。
② 《明史》卷三〇五，《魏忠贤传》，第7871页。

要典》,公开为三案翻案。

到天启末年,魏忠贤的权势达到一手遮天的地步。内廷之中,有王体乾等三十余名骨干;外廷有"五虎""五彪""十狗""十孩儿""四十孙"等一批亲信爪牙。自内阁、六部至四方总督、巡抚,遍置死党,并派大批宦官到各个要冲之地充当镇守太监。魏忠贤本人更是威势煊赫,位晋三公,加恩三等,并通过冒功请赏、敲诈勒索、贪污受贿等手段,捞取大量钱财。他的远近亲属及义子干孙,亦位居要津,贪污盗窃,无所不为。举朝的官员,竞相拜魏忠贤为干父,称之为"九千九百岁爷爷",并纷纷为之建造生祠。杨涟曾在奏疏中悲愤地叹道:"掖廷之中,但知有忠贤,不知有陛下;都城之内,亦但知有忠贤,不知有陛下。"①魏忠贤的专权统治,成为明朝历史上最黑暗的时期。有一疯道人歌曰:"委鬼(魏忠贤)当朝立,茄花(客氏)满地红。"②

魏忠贤的黑暗统治,进一步加重了人民的负担和土地的兼并,加以水利连年失修,自然灾害频繁发生,阶级矛盾进一步激化。天启二年(1622),山东及北直隶等地爆发了徐鸿儒、于弘志领导的白莲教起义,畿辅震动。天启七年(1627)二月,陕西澄城县又发生农民起义,拉开了明末农民战争的序幕。辽东地区的民族矛盾,也在日益激化。努尔哈赤在统一女真和对明朝的战争中建立的后金八旗国家,是以对异族人民的掠夺和奴役为基础的。以努尔哈赤为首的女真贵族,通过战争占领大片土地,俘获大批战俘,掠夺大量人口,将土地、俘虏和人口赏给八旗旗主,建立奴隶主庄园;进入辽沈地区后,更是强制推行奴隶制的生产方式和民族征服与民族压迫政策,将当地汉人的土地、住宅和财产全部剥夺,将土地分给八旗官兵或编入八旗庄屯,把绝大多数汉人编入旗下,充作奴隶,为八旗官兵耕作,并强迫他们改从满人的习俗,剃发易服,变为满人。这样,就将对明朝的战争变成一场侵略的战争。民族矛盾因而迅速激化,成为辽东地区的主要矛盾。因此,面对后金咄咄逼人的攻势,辽东守军无不顽强地加以阻击。天启四年(1624),当辽东经略孙承宗拟入京营

---

① 《明史》卷二四四,《杨涟传》,第6328页。
② 《国榷》卷八八,天启七年十一月庚午,第5400页。

救遭受阉党迫害的东林党人而受阻,被迫辞职返乡后,继任辽东经略的高第,在阉党、权宦的支持之下,一反孙承宗的守关外以屏关内和以辽人守辽土的政策,下令撤退关外守备,驱兵入山海关。袁崇焕抗命不从,坚守宁远孤城。天启六年(1626)正月,努尔哈赤率兵西攻宁远。袁崇焕等守将坚守不动,后用西洋火炮击退后金兵,取得"宁远大捷"。努尔哈赤被迫退兵,不久染病而亡。继位的天聪汗皇太极,于翌年(天启七年,天聪元年,1627)二月派兵攻打同明朝合作的朝鲜,与之签订"江都和约",约为"兄弟之国",解除了后顾之忧。接着,便在当年五月再攻宁远,又被袁崇焕击退,再转攻锦州,仍未得手,史称"宁锦大捷"。袁崇焕为这两次大捷立下赫赫战功,但因未及时为魏忠贤建造生祠而遭其忌恨。宁锦大捷,"文武增秩赐荫者数百人,忠贤孙亦封伯"①,袁崇焕却遭到无端的猜忌与弹劾,被迫引病辞职。

就在辽东战事日趋危急之时,天启六年九月,四川永宁宣抚使奢崇明发动叛乱,翌年二月贵州水西宣慰使安位之叔安邦彦挟安位起兵应之。明廷出动湖广、四川、贵州、云南、广西的军队进剿,但终天启朝一直未能将其平定。

魏忠贤的专权乱政,自然不可避免地影响到朱由检的生活。抚育朱由检的东李选侍,虽在天启元年(1621)二月晋封庄妃,但因她持正不阿,引起魏忠贤和客氏的忌恨,他们多次裁减她的待遇和礼数,她的日子过得很不如意,后竟郁愤而死。庄妃的死,不仅给朱由检精神上造成沉重的打击,同时也使他对魏忠贤和客氏产生了警惕。

明熹宗凡事昏庸,却极重兄弟之间的亲情。天启二年(1622)九月,明熹宗下旨册封刚12岁的朱由检为信王,朱由检的各种待遇大为改善。同朱由检关系最为亲近的庄妃死后,他更加思念自己的生母刘氏。刘氏原是海州(今辽宁海城)人,后落籍宛平(今属北京)。初入宫为淑女,万历三十八年(1610)十二月生下朱由检,后"失光宗意,被谴",死后"光宗中悔,恐神宗知之,戒掖庭勿言",偷偷派人将她葬于

---

① 《明史》卷二五九,《袁崇焕传》,第6712页。

西山申懿王坟的旁边①。朱由检 12 岁,明熹宗在册封他为信王时,追封刘氏为贤妃。朱由检向小太监打听到她的葬身之处后,常偷偷交给小太监一些银两,让他代替自己前往西山祭祀。为了防范魏、客的加害,朱由检常在书案前静坐读书,尽量少与外界接触。为了迷惑魏、客的耳目,有时还故意不修边幅,"衣冠不整,不见内侍,坐不倚侧,目不旁视,不疾言,不苟笑"②,装出与世无争的样子。偶尔带着小太监到宫外看看,但无论见到什么景象,听到什么议论,回宫后都守口如瓶,绝不言讲。魏忠贤为了试探朱由检对自己的态度,曾暗中派人到他的住地侦伺,有时还故意对他说些有关魏忠贤的坏话,他立即严词加以训斥,说:魏公公有辅佐君主的才能,很得皇上的看重与信任;我是个亲王,不久就将就藩封国,还得借助于他;你可别来多事,让魏公公知道了,有你的好果子吃。当时各地进献宫廷的珍异之物"半致忠贤",魏忠贤有时将一些"非时花木果蔬之类"派小太监送给朱由检,他"辄受之",并"厚犒其使","若相得甚欢者"③。

转眼到了天启六年(1626),朱由检已是虚龄 16,魏忠贤为了让他尽快地离开京城就藩封国,以免妨碍自己的专权,便劝明熹宗为之完婚。礼部从五城两县选出 77 名民间淑女。一个月后,由明熹宗的张皇后主持,从中择定大兴县生员周奎 15 岁的女儿周氏。经钦天监选择吉日,婚期定在翌年的二月初三日。考虑到他婚后的开支比婚前的独身生活要大,天启七年(1627)正月明熹宗下令拨给信王岁米 3000 石、钞 1 万贯。接着,又将景王府的地租银赐给了他。朱由检考虑到国家财政困难,上疏请辞,明熹宗于是又命以汝、福两王遗留的地租转赐给他。天启七年二月初三日,朱由检与周氏正式完婚。三月,皇叔瑞、惠、桂三王就藩封国,留下三座王府的空宅。四月,明熹宗下令将惠王府重加修缮,让朱由检携周妃从勖勤宫搬到那里居住。朱由检和周氏在那里度过短暂的新婚生活,暂时放下了对生母和庄妃的思念。

---

① 《明史》卷一一四,《后妃传》二,第 3540 页。
② [清]王世德:《崇祯遗录》,豫恕堂丛书本。
③ 《崇祯长编》卷一。

# 三、战战兢兢就帝位

天启五年(1625)五月十八日,明熹宗到安定门外的方泽坛祭祀地祇后,返宫途中,和张皇后一起,领着一批随行的宦官、宫女到西苑游玩。张皇后对游玩兴致不高,申时(相当于现今午后3至5时)过后即返回宫中。朱由校和几个宦官、宫女继续在西苑游玩。客氏和魏忠贤上了一条停泊在桥北浅水处的大船,饮酒作乐。明熹宗好玩,便带着几名宫女,和高永寿、刘思源两个小太监上了一条小船。他独自划桨,将船驶到桥北湖水最深的地方,在那儿泛舟荡漾。不一会儿,皎洁的月亮升上天空,洒下一片清辉,湖面上泛起闪闪银光,好不爽朗惬意。他们正玩得高兴之时,水面上突然刮起一阵狂风,小船摇晃几下便被掀翻了,明熹宗和两个小太监都掉到了湖里。没有落水的几名宫女大声呼救,魏忠贤和众随从纷纷跃入水中施救。最先游到明熹宗身边的管事太监谈敬,把他救上了岸。魏忠贤和客氏慌忙招呼众随从,护送明熹宗返回乾清宫的懋德殿。

明熹宗自幼身体虚弱,经过落水的惊吓,回到懋德殿便得了重病。此后,经过御医的诊治,服过几天药后稍有起色,但始终未能痊愈。天启七年(1627)五月,随着天气转热,他的病情突然加剧,到六月间已经下不了床。明熹宗身边虽然美女众多,曾经生育三子二女,不料长子和次子幼年即已夭折,容妃任氏在天启五年(1625)十月所生的皇三子,也在次年正月受王恭厂火药库爆炸的惊吓,一个月后也夭折了。他想起如今膝下只剩两个女儿，而无子嗣，不觉黯然神伤。按照中国的传统观念，不孝有三，无后为大。这个"后"指的是男性继承人。古代社会男尊女卑，只有男子才有继承权。一想到这里，明熹宗不禁潸然泪下，慨叹苍天无眼。

其实，明熹宗之所以绝后，除皇三子是由于天灾而导致早殇外，长子和次子之夭亡主要是由于人祸造成的。只是明熹宗被蒙在鼓里，不明真相罢了。

造成两个皇子夭折的罪魁祸首，就是客氏和魏忠贤。客氏原名客印月，是北直隶定兴（今属河北）农民侯二的妻子。她生下儿子侯国兴后，在18岁那年被选入宫中，当了朱由校的乳母。过了两年，侯二死去，她成为寡妇，便悉心照料朱由校，尽其所能陪他嬉戏玩乐，还精心为他烹饪各种美食，讨其欢心。按照明朝宫廷的惯例，当皇子长到六七岁时，乳母就应出宫。但朱由校离不开这个乳母，他父亲明光宗又过分溺爱这个皇长子，便让客氏继续留在宫中。朱由校大婚之后，有皇后和众多的妃嫔在旁侍候，客氏实在没有理由继续留在宫中。天启二年（1622）九月，迫于外廷强大的舆论压力，朱由校只好下旨令其出宫。但第二天他又反悔，向内阁发去一道谕旨："客氏朝夕侍朕，今日出宫，午膳至晚未进，暮思至晚，痛心不止。着时进内奉慰，外廷不得烦激。"①客氏又被召回宫中，出宫之事不了了之。就是在朱由校登基之后，客氏仍然天不亮就入宫来到他的住处，形影不离地陪伴在他身边。明熹宗大婚后，俊美妖艳而又放荡不羁的客氏甚至以姿色加以引诱，与之发生不正当的性关系。懵懂昏聩的朱由校为其所惑，继位不久，即以"保护圣躬"的功劳加封客氏为奉圣夫人，荫封其子侯国兴为锦衣卫指挥使，还任命与之结为"对食"的魏忠贤为司礼监秉笔太监。魏、客得势之后，便极力将明熹宗控制在自己手里，以便把持宫廷的大权。

泰昌元年（1620）十二月，明熹宗下谕选取民间淑女，为实行大婚、册立皇后和妃嫔做准备。在选出的女子中，负责选婚的司礼监太监刘克敏、杨舜臣相中河南祥符县诸生张国纪15岁的女儿张嫣，因为她长得端庄秀丽，又知书达理，主张立其为

---

① 《国榷》卷八五，天启二年九月己未，第5210页。

皇后。客氏和魏忠贤看中的却是他们一名亲信的女儿，因而极力反对。无奈明熹宗相中的也是张氏，他们不好坚持。天启元年(1621)正月正式举办婚礼，册立张氏为皇后，封其父张国纪为太康伯；同时，立冯氏、张氏、范氏、李氏、任氏等人为妃。

张皇后为人正派，"性严正"，她看不惯客氏和魏忠贤的飞扬跋扈，"数于帝前言客氏、魏忠贤过失"①。有次竟将客氏找来，"欲绳以法"。客、魏对她恨入骨髓，造谣说她不是张国纪之女，而是死囚孙官哥(一说是孙止孝，又一说为孙二)之女，并扬言要派人到她老家去调查其家世。此举遭到正直大臣的驳斥，连明熹宗也不相信。有一天，明熹宗到坤宁宫，见书案上摊开一本书，问是什么书，张皇后答曰："《赵高传》也。"赵高是秦二世时的权宦，秦二世因宠信赵高而致国破家亡。张皇后此话显然是借赵高来影射魏忠贤。这话传到魏忠贤的耳朵里，他便想出一个狠毒的计划，欲置张皇后于死地。第二天，他在偏殿埋伏数名甲士，然后引导明熹宗升殿，将甲士搜出，移交东厂和锦衣卫审讯。魏忠贤让这些甲士一口咬定，是张皇后之父张国纪命其行刺，谋立信王朱由检为帝。魏忠贤的心腹、司礼监掌印太监王体乾闻知此讯，对魏忠贤说："主上凡事愦愦，独于夫妇兄弟间不薄，一不慎，吾辈无遗类矣。"魏忠贤听了，只好把这几名甲士杀掉灭口。然而，客氏和魏忠贤并未就此收手。天启三年(1623)张皇后怀孕，客、魏二人就将张皇后身边他们不信任的宫女调走，换上自己的亲信。后来，张皇后"腰胁伤痛"，召宫女为之"捻背"，即推拿按摩，宫女"阴欲损其胎"，"捶之过猛"②，动了胎位，导致其早产，于当年十月中旬产下皇长子。不久，这个早产的皇长子便夭殇了。皇长子出生后十天，慧妃范氏又为明熹宗生下皇次子，但也仅仅存活八个月便惊悸而死。史籍对皇次子为何"惊悸"没有明载，有人推测是受到内操放炮的惊吓所致。原来，魏忠贤为了训练一支自己操控的军队，在天启三年恢复万历后期已经停办的内操，由其亲信刘朝负责，在宫廷之内设置教场进行操练。操练时士兵挥刀舞剑，放炮发石，金鼓震天，旌旗蔽日。呼

---

① 《明史》卷一一四，《后妃传》二，第3542页。
② 《罪惟录》卷二，《张皇后传》，第1184页；《明史》卷一一四，《后妃传》二，第3542—3543页。

操声、追逐声、火炮声此伏彼起，震耳欲聋，推测皇次子因受内操惊悸而夭折，不是没有道理的。皇次子死后，范慧妃因未再生育而失宠。后来李成妃侍寝，代范慧妃向明熹宗求情。客氏和魏忠贤侦知后，竟将李成妃幽禁别宫，断绝饮食。李成妃预先藏匿饮食，挨过半个月没有饿死，后被放出，斥为宫人。

裕妃张氏性格正直刚烈，看不惯客氏、魏忠贤的骄横暴虐。她怀孕后，明熹宗准备为之加封，但她到预产期未能生产。魏忠贤便诬称她得罪神灵，需在宫中祈祷祭祀，求神灵宽恕。于是将她关进一间空殿，断绝饮食。饥渴难耐的裕妃，在大雨天爬到屋檐下啜饮檐溜而死，腹中的胎儿也随之夭折了。

所以，明熹宗之断子绝孙，并非苍天无眼，主要是由于他自己有眼无珠，不辨忠奸善恶，宠信客、魏酿成的恶果。

到了八月，明熹宗的病情加重，不时陷入昏迷状态。他预感到自己来日无多，须尽快安排后事。经再三思量，觉得自己既然膝下无子，两个女儿又不能继承皇位，只能按照《皇明祖训》的规定——"凡朝廷无皇子，必兄终弟及"①，由其仅存的五弟朱由检继位。八月十一日，他下令召见朱由检。自明熹宗生病之后，朱由检就时刻挂念着皇长兄的身体，祈盼他能早日康复。但此时正是魏忠贤和客氏气焰最为嚣张之际，为了避免魏、客的猜忌，他只好"常称疾不朝谒"。接到皇长兄召见的谕旨，他独自来到乾清宫，跪在御榻之前，两眼痴痴地注视着重病缠身的长兄，不知说什么好。明熹宗侧身靠着御榻，望着他说："来，吾弟当为尧舜。"意思是，将由他来继承皇位。朱由检对此毫无思想准备，听了极为恐惧，一时不知如何回应，迟疑了一会儿，才说道："臣死罪，陛下为此言，臣应万死。"明熹宗见状，安慰勉励了一番，然后交代他说："善视中宫，魏忠贤可任也。"②要他善待张皇后，继续重用魏忠贤。朱由检听后更感到害怕，转而与魏忠贤接谈，说他服侍长兄，十分辛苦，魏忠贤温和地谦虚一番。朱由检随即请求出宫。第二天，明熹宗又在乾清宫召见内阁大

---

① 朱元璋，杨一凡点校：《皇明制书》（第三册），《皇明祖训·法律》，社会科学文献出版社2013年版，第796页。

② 《崇祯长编》卷一。

学士及九卿、科道等大臣,对他们宣布:"朕怀昨召见信王,朕心甚悦,体觉稍安,说与卿等每知道。"①暗示来日将由信王朱由检入继大统。

明熹宗病重之后,魏忠贤及其亲信爪牙就用尽各种办法给他治疗。因为他们知道,宦官手中的权势是依附于皇权而存在的,他们依靠的皇上一旦撒手人寰,不要说"九千岁",就连"一岁"也难保障。因此,保住皇上的性命,是保住他们权势的关键。但是,不管他们找来何种偏方,或者采取什么迷信手段,明熹宗的病情还是不断加重。

在为明熹宗治病的同时,魏忠贤和客氏也在暗中谋划,设计在明熹宗去世之后,他们继续掌控朝政的各种方案。他们起初想到的是,仿效战国时吕不韦的做法,由客氏豢养八名宫女,让她们怀孕生子,冒充皇子,登基后由魏忠贤在幕后操控,使之成为客、魏的傀儡。后来,朱由检在继位的次月将客氏驱逐回家,天启七年(1627)十月又下令将其发往浣衣局笞死,并籍没其家,"太监王文政讯得宫人妊身者八人,盖出入掖廷,多携家侍媵(奴婢),觊如吕不韦故事也"②。但因为明熹宗在位时间较短,此计没能实现。明熹宗召见信王后,魏忠贤又差人召集几位内阁大学士,说现今皇上龙体欠安,不能临朝理政,可否由张皇后垂帘听政,等皇上病愈了,再由皇上自行裁夺。所谓由张皇后垂帘听政,实际上是由魏忠贤居摄,仿效王莽、董卓、曹操的故事。但内阁次辅施凤来表示反对,说:"居摄远不可考,且学他不得。"③魏忠贤见一计未成,又想发动宫廷政变。但当他找手下的干将、手握宫廷禁卫大权的锦衣卫都督田尔耕商议时,田尔耕却未敢表态。再找另一干将、掌握全国军政大权的兵部尚书崔呈秀商议,崔呈秀先未搭腔,经再三追问,才回答道:"恐外有义兵。"④意即担心遭到朝野的反对,若各地起兵勤王,不好对付。魏忠贤听罢,气

---

① 《明熹宗实录》卷八七,天启七年八月乙巳。
② 《崇祯长编》卷三,天启七年十一月辛巳;《三朝野记》卷三,《天启朝纪事》;[清]计六奇编辑:《明季北略》卷三,《掠死客氏》,中华书局1984年版,第85页。
③ 《明季北略》卷三,《信王登极》,第78页。
④ 《国榷》卷八八,天启七年八月乙卯,第5384页。

得脸红脖子粗,拂袖而去。魏忠贤的手下又献计,令宫妃假装怀孕,暗中将魏忠贤侄子魏良卿的幼子送进宫里,狸猫换太子,由魏忠贤辅佐,仿效王莽辅佐孺子婴的方式,实现篡位。据说魏忠贤听后怦然心动,曾派人向张皇后吹风。早已恨透魏忠贤的张皇后力拒不可,曰:"从命死,不从亦死,等死耳! 不从而死,可以见二祖(明太祖、明成祖)列宗在天之灵!"①

八月二十二日夜里,明熹宗的病情迅速恶化,不久死去。张皇后立即下达懿旨:"奉大行皇帝遗命,速召信王入宫。"为了讨好即将继位的新君,魏忠贤亲自到信王府递交张皇后的懿旨。朱由检查看懿旨上盖的御宝,见是真的,但又担心魏忠贤乘他夜半入宫之机将他杀害,就推说天未大亮,大臣都未入值,他不好随便入宫;再说自己德望不高,也不敢嗣皇帝之位。他要魏忠贤宣布张皇后旨意,打开禁门,召诸勋戚、大臣、卿贰入宫,商议大行皇帝的丧礼,并共同推举一位德高望重的亲王来继承皇位。魏忠贤只得先回皇宫,走到皇极殿前,几位大臣询问皇上有没有遗诏,他只好对外宣布张皇后的懿旨,并派心腹宦官、忠勇营提督太监涂文辅等迎接朱由检入宫。

随后,内阁大学士施凤来、黄立极和英国公张惟贤等元老重臣,来到信王府具笺劝进。朱由检按照惯例推辞了两次,到第三次才答应继位。他牢记皇嫂张皇后"勿用宫中食"②的嘱咐,袖中暗藏岳父周家为他制作的麦饼,忐忑不安地随涂文辅入宫,在乾清宫住下。此时的宫中,空空荡荡,冷冷清清,除了几个小宦官,不见一个大臣的身影,让他感到阴森恐怖。当晚,他未敢入睡,独自秉烛静坐,警惕地听着殿外的动静。有个巡视的宦官佩剑进来,他要过剑观赏一番,放到几案上,说留着把玩,实则用以防身,而许诺将给这个宦官重赏。接着,他又叫近侍太监从光禄寺取来酒食,犒赏巡逻的禁卫人员,同他们搞好关系。住在信王府的周妃,也是一夜未眠,战战兢兢地为朱由检祈祷,求神灵保佑他免遭不测。

---

① 《三朝野记》卷三;《先拨志始》卷下。
② [明]李清:《三垣笔记·附识上·崇祯》,中华书局 1982 年版,第 153 页。

八月二十四日,朱由检战战兢兢地在万历二十五年(1597)遭火焚毁、四天前刚修复完毕的皇极殿登基就位;两天后,颁布继位诏书,以明年为崇祯元年。因为年号崇祯,人们又称他为崇祯帝。他死后,南明的弘光帝追谥他为烈皇帝,庙号思宗,后改谥为毅宗,清朝又追谥他为怀宗,乾隆时又改谥为庄烈愍皇帝,所以史书又称他为思宗、毅宗、怀宗或烈皇帝。

## 第二章
# 潜移默夺除阉党

　　魏忠贤的谋主、掌握最高军事和监察大权的崔呈秀的免职，立即引起巨大的反响。弹劾魏忠贤的奏疏雪片似的纷至沓来。……明思宗阅后击节赞赏，当即召见魏忠贤，命内侍读给他听……魏忠贤跪在地上听着，直冒冷汗。告别皇上后，他踉踉跄跄地回到宫中，愁眉紧锁，无计可施。

# 一、不动声色惩元凶

　　明思宗在即位诏中宣布："朕以冲人（幼童）统承鸿业，祖功宗德，惟祇服于典章，吏治民艰，将求宜于通变。"①意即他将遵循祖制，并根据现实的需要，着力整顿腐败的吏治，解决民生的困苦，以图实现广大臣民期盼的"中兴之治"。不过，这毕竟不是朝夕之间可以一蹴而就，当前急需解决的是以魏忠贤为首的阉党集团问题。因为这个毒瘤不割除，不仅"吏治民艰"问题无法解决，就连自己的宝座也有倾覆之虞。因此，明思宗在继位之后，首先考虑的是采取何种策略，从哪里下手铲除阉党集团的问题。他深知，魏忠贤经过多年的经营，亲信党羽遍布朝廷内外，盘根错节，自己稍有不慎便会招来灭顶之灾。经过反复的斟酌，他决定采取静以待变的策略，先不动声色，稳住魏忠贤，然后潜移默夺，稳扎稳打，一步步清除其党羽，剥夺其权力，待时机成熟，再一举将其铲除。

　　即位之初，明思宗以大智若愚的姿态，按照传统新君登极的惯例，集中精力处理后妃的册封之事，为先帝选择昌平的潭峪岭作为陵址，动工建陵，并在文华殿开始接受作为皇帝传统教育的日讲。对魏忠贤，则按照皇兄"魏忠贤可任也"的遗嘱，让他及其心腹、亲信继续留任原职，该赏赐的赏赐，该荫官的荫官，不让他们感到有

---

① 《崇祯长编》卷一，天启七年八月丁巳。

什么变化，以便稳住他们。

　　魏忠贤自然不想失去手中的权势，他又像当年巴结明熹宗那样，给明思宗送去四名绝色女子，试探其态度。明思宗为了不引起魏忠贤的怀疑，全都收入宫中。但待她们入宫之后，即命人对这四名女子进行搜身，结果在其裙带末端佩带的香囊里各搜出一粒黍子般大小的"迷魂香"。据说男子一接触此物，即刻心旌摇动，亟思淫欲。但明思宗本来就"不迩声色"①，他即将这些迷魂香全部毁弃。魏忠贤仍不死心，又命小太监在明思宗平常批阅奏章、面见大臣的偏殿复壁里，偷偷点燃起一种迷魂香。有天晚上，明思宗正与几位大臣议论朝政，忽然隐隐约约地闻到一股奇异的幽香，不觉怦然心动。他站起来，命近侍太监秉烛仔细巡视偏殿，但没有发现什么异样的东西。过一会儿，远端的墙角闪现点点微弱的火星，他又命太监挖开复壁，竟发现里面坐着一名持香的小太监。经审问，小太监交代是魏忠贤命他在暗壁里点燃迷魂香的。明思宗不由感叹道："皇考、皇兄皆为此误也！"②下令以后不许在偏殿里点燃此香，但未追究作为幕后指使者魏忠贤的罪责，以免惊动魏忠贤。

　　魏忠贤见他的色诱之计虽未能成功，却也没有受到惩罚，不知这个新君葫芦里究竟卖的什么药，感到浑身不自在。他忽然想起原信王府有个颇得明思宗信任的太监徐应元。此人是他过去赌场上的老朋友，何不找他套套近乎，摸摸皇上的底细，讨教点对策呢？于是，便"屈身事之，馈之异宝，结为兄弟"。徐应元"告以辞东厂印"③，要他辞掉东厂提督的职务，暂避锋芒。魏忠贤心想，以退为进，不失为一种好计策，反正我交出东厂提督的大印，手里还攥着司礼监秉笔太监的印把子，掌握着替皇帝批红的大权，将来有机会再翻盘也不难。九月初一日，他上书请辞东厂提督之职。孰料明思宗不仅没有批准，反而好言劝慰，魏忠贤还是无法猜透这位年轻君主的心思。

　　魏忠贤仍然贼心不死，继续放出试探气球。九月初三日，他让亲密伴侣客氏请

---

①　《明史》卷二四，《庄烈帝传》二，第335页。

②　《明季北略》卷三，《闻香心动》，第85页。

③　《崇祯长编》卷三，天启七年十一月甲子。

求从宫中迁回私宅。第二天,他的亲信王体乾又请辞司礼监掌印太监之职。客氏是以明熹宗乳母的身份入宫的,明熹宗断奶之后她就应该出宫,何况如今明熹宗已死,她更没有理由留在宫中,明思宗便顺水推舟地予以批准,借以隔断她与魏忠贤的联系,难以再形成合力,控制内廷。魏忠贤虽然心中不悦,但也觉得明思宗此举合乎情理,没起太大的疑心。王体乾原是尚膳太监,后迁司礼监秉笔太监。当明熹宗任命王安为司礼监掌印太监时,王安按惯例推辞,"体乾急谋于客、魏夺之,而置安于死"①,此后,他一味阿附魏忠贤,为之出谋划策,成为魏忠贤的一个重要谋士。魏忠贤虽任秉笔太监,但目不识丁,所有的票红文书和改票之事,都由王体乾替他操办。一动王体乾,马上就会惊动魏忠贤,因此,对王体乾的请辞,明思宗则坚决予以回绝。

九月十四日,右副都御史、署南京通政司事的阉党分子杨所修,由于阉党内部的矛盾,上疏弹劾魏忠贤的亲信、兵部尚书兼左都御史崔呈秀,工部尚书李养德,太仆寺少卿陈殷,延绥巡抚朱童蒙等人,说他们的父母过世,都因先帝的命令夺情留任,有悖以孝治天下的准则,希望皇上准许他们回籍守制,明思宗"不听"②。崔呈秀与陈殷因为心虚,两天后请求回乡守制。明思宗批准了陈殷的请求,而崔呈秀之请则不许。因为崔呈秀是魏忠贤的重要谋主,他若一动,必然会引起魏忠贤的警觉。

九月二十四日,国子监司业朱之俊又上疏弹劾监生曹代阿、陆万龄、储寓奇,揭发他们首倡在国子监西侧为魏忠贤建造生祠,应予治罪。明思宗下令将曹、陆、储等监生逮捕下狱。魏忠贤见苗头不对,赶紧奏请将准备用来建造新的生祠的钱粮解送辽东充当军饷,明思宗立即批准。二十五日,江西巡抚杨宪邦、巡按御史刘述祖不知好歹,上疏为魏忠贤歌功颂德,请求为之建立"隆德祠"。魏忠贤慌忙请人代为起草一个《久抱建祠之愧疏》,上奏明思宗,请求停止建祠。明思宗觉得清除魏忠贤的时机尚未成熟,批复道:"以后各处生祠,其欲举未行者,概行停止。"③魏忠贤一

---

① 《明史》卷三○五,《宦官传》二,第 7825 页。
② 《崇祯长编》卷二,天启七年九月丁丑。
③ [明]朱长祚:《玉镜新谭》卷七,《建祠》,中华书局 1989 年版,第 101 页。

看,未建的生祠不许建造,已建的似乎仍可存在,并未深究,长长地舒了一口气。崔呈秀更是呼朋引类,大搞贪污,同先前没有两样。

为了稳住魏忠贤一伙,明思宗在九月二十七日,分别赐给魏忠贤侄子太师宁国公魏良卿、侄孙少师安平伯魏鹏翼铁券。接着,又给魏忠贤的一批亲信、党羽荫官晋爵。

明思宗表面不动声色,暗中却加紧进行铲除魏阉集团的准备。即位之后,他就将原在信王府侍奉自己的宦官"尽易以新衔,入内供事"。原在宫中供职的魏忠贤心腹李朝钦等太监陆续要求休致,明思宗全都批准,接着又遣散其家丁,"逆贤羽翼剪除一空"①。九月二十七日,举行周皇后的册封典礼之后,明思宗将皇后的父亲周奎由南城兵马司副指挥提升为右军都督同知,又将皇后的兄长周炳文、周文耀擢为兵马司副指挥,以加强京城的巡捕。十月,明思宗又亲至内教场检阅魏忠贤建立并操控的内操军。阅操完毕,令诸武阉都到兵部领赏,待他们出了宫门,即传谕内丁:"着各散归私宅,不许复入!"②从而消除了宫廷的一大隐患。

尽管明思宗采取了一些优容魏忠贤的措施,但不少人还是从他惩处陆万龄等监生,不许再为魏忠贤建造生祠以及停止内操的举措中,捕捉到魏阉集团终将遭到毁灭的信息。十月十四日,继杨所修弹劾崔呈秀等人之后,阉党分子、云南道御史杨维垣再次上疏,指责崔呈秀"立志卑污,居身秽浊","指缺议价,悬秤卖官",还说"先帝信任厂臣(指魏忠贤)甚专,而厂臣亦孜孜竭力,任怨任劳,以图报称,此其所长也。独是误听呈秀一节,乃其所短"。明思宗仍斥其"率意轻诋",未做处理。十九日,杨维垣再次上疏,弹劾崔呈秀"恃权纳贿",并说"不知者谓呈秀于厂臣为功首,于名教为罪魁,臣谓呈秀毫无益于厂臣,而且若为厂臣累"。明思宗下旨,"令静听处分"。直到二十一日,崔呈秀再三请辞,乃下令免去其官职,"归守制"③。

魏忠贤的谋主、掌握最高军事和监察大权的崔呈秀的免职,立即引起巨大的反

---

① 《三朝野记》。

② 《先拨志始》卷下。

③ 《崇祯长编》卷二,天启七年十月丁未、壬子、甲寅。

响。弹劾魏忠贤的奏疏雪片似的纷至沓来。工部都水司主事陆澄源、兵部武选司主事钱元悫、浙江海盐贡生钱嘉征陆续上疏，弹劾魏忠贤。钱嘉征的奏疏揭发魏忠贤并帝、蔑后、弄兵、无二祖列宗、克削封藩、无圣、滥爵、掩边功、朘民、通同关节等十大罪状，行文纵横恣睢，鞭辟入里。明思宗阅后击节赞赏，当即召见魏忠贤，命内侍读给他听，"一曰并帝。夫天无二日，而阿附诸臣凡有封章，必先关白忠贤，至颂莽功德，必以上配先帝，及奉俞（谕）旨，必曰'朕与厂臣'，从来有此奏体否？滔天之罪一也。二曰蔑后。夫中宫，天下臣民之母后也。皇亲张国纪未罹不赦之条。闻先帝令忠贤宣皇后，而忠贤灭旨不传，致皇后当先帝御前面折逆奸，遂罗织皇亲，多方欲致之死，几危中宫，滔天大罪二也。三曰弄兵……"①魏忠贤跪在地上听着，直冒冷汗。告别皇上后，他跟跟跄跄地回到宫中，愁眉紧锁，无计可施。第二天，只好借口"患病不能供职"，请求辞职。明思宗当即准其"私家调理"，也就是辞职回家，调理身体。同时，下令将魏忠贤之侄、宁国公魏良卿降为锦衣卫指挥使，东安侯魏良栋降为指挥同知，侄孙安平伯魏鹏翼降为指挥佥事。并令拆毁各地为魏忠贤所建生祠，折价变卖，资助边饷。

许多大臣继续上疏，揭发魏忠贤及其心腹爪牙的罪行。十一月初一日，明思宗以除恶务尽的坚决态度发布谕旨，历数魏忠贤的罪状，下令"谪忠贤凤阳祖陵司香"，即贬至凤阳看守明太祖父母的坟墓，并"命太监张邦诏等籍客、魏家产"，"其冒滥宗戚，俱烟瘴永戍"②。就在这个关键时刻，明思宗身边的太监徐应元跳出来为魏忠贤辩解。明思宗查明，魏忠贤当初请辞东厂提督之职，是徐应元出的点子，遂下令将徐应元贬至湖广安陆显陵当差，后改谪凤阳。

魏忠贤在接到将他贬谪凤阳、籍没家产的御旨后，即命其心腹爪牙在官府前来抄家之前，将多年搜刮来的金银财宝、稀世古玩转移藏匿，其他财物装满40辆大车，准备随身带到凤阳享用。他命亲信李朝钦和家丁六十儿随自己前往凤阳，并令

① 《崇祯长编》卷二，天启七年十月壬戌。
② 《国榷》卷八八，天启七年十一月甲子，第5398页。

自己私养的 800 名家丁,携带近千匹骏马,全副武装护送;还暗中叮嘱心腹李永贞、王朝用等,让他们随时将朝中大事快马飞报给他。准备就绪后,魏忠贤一行前呼后拥,浩浩荡荡地出了北京城,向南而去。不少市民沿途驻足围观,议论纷纷,个个义愤填膺。

明思宗很快从通政使司杨绍震的奏疏中,得知魏忠贤离京时得意扬扬的情况,异常恼怒,立即传谕兵部:"朕御极以来,深思治理。而有逆恶魏忠贤,擅窃国柄,蠹盗内帑,诬陷忠直,草菅人命,狠如狼虎,本当肆市以雪众冤,姑从轻降发凤阳。不思自惩,将素畜亡命之徒,身带凶刃,不胜其数,环拥随护,势若叛然。令锦衣卫官旂扭解押赴。跟随群奸,即时擒奏。"①兵部接旨,即遣千户吴国安率众锦衣卫卒,兼程前往扭解。

魏忠贤一行,经良乡、涿州、新城、雄县、任丘、河间、献县,于十一月初七日抵达北直隶河间府距阜城县 20 里的新店。李永贞派快马飞报,告知皇上的逮捕令。魏忠贤吓得面如土色,浑身瘫软无力,好不容易在随从的护送下抵达阜城,住进一家尤氏旅店。夜晚,他僵卧在冰冷的床铺上,长吁短叹,自忖率众抵抗,必败无疑,但若束手就擒,被押回京师,必将遭受残酷的极刑,还不如自行了断,便解下腰带,悬梁自尽。随从太监李朝钦从梦中惊醒,见主子已死,也自缢而亡。天亮后,负责押送的刘应选发现魏忠贤已死,担心朝廷追究他的责任,遂与心腹一起进入魏忠贤歇息的房间抢掠金银财宝,飞马向南逃窜。随行的家丁、仆从,纷纷乘乱抢夺金银珠宝,四散逃窜。负责押解的另一名太监郑康昇,急忙赶往县衙报告,远近为之震动。

魏忠贤一死,明思宗决定趁热打铁,惩处阉党集团的另外两个首恶分子客氏和崔呈秀。

崔呈秀是北直隶蓟州人。万历四十一年(1613)中进士,授行人。天启初年擢为御史,巡按淮扬。他为人"卑污狡狯,不修士行","在淮、扬赃私狼藉"②。他见东

---

① 《国榷》卷八八,天启七年十一月丁卯,第 5399 页。

② 《明史》卷三〇六,《崔呈秀传》,第 7848 页。

林势盛,遂力荐东林党人、淮抚李三才入阁,希望加入东林党,为东林党人婉拒。天启四年(1624),左都御史高攀龙揭发他的贪污行为,吏部尚书赵南星拟谪戍之,明熹宗下诏将其革职,听候查处。崔呈秀连夜赶赴魏忠贤的宅邸,叩头涕泣,求为养子。当时魏忠贤遭受廷臣交章弹劾,正在寻找外廷的支援,遂假传圣旨恢复他的官职。崔呈秀从此死心塌地为魏忠贤卖命,极力排斥清流派官员,镇压东林党人,后累官至兵部尚书兼左都御史,权倾朝野,成为"五虎"之首和阉党集团的重要骨干。十月二十一日,他被免职,回蓟州守制。十一月初九日,户部员外郎王守履又揭发其招权纳贿的罪行,明思宗下旨:"呈秀罪状明悉,先行削籍,俟会勘定夺。"①崔呈秀知道自己的末日已到,十一月十一日便在家中摆下一席豪华的送终宴,将搜刮来的奇珍异宝陈列于前,与宠姬萧灵犀等一起举杯痛饮,饮下一杯即摔碎一件宝器,然后悬梁自尽。明思宗闻讯,下令籍没其家产。崔呈秀事先已将大部分家产转移藏匿,查抄结果,共得白银7万余两、黄金300余两、箱柜300余件,书箱17只、房屋26所计700余间、田地300余顷,不及原有财产的十分之一。十二月初一日,廷议崔呈秀罪状,明思宗说:"呈秀负国忘亲,通同擅权,虽死尚有余辜。法司其按律暴其罪。"②

客氏也难逃厄运,在崔呈秀死后六天即十一月十七日,明思宗命太监王文政将她从私宅押赴宫内浣衣局,严加审讯。客氏招供当年怀孕的八名宫女,原是她私自携带入宫的奴婢。明思宗大怒,下令将其笞死,并将其子侯国兴速下诏狱,几天后与魏良卿一并处死。客氏之兄客光先、侄客璠等人,俱被谪戍边地。

十二月二十一日,刑部、都察院、大理寺三法司呈报魏忠贤与客氏罪状,明思宗明确批示:"忠贤串通客氏,恣威擅权,逼死裕妃、冯贵人,矫旨革夺成妃名号,惨毒异常,神人共愤。其戕害缙绅,盗匿珍宝,未易枚举,皆由崔呈秀表里为奸,包藏祸心,谋为不轨。"③要求三法司尽快拿出魏、客、崔三个元凶的审查结论,依律定罪,以

---

① 《崇祯长编》卷三,天启七年十一月壬申。
② 《国榷》卷八八,天启七年十二月甲午,第5404页。
③ 《崇祯长编》卷四,天启七年十二月甲寅。

伸国法。但当时各个行政机构尚未进行调整和改组,内阁和部、院、卿、寺的主要官员多为魏忠贤安置的心腹、亲信,他们千方百计袒护自己的主子及同党,使审查工作遭遇重重阻力,进展缓慢。直至崇祯元年(1628)正月二十六日才拿出魏、客的审查结论,而崔呈秀的审查结论尚未整理成文。明思宗认为此事不能久拖不决,果断下令:"魏忠贤于河间戮尸凌迟,崔呈秀于蓟州斩首,其客氏尸亦着查出斩首示众,仍将爰书刊布中外,以为奸恶乱政之戒!"①

① 《崇祯长编》卷五,崇祯元年正月丁卯;《国榷》卷八九,崇祯元年正月戊子,第5418页。所谓爰书,原指记录囚犯口供的文书,这里引申为三法司的审查结论。

## 二、清查阉党余孽，销毁《三朝要典》

在严惩魏忠贤、客氏、崔呈秀三个阉党集团的元凶之后，清查阉党余孽的工作随之逐步展开。

天启七年（1627）十月，崔呈秀倒台返乡后，魏忠贤的一些心腹、党羽如杨朝、李实、李希哲、冯玉、李进、倪文焕、周良材、张元芳、吴淳夫、白太始、魏扶民、涂文辅、王体乾，先后遭到弹劾，或被迫辞官，或被免职。十一月，揭发弹劾阉党分子的奏疏不断增加，又有李明道、崔文昇、周应秋、张凌云、陈大同、田吉、刘志选、田尔耕、孙云鹤、朱童蒙、李春茂、黄宪卿、张我续、陈九畴、薛贞、刘诏、梁梦衮、孙杰、李夔龙等，被先后免官。

魏忠贤的心腹李永贞，在明熹宗死后已预感到前途不妙，在明思宗即位后第四天便告病请求辞职，于九月初七日得到批准。十月初，他干脆将外宅小院的院墙砌死，仅留一个小洞让家人给他送水送饭，自己躲在里面读书。到月底，得知魏忠贤请求辞职得到批准的消息，认为风波即将平息，便拆墙而出。本来他想找徐应元联络，不料徐应元却在十一月初遭到明思宗的斥逐，这才慌了手脚，急忙暗中派人去找太监王体乾、王永祚、王本政，各送 5 万两银子，希望他们能在皇上面前为他美言几句。但这三个太监怕受连累，都把银两呈献给了皇上。李永贞吓得魂飞魄散，连夜和他的外甥孙济化装逃跑。十月二十六日，明思宗下令将其降为净军，谪戍湖广显陵。十二月初九日,李永贞被捉获,押赴显陵。崇祯元年(1628)二月,李永贞又与徐应元一起被谪戍凤阳。

经过一段时间的清查,许多阉党骨干和亲信受到免职和惩处,但仍有不少阉党的党羽盘踞要职,整个阉党的罪行也未受到彻底的清算。如不解决这些问题,就无从扭转国家的危局。天启七年(1627)十二月二十三日,明思宗乃"命定逆案"①,下令对阉党集团进行一次全面的清查,依照明律,对其做出审查结论。

但是,由于明思宗在即位之初,担心打草惊蛇,未对各个行政、司法、监察机构进行改组,内阁和各部、院、卿、寺充斥着魏忠贤的亲信、党羽,他们便千方百计进行阻挠和破坏。天启七年十一月,户科左给事中李觉斯上疏弹劾魏忠贤的"五虎""五彪""十孩儿",说:"魏忠贤、客氏、崔呈秀冒滥弟侄亲属俱已远戍,中外咸歌舞之矣。然其'十孩儿''五虎'造恶较弟侄尤甚,不尽置于重典,尚令扬扬而归。内官李实下手杀人,涂文辅奸欺横索,宜一体究遣。"明思宗"从之","令法司一并议奏"②。但刑部尚书苏茂相、左都御史曹思诚、大理寺署印少卿姚士慎却对"五虎""五彪"等阉党骨干曲加庇护。他们审议了一番,竟然提出这样的处理意见:"吴淳夫、倪文焕当削秩、夺诰命;田吉、李夔龙褫职;田尔耕、许显纯当逮论;杨寰、孙云鹤、崔应元等当削夺。"③明思宗认为惩治太轻,下令再议。他们仍然阳奉阴违,重新提出一个处理方案:依照明律"职官受财枉法"的律条,将吴淳夫、李夔龙、田吉、倪文焕改判发配边疆卫所充军,并由各自原籍的抚按官员对他们进行追赃,其中倪文焕5000两,吴淳夫3000两,李夔龙、田吉各1000两;依照明律"职官故勘平人因而致死"的律条,改判田尔耕、许显纯监候处斩;依照明律"同僚知情同勘"的律条,改判崔应元、杨寰、孙云鹤充军边卫。这个方案一公布,舆论愤愤不平,一片哗然。

为了推动清查工作的开展,明思宗决定对内阁大臣进行调整。他刚登基之时,内阁首辅为黄立极,次辅施凤来,阁臣还有张瑞图、李国楹,他们都依附听命于魏忠

① 《国榷》卷八八,天启七年十二月丙辰,第5408页。
② 《崇祯长编》卷三,天启七年十一月庚寅。
③ 《明思宗烈皇帝实录》,天启七年十二月丙辰。

贤,当然不能指望他们为清查工作出力。当时为了集中精力扳倒魏忠贤,明思宗对内阁并没有任何动作;相反,当有人弹劾内阁辅臣时,他反而指责其"逞臆轻诋",对被弹劾的辅臣多加安抚。随着清查工作的深入,改组内阁的时机逐渐成熟。天启七年(1627)十一月中旬,首辅黄立极和另三位阁臣联名上疏请求增补阁臣,明思宗令按旧例,由九卿及科道官员廷推,结果推举孟绍虞、钱龙锡等 12 人,报请明思宗点用。当月下旬,黄立极致仕还乡。十二月,明思宗为了破除"阿党"的弊疾,命以枚卜法选用,结果选出钱龙锡、李标、来宗道、杨景辰、周道登、刘鸿训 6 人。崇祯元年(1628)五月,施凤来、张瑞图、李国楮相继致仕,来宗道、杨景辰、李标、刘鸿训、周道登、钱龙锡相继入阁任事。来宗道一度出任首辅,杨景辰为次辅,两人都是《三朝要典》的副总裁,群臣纷纷请毁《三朝要典》,他们难辞其咎,于六月致仕。李标继为首辅,钱龙锡与刘鸿训协力辅助,三人都是东林党人,刘鸿训曾在天启元年(1621)任少詹事,后因得罪魏忠贤而遭罢斥。崇祯元年四月,曾被召回任为礼部尚书兼内阁大学士。此时魏忠贤虽已被诛,但其党羽势力犹盛,其他阁臣皆畏首畏尾,他却挺身而出,冲破重重阻力,罢斥杨维垣、李恒茂、杨所修、田景新、孙之獬、徐绍吉、张讷、李蕃、贾继春、霍维华等阉党分子,获得广泛赞誉。但他也因此遭到阉党余孽的合力攻击,于当年十月被罢官。不过,当年十一月,曾遭魏忠贤迫害的原天启朝首辅、东林党人韩爌还朝复职,与李标、钱龙锡一起主持阁务,清查阉党的工作继续深入。

清查阉党集团的工作,还碰到一个很棘手的难题,即如何对待魏忠贤一伙炮制的带有明熹宗钦定假象的《三朝要典》问题。

《三朝要典》一书,主要是万历、泰昌、天启三朝有关梃击、红丸、移宫三案的文献汇编。三案涉及万历、泰昌、天启三朝最高统治集团内部的斗争,关系到由谁执掌最高统治权力的重大问题,如何对待三案就成为一个敏感的政治问题。天启初年,东林党人一度执掌朝廷的大权,他们对三案的看法成为当时官方的论断,认为东林党在三案之争中是主持正义,有功于国家社稷的。他们主持修纂的《光宗实录》也是依照这种观点来编撰的。到天启五年(1625),当魏忠贤的势力占据上风后,他们便极力为三案翻案。经过一番密谋策划,当年二月,时任御史的阉党分子杨维垣首先上疏为梃击案翻案,说当年主持此案审查、现任刑部侍郎的东林党人王之寀不但无功,而且有罪,魏忠贤即借此将王之寀革职为民当差。四月,魏忠贤的谋主、时任给事中的霍维华继之上疏,洋洋数千言,全面否定三案,大肆攻击刘一璟、韩爌等与三案有关的东林党人,并赞扬与东林党人对立的范济世、刘廷元等浊流派官员。当时人说:"此疏乃一部《三朝要典》也。"①受魏忠贤摆布的明熹宗,竟下旨曰:"这本条议,一字不差。"②韩爌等人被削夺,而范济世等人则分别被起用。天启五年(1625)五月,礼科给事中杨所修进一步建议:"三案宜仿《明伦大典》,命史臣成书,以示天下。"③《明伦大典》是明世宗命史馆编纂的,采用《资治通鉴》之例,以年月日为纲,汇集议礼派的有关奏疏和张璁所写的记述大礼议发展过程的纂要,书前有明世宗所作的序,成为一部有关议礼的钦定著作。杨所修的建议,就是要求仿照《明伦大典》的编纂方法,将浊流派官员有关三案的奏疏汇编成书,后面再附以史臣的论断,以统一天下的舆论。明熹宗表示同意,于是以内阁首辅顾秉谦等人为总裁的一帮纂修官,正式开馆编纂。到六月,编纂完成,名曰《三朝要典》。全书共 24 卷,全面否定此前有关三案的结论,极力诋毁东林党人。书前冠以顾秉谦代拟的明熹宗"御制序",以图用钦定的大棒来钳制舆论。天启六年(1626)十月,阉党集团又着手改修《光宗实录》,凡是涉及三案的史事,一律依据《三朝要典》进行改写。

由于《三朝要典》前头冠有顾秉谦代拟的"御制序",带有明熹宗钦定的假象,否定此书就带有很大的政治风险,所以在清查工作刚开始时,没有人敢于触及这个问题。随着清查工作的逐步深入,人们逐渐认识到,《三朝要典》必须彻底否定,否则,东林党人和清流派官员在三案中保护明光宗、明熹宗的行为就是非法的,而站在他们对立面的魏忠贤以及后来投靠他的浊流派官员的行为反倒是合法的,清查阉党

---

① 《三朝要典》卷三上,《天启朝纪事》。

② [明]吴应箕:《启祯两朝剥复录》卷上,荆驼逸史本。

③ 《国榷》卷八七,天启五年五月己未,第 5303 页。

的工作也就变成非法的行为。崇祯元年（1628）三月，新任南京兵部武选司主事别如纶大胆上疏，请求对《三朝要典》重新进行评判。奏疏说："圣人御宇，霾雾全消，乃是非未定之关，急宜商榷者则《三朝要典》是也。"《三朝要典》中指为奸邪而遭斥逐、诛审者，哪个不是今日济济在位与谆谆启事之人？哪个不是皇上许恤许谥为理学气节之人？如果仍然把它当作信史看待，那还有是非可言吗？许显纯之流当日奉魏忠贤指使，诬陷杨涟、左光斗的文字，都载在《三朝要典》之中，难道还要作为确论传之后人吗？崔呈秀已被抄家戮尸，他写的一篇疏文赫然列于《三朝要典》的篇末，难道还要保存而与皇上的圣意相悖吗？"皇上若不以臣言为非，下之九卿、科道，宣付史馆，博采群议，令各注《要典》内之议论孰是孰非，集此众论以揽天下之公议，议论自一，是非自定，起废恤谥诸大典归于一是，而已决未决之大狱引于正律矣。"①明思宗阅后，担心重新引发党争，未予采纳。

过了一个月，翰林院侍读倪元璐再次上疏，进一步奏请销毁《三朝要典》。早在崇祯元年（1628）正月，当魏忠贤及崔呈秀已死并被抄没家产，阉党分子杨维垣曾经上疏，将东林党人和魏、崔一并称作"邪党"，企图把水搅浑。倪元璐就曾上疏为东林党人辩白，力辟东林为"邪党"之说，四月，他再上《毁要典疏》，一针见血地指出："臣观梃击、红丸、移宫三案哄于清流，而《三朝要典》一书成于逆竖，其议不可兼行，而其言不可不速毁……杨涟（弹劾魏忠贤）二十四罪之疏发，魏广微（曾炮制《缙绅便览》，分别开列魏党与东林党人名单）门户之见兴，于是逆珰杀人则借三案，群小求富贵则又借三案。经此二借，则三案之面目全非。"②话中点出了阉党集团借总结三案的历史，以歪曲史实的手法来镇压东林党人的实质，表明其对三案历史的总结旨在行一己之私，是违背天下之公论的。明思宗读过奏疏，觉得言之有理，令内阁辅臣来宗道代为票拟谕旨。来宗道多年取媚于魏忠贤，不满倪元璐的奏疏，但既然皇上命其代为拟旨，他只好拟出这样一道谕旨："所请关系重大，着礼部会同史馆诸

---

① 《崇祯长编》卷七，崇祯元年三月乙丑。
② 《崇祯长编》卷八，崇祯元年四月庚申。

臣详议具奏。"明思宗看了不甚满意,在后面加了一句:"听朕独断行。"①即对《三朝要典》如何处理,请礼部和史馆诸臣提出意见后,由他最后定夺。

明思宗的谕旨一下,大臣议论纷纷,大多数支持倪元璐的主张,要求销毁《三朝要典》。魏忠贤的党羽、翰林院侍讲孙之獬跑到内阁哭诉,力言《三朝要典》不可毁。接着,又上疏说《三朝要典》有明熹宗的"御制序",岂可投之于火?皇上是先皇的亲弟,属同枝继立,何必如此忍心狠手?他还以生病为由,提出辞职。御史吴焕随即上疏,予以驳斥,指出孙之獬所谓《三朝要典》有明熹宗的"御制序",是以先皇的"御制"来压当今的皇上,使之不敢动;至于"忍心狠手"之说,更是功罪不明,邪正颠倒。因此,他要求明思宗立即将孙之獬革职,以为无礼于君主者戒。来宗道接到此疏,极力庇护孙之獬,他代明思宗拟旨曰:"孙之獬已经回籍,词林闲局,不必过求。"②当年翻三案的急先锋、协理戎政兵部尚书霍维华,此时也跳出来,力持《三朝要典》不可毁之说,主张对其稍作"删正",而不必弃毁。

经过反复的辩论,明思宗终于明白,《三朝要典》如不彻底否定、销毁,清查阉党集团的斗争就难以继续开展,阉党余孽也难以彻底清除,势必后患无穷。五月初十日,他颁布谕旨:"朕惟皇祖皇考洎于熹皇,止慈止孝,炳若日星,载之实录,自是光昭盛美。乃复增《三朝要典》一书,原不能于已明之纲常复加扬阐,徒尔刻深傅会,偏驳不伦,朕无取焉。"③下令将皇史宬收藏的《三朝要典》取出,用火焚毁,并传示全国各处官府、学宫,将所有《三朝要典》书籍及刻版一概销毁。《三朝要典》的销毁,为阉党的清查扫除了一大障碍,清查工作的步伐逐渐加快。

---

① 《三朝野记》卷四,《崇祯朝纪事》;[明]文秉:《烈皇小识》卷一。
② [明]文秉:《烈皇小识》卷一,明季野史汇编本。
③ 《崇祯长编》卷九,崇祯元年五月庚午。

# 三、钦定逆案平冤狱

自明思宗下令全面清查阉党逆案以来,一重重障碍被清除,一个个阉党重要骨干被曝光,将阉党集团的名单及其罪行查清、坐实,公布于众的时机已经日趋成熟。

崇祯二年(1629)正月二十四日,明思宗在文华殿召见内阁辅臣韩爌、李标、钱龙锡,吏部尚书王永光,都察院左都御史曹于汴等人,要他们确定逆案的名单,强调"朕欲定附逆人罪,必先正魏、崔、客氏首逆,次及附逆者。欲分附逆,又须有据。"他将各地乞请建造生祠、称颂魏忠贤的奏疏交给他们,供确定逆案名单参考,并要求他们在内阁秘密查阅,以免受到外界的干扰。他还特别叮嘱,确定逆案名单,既要做到除恶务尽,又要区别对待,"如事本为公而势非得以,或素有才力而随人点缀,须当原其初心,或可责其后效。惟是首开谄附,倾陷拥戴,及频频颂美,津津不置,并虽未祠颂而阴行赞导者,据法依律,无枉无徇"[1]。然后提出一个初步名单,再同刑部尚书乔允升一道,依照律例做进一步斟酌。

负责议定逆案的这些官员,有的是魏忠贤或其心腹安插的,本身就是阉党分子,根本就不可能认真清查阉党。如吏部尚书王永光,长期依附阉党,仇视东林,在清查逆案时,处处庇护阉党分子。其他参加议定逆案的官员,有的虽然是明思宗即

---

[1] 《国榷》卷九〇,崇祯二年正月庚辰,第5468页。

位后刚任命的,与阉党没有瓜葛甚至遭受过阉党的迫害,但他们面对阉党余孽的强大势力,也显得畏首畏尾,缩手缩脚。如新任内阁大学士、东林党人韩爌为人宽厚,钱龙锡为人谦和,都不想打击面过大,以免树敌过多。结果,他们只开列了一个一百四五十人的逆案名单。明思宗看后很不高兴,要求扩大范围,并加重惩处,最轻的也应该削籍。韩爌等内阁辅臣只好在名单上又增加数十人,明思宗还是不满意,要求按"称颂""导赞""速化"等几种类型分别开列上报,说:"忠贤一人在内,苟非外廷逢迎,何遽至此。其内臣同恶,亦当入之。"阁臣以外廷不知内廷之事来塞责,明思宗一针见血地指出:"岂皆不知,特畏任怨耳。"于是命人将司礼监的"红本"通通收缴上来,装在一个黄包袱里,召见辅臣说:"此皆红本,珰实迹也。宜一一按入之。"原来,在明武宗正德年间,宦官刘瑾专权,大臣的奏疏都要抄写两份,先将包着红色封皮的一份交给刘瑾,称为"红本",另一份包着白色封皮的递交通政司,称为"白本"。魏忠贤专权时,虽位居秉笔太监,但他是个白丁,充当其谋主的掌印太监王体乾及李永贞等人,便仿照这种做法,由李永贞等人将大臣送上来的奏疏先摘出要点,告知魏忠贤,再由他议决施行。明思宗收缴的红本,就是由李永贞等人摘出的奏疏要点。他认为这些所谓红本,都是魏忠贤一伙阉宦结党营私的罪证,要求韩爌等人逐一按核,据以增补逆案的名单。韩爌等阁臣又推托说:"臣等职司票拟,三尺法非所习也。"明思宗又召见吏部尚书王永光,王永光也推托说:"吏部只谙考功法耳,不习刑名。"明思宗不得已,遂召刑部尚书乔允升,命其"据律定罪"[①]。

内阁辅臣韩爌与刑部尚书乔允升、都察院左都御史曹于汴,经过反复审核,呈上第三份逆案名单。明思宗看后,仍觉得遗漏太多。二月二十六日,他再次召见韩爌等辅臣及乔允升、曹于汴,责问道:"张瑞图、来宗道何不在逆案?"阁臣回答:"无事实。"明思宗说:"瑞图善书,为珰所爱;宗道祭崔呈秀母,文称'在天之灵',其罪著矣。"接着,又责问:"贾继春何以不处?"阁臣答曰:"其请善待选侍,不失厚道,后虽

---

① 《国榷》卷九○,崇祯元年正月庚辰,第5468页。

改口觉反复,其持论亦多可取。"明思宗说:"惟反复故为小人。"①于是退回这份名单,并列出红本有名而未被列入名单的69人,让他们重新审查酌定。

内阁辅臣韩爌、李标、钱龙锡和刑部尚书乔允升、左都御史曹于汴等大臣,见明思宗决心彻查逆案,便进一步扩大逆案范围,于三月十五日呈上第四份名单。明思宗亲加审定,名曰"钦定逆案"。这个钦定逆案的名单共分八等定罪。(一)首逆:魏忠贤、客氏2人,俱诛死,已正法。(二)首逆同谋:兵部尚书崔呈秀等6人,俱依谋大逆减等拟斩。(三)结交近侍:提督操江右佥都御史刘志选等19人,俱谄附当斩,秋后处决。(四)结交近侍次等:大学士魏广微等11人,俱遣戍。(五)逆孽军犯:东平侯魏志德等35人,俱发烟瘴地面永远充军。(六)谄附拥戴军犯:内监李实等16人,俱放回原籍,革去冠带,为民当差。(七)结交近侍又次等:大学士冯铨等128人,俱坐徒三年,纳赎为民。(八)祠颂:大学士黄立极等44人,俱依照考察不谨例,冠带闲住。②综观这个逆案名单,有个别不该列入逆案而被列入者,也有个别应该列入逆案而未被列入者。但总的来看,大体上还是做到实事求是,这对阉党集团是个沉重的打击,因而受到了正直官员和广大民众的欢迎。后来,南明弘光政权的大理寺丞詹兆恒在评述此案时,即赞誉道:"先皇手定逆案,芟刈群凶,第一美政。"③

宦官专政是君主专制的产物,是皇权的一种异化现象。如果宦官不是以皇帝圣旨为后盾或是假传圣旨以行事,其权力是不可能超出宫门之外荼毒天下的。但是,明代的宦官专政,从王振、汪直、刘瑾直到魏忠贤,尽管都曾权倾一时,气焰嚣张,但最后都难逃覆灭的命运。这同汉唐的宦官专政大不相同。汉唐时期,宦官势力极度膨胀,不仅掌控行政、司法大权,还独揽军事大权,可以将皇帝变成自己的傀儡,甚至径直立君、弑君、废君。明代的君主专制高度发展,皇帝不仅掌控行政、司法大权,就连军权也牢牢地掌控在自己手中。明中期以后,在各省、各边设置镇守太监,在京城设置提督、坐营、监枪太监,让宦官染指军事权力,但这种军事权力并

① 《国榷》卷九〇,崇祯元年二月壬子,第5471页。

② 《国榷》卷九〇,崇祯二年三月乙亥,第5473—5476页;《崇祯长编》卷一七,崇祯二年正月丁丑。

③ 《明史》卷二七八,《詹兆恒传》,第7123页。

不完整。因为同他们一起掌握兵权的还有武将（总兵官、提督）和文官（巡抚），这些官员和宦官彼此互相牵制，最后均需听命于皇帝。因此，明代的权阉尽管气焰熏天，但他们终究是皇帝掌控之下的家奴，受宠而代行皇权。一旦皇帝觉察到他们对皇权构成威胁，一翻脸即可将他们从权力的顶峰推下去，使之跌个粉身碎骨。正如明代中后期著名的文学家、史学家王世贞所指出的："夫振、瑾至狼戾也，公卿台谏至狐鼠伏也，亿兆至鱼烂也，然而不为汉、唐之季者，高皇帝收天下之权以归一人，即狼戾如振、瑾者，一嚬而忧，再嚬而危，片纸中夜下而晨就缚，左右无不鸟散兽窜，是以能为乱而不能为变也。"①

　　明思宗在钦定逆案的同时，也在逐步地展开为受阉党迫害的仁人志士平反的工作。

　　天启年间，魏忠贤为了排斥异己，独揽朝权，曾采取极其残暴的手段，镇压杀害一批东林党人和倾向于东林党的清流派官员。为此，魏忠贤的心腹爪牙，先后炮制了一系列的黑名单，作为黜陟的依据。其中，比较突出的有内阁大学士魏广微于天启四年（1624）冬呈进的《缙绅便览》，它将投靠阉党的黄克缵、王绍徽、王永光、徐大化、贾继春、霍维华等五六十人列为"正人"，名下各加两圈或三圈，而将拒绝依附阉党的叶向高、韩爌、何如宠、成基命、缪昌期、姚希孟、陈子壮、侯恪、赵南星、高攀龙、乔允升、曹于汴、李邦华、郑三俊、杨涟、左光斗、黄尊素、周宗建、李应昇等百余人目为"邪党"，重者在名下加三点，次者加两点，让魏忠贤"据是为黜陟"。天启五年（1625），崔呈秀又向魏忠贤进《天鉴录》和《东林同志录》两份名单，"令忠贤凭以黜陟"。前一份名单首列"东林渠魁"叶向高、韩爌、孙承宗、刘一璟、赵南星、杨涟、惠世扬、高攀龙、左光斗、乔允升、曹于汴、钱谦益等；次列"东林协从"孙鼎相、徐良彦、熊明遇等；后面又列出所谓"真心为国，不附东林"的顾秉谦、魏广微、王绍徽、冯铨、王永光、霍维华、徐大化、周应秋、薛贞、崔呈秀、闫鸣泰、王在晋、杨维垣等若干人。后一份名单在录题之下注明是"补点将录"，首列辅臣叶向高以下6人，词林孙慎行

---

① ［明］王世贞：《弇山堂别集》卷九〇，《中官考》一，中华书局1985年版，第1720页。

以下 19 人,部院李三才以下 57 人,诸臣卿寺顾宪成以下 73 人,台省黄尊素以下 41 人,还有部郎常博、藩臬郡邑、任子赀郎武弁等各若干人。天启五年八月,王绍徽还仿照《水浒传》一百零八将之例,编写了一个《东林点将录》,开列托塔天王李三才、及时雨叶向高、玉麒麟赵南星、智多星缪昌期、入云龙高攀龙、浪子钱谦益、圣手书生文震孟、神机军师顾大章等三十六天罡星、七十二地煞星,献给魏忠贤,"令按名黜汰"[①]。后来,御史严承钦还嫌 108 人的名单未能网罗所有的东林党人,又仿效宋朝的《元祐党人榜》,炮制一份所谓东林党人 309 人的大名单,交给魏忠贤,于天启五年十二月以皇帝谕旨的形式刊布全国,称为《东林党人榜》。此外,魏忠贤及其亲信,还按籍贯、职务、已处未处以及日期,编制了《东林籍贯》《东林同志录》《东林朋党录》等黑名单。这些黑名单,把凡是不依附阉党的人,都加上东林的大帽子,进而迭兴大狱,对他们进行残酷的迫害。

阉党兴起的大狱,以"六君子之狱"和"七君子之狱"最为惨烈。天启五年(1625)三月底,魏忠贤编造受贿的罪名,将东林党的重要骨干杨涟、左光斗、袁化中、魏大中、周朝瑞、顾大章逮入诏狱,严刑拷打,"究问追赃"。这六位东林党人誓死不屈,表现出高尚的气节。杨涟先被打得肋骨寸断,并用"土囊压身,铁钉贯耳"[②],仍不屈服,最后被用铁钉钉入脑壳而亡。临终时,他犹写下血书,表达自己视死如归的傲然正气:"仁义一生,死于诏狱,难言不得死所,何怨于天,何憾于人……大笑大笑还大笑,刀砍东风,于我何有哉!"[③]左、袁、魏、周、顾五人,也都英勇不屈,惨死狱中。天启六年(1626)二月,魏忠贤又矫诏以"欺君蔑旨"的罪名,下令逮捕著名的东林党人周起元、周顺昌、周宗建、缪昌期、李应昇、高攀龙、黄尊素。三月十五日,锦衣卫官旗到苏州逮捕周顺昌,苏州全体市民罢市。十八日,锦衣卫官旗在县衙开读逮捕令,数十万市民集结衙门之外,最后冲进衙署,痛打锦衣卫的官旗。这

---

① 《明史》卷三〇六,《顾秉谦传附魏广微等传》,第 7844 页;《崔呈秀传》,第 7848 页;《王绍徽传》,第 7861 页。

② 《明史纪事本末》卷七一,《魏忠贤乱政》,第 1148 页。

③ [明]杨涟:《杨忠烈公文集》卷一,《狱中血书》,乾坤正气集本。

就是明史上著名的"开读之变"。事变之时，周顺昌一直在场，独自吟诵于谦的诗句："粉身碎骨浑不怕，要留清白在人间！"三月十七日，锦衣卫官旗前去无锡逮捕高攀龙的前一天，高攀龙在家中已经得到消息，但仍谈笑自若。第二天一大早，他先离家拜谒宋代大儒杨时的祠堂，再回家中的后园，和两个门生一起饮酒。周顺昌被捕的消息传来，他平静地笑道："吾视死如归尔，今果然矣。"然后起身回房中与夫人说了一会儿话，出来后"作字二纸"，一为遗表，一为别友人书。当晚，他整好衣冠，自沉于后园池中。家人打开他的遗表，上面写道："臣虽削夺（高攀龙原任左都御史，后被阉党削籍），旧为大臣。大臣受辱则辱国，故臣北面稽首，效屈平（屈原名平）之遗则。"①除高攀龙外，其他六位东林党人均惨死于诏狱之中。

除了"六君子"和"七君子"，其他许多东林党人和一些正直的清流派官员，也都惨遭阉党的迫害，或被杀，或自尽，或遭禁锢，或被放逐。据史载："自（天启）四年十月，迄熹宗崩，毙诏狱者十余人，下狱、谪戍者数十人，削夺者三百余人，他革职贬黜者不可胜计。"②

随着魏忠贤的倒台，人们自然想到那些遭受阉党迫害的东林党人和清流派官员，认为必须为之平反昭雪。崇祯元年（1628）正月初五日，翰林院编修倪元璐即上疏，说最近读到杨维垣的奏疏："臣顷阅章奏见攻崔、魏者，必与东林并称邪党。夫以东林为邪党，将以何者名崔、魏？崔、魏既邪党矣，击忠贤、呈秀者又邪党乎哉！"③杨维垣上疏狡辩，说判断忠直不应以是否反对崔、魏为标准，况且东林党人也有许多不足之处。倪元璐再次上疏驳斥杨维垣，盛赞"东林自邹元标、王纪、高攀龙、杨涟外，如顾宪成、冯从吾、陈大绶、周顺昌、魏大中、周起元、周宗建等之真理学、真气节、真情操、真吏治，戍遣如赵南星之真骨力、真担当"，并说："以崔、魏定邪正，譬之以镜别妍媸。总之，东林在今日，当曲原其高明之概，不当毛举其纤寸之瑕，而揭揭

① 《先拨志始》卷下。
② 《明史》卷三〇六，《阉党传》，第7860页。
③ 《明史》卷二六五，《倪元璐传》，第6835—6836页。

焉代逆珰分谤。"①当时魏忠贤、客氏及阉党的首恶分子尚未受到严惩,明思宗批示:"朕总览人才,一秉虚公,诸臣亦宜消融意见,不得互相诋訾。"②直到二十六日,明思宗下令将魏、客、崔三犯戮尸于市,并严惩"五虎""五彪",这才决心为遭受阉党迫害的官员平反昭雪。

崇祯元年(1628)二月,明思宗宣布废除杨涟等人在狱中被强加的、诬陷的罪名。接着,南京给事中陈尧言上疏,要求为遭受阉党削夺官职的官员平反,重新起用。吏部拟出一个包括内阁大学士刘一璟、韩爌,吏部尚书周嘉谟,礼部尚书孙慎行,左都御史曹于汴,通政使刘宗周,詹事钱谦益,翰林文震孟、陈子壮等人在内的90多人的名单,请求"先准复原官,致仕仍给与应得诰命,俟各衙门从公酌议妥确,分别起用"。明思宗批复:"废籍诸臣,沉沦已久。朕此番昭雪,非徒弘旷荡之恩,正欲考其进退始末,以衡人品。"要求吏部将这90多名官员的削逐情节"分别项款,细开具奏"③。到四月,他正式宣布恢复刘一璟、韩爌、周嘉谟等90多名官员的原有官职,到年龄应致仕者补给诰命,其中品望、年力可用者可酌情再度起用。

在给事中陈尧言上疏五天之后,工科给事中颜继祖上疏,请求为被阉党迫害致死的万燝、周起元、周顺昌、周宗建、李应昇、黄尊素、缪昌期、丁乾学赠荫,以示平反。明思宗下令部议。经部议后,明思宗于崇祯元年三月正式宣布,为原都察院左都御史邹元标、高攀龙,左副都御史杨涟,左佥都御史左光斗,工部尚书冯从吾,应天巡抚、右佥都御史周起元,给事中吴国华、魏大中,太仆寺少卿周朝瑞,御史吴裕中、周宗建、黄尊素、李应昇、夏之令、袁化中,吏部员外郎周顺昌,工部郎中万燝,吏部郎中苏继欧,左谕德缪昌期,翰林检讨丁乾学,陕西按察副使顾大章,扬州知府刘铎,刑部员外郎张汶等恢复名誉,各赠荫有差。九月,明思宗又下旨,为已故诸君子追赠官衔、谥号。这一系列平反昭雪的举措,大大打击了邪气,提升了正气。

明思宗还注意从魏忠贤的专权乱政中吸取教训,并采取相应措施,以防宦官专

---

① 《国榷》卷八九,崇祯元年正月丙戌,第5417页。
② 《崇祯长编》卷五,崇祯元年正月己丑。
③ 《崇祯长编》卷六,崇祯元年二月癸卯。

政的重演。天启七年(1627)十一月,他下令将魏忠贤贬谪凤阳为皇陵司香,并命查抄客、魏家产后,即下令撤回魏忠贤派驻各镇的内臣,谕曰:"刬宦官观兵,古来有戒。朕今于各处镇守内官尽行撤回,一切相度机宜,约束吏士,无事修备,有事却敌,俱听经、督便宜调度,无复委任不专,体统相轧,以藉其口。"①后来,又重申永乐时所制定的《自宫禁例》,禁止民间私自阄割入宫为宦。他告谕礼部:"朕览《会典》,自宫禁例一款:'民间有四五子以上,许以一子报官阄割,有司造册送部院收补日选用,敢有私自净身者,本身及下手之人处斩,全家发烟瘴地面充军,两邻歇家不举者治罪。'我祖宗好生德意,真至周密,故立法严明。近来无知小民,希图财利,私行阄割,童稚不堪,多至殒命,违禁戕生,深可痛恨。自今以往,且不收选。尔部可宣布朕命,多列榜文,谕到之日为始,敢有犯者,按法正罪。"②崇祯元年(1628)正月,又规定所有宦官都须值班,除非有特殊的命令,一律不许走出宫门。二月,又戒谕外廷大臣,不许他们结交宦官。

明思宗受命于危难之际,即位后深思熟虑,采取静以待变的策略,先是不动声色地稳住魏忠贤,暗中则加紧策划,潜移默夺,步步为营,稳扎稳打,一待时机成熟,便一举加以铲除,显示出过人的眼光和智慧,受到广大臣民的赞誉。明思宗的日讲官文震孟之子文秉即称赞说:"烈皇昔由藩邸入继大统,毒雾迷空,荆棘满地,以子身出入于刀锋剑芒之中,不动声色,巨奸立扫,真所谓聪明睿智,神武不杀者耶!"③

---

① 《国榷》卷八八,天启七年十一月戊辰,第5399页。
② 《烈皇小识》卷一。
③ 《烈皇小识》序。

## 第三章

# 忧勤惕励求中兴

　　由于长年累月地视朝，批阅奏章，处理军国大事，亲御经筵与日讲，明思宗常常天不亮就起床处理政务，一直忙到深夜也不得休息，既没有假期，也没有文化娱乐，身体常常处于疲惫的状态。

　　明神宗的昭妃刘氏，天启、崇祯时住在慈宁宫，掌管皇后的印玺。这位刘太后为人谨厚，抚爱诸王。明思宗对她非常尊敬，遇到年节都要前去看望，对她施礼问安。有一次，明思宗来到慈宁宫，"在太妃前，困不自持"。"太妃为之泣下"。

# 一、组建东林内阁，平定奢安之乱

明思宗刚就帝位时，内阁首辅是黄立极，次辅是施凤来，阁臣有张瑞图、李国
榰。自天启三年(1623)魏忠贤引其心腹魏广微、顾秉谦入阁，到天启五年(1625)顾
秉谦升任首辅，内阁便为魏忠贤所控制。魏忠贤被贬自缢后，户部主事刘鼎卿上疏
弹劾唯魏忠贤之命是从的黄立极，要求将他立即罢斥。明思宗虽然对当时内阁的
状况很不满意，但为了集中力量清除魏阉的势力，继而清查阉党逆案，不想扩大打
击面，影响政局的稳定，对刘鼎卿的上疏不作理睬。不久，客氏被笞死，崔呈秀被抄
家，"五彪""五虎"连遭弹劾，国子监生胡焕猷又上疏弹劾黄立极等四位辅臣，请求
绳之以法。明思宗不仅没有采纳，反而降旨斥其"逞臆妄言，轻诋大臣，难逃出位乱
政之咎"，要求"大小九卿、科道从公会审，依律定罪"①，并抚慰黄立极等四位辅臣。

黄立极等四位辅臣眼看魏忠贤及其骨干、爪牙纷纷遭到清算，自己又受弹劾，
心怀忐忑，各自请求辞职，明思宗仍然优旨慰留。他们求罢不成，便于天启七年
(1627)十一月中旬联名请求增补阁臣。明思宗觉得改组内阁的时机渐趋成熟，下
旨依照廷推旧例，由九卿、科道从公博议。由于当时外廷许多部门在阉党把持之
下，推出的名单鱼龙混杂，明思宗觉得很难点用。当月下旬，黄立极致仕。十二月，

① 《崇祯长编》卷三，天启七年十一月壬午。

明思宗命以枚卜法选用,于是选出了钱龙锡等6人,由这6名新阁臣与施凤来等旧阁臣,共同组成新的内阁班子,总算实现了内阁的更替。

新组建的内阁,以施凤来为首辅,张瑞图为次辅,仍然受到言官的弹劾。施、张只好辞官而去,李国楷继任首辅,五月他又以母亲年老为由乞求休致,推荐天启后期的首辅韩爌和孙承宗来顶替自己的职位。明思宗乃下旨召回韩爌,准许李国楷致仕,令来宗道代为首辅,杨景辰为次辅。来宗道与杨景辰两人都是《三朝要典》的副总裁。当廷臣纷纷请毁《三朝要典》时,他们自然受到言官的交章弹劾,崇祯元年(1628)六月被罢归。接着,由李标继任首辅,阁臣有周道登、钱龙锡、刘鸿训等,而周道登"无学术,奏对鄙浅"①,且为人贪鄙,庇护私交,于崇祯二年(1629)正月被罢归家居。

崇祯元年十二月,韩爌应召返京。韩爌为山西平阳蒲州人,万历二十年(1592)中进士,选为庶吉士,后历任编修、少詹事、东宫讲官,万历四十五年(1617)晋升礼部右侍郎,协理詹事府。明光宗继位后,拜为礼部尚书兼东阁大学士,入参机务。他为官清廉,"老成慎重"②,得到广大正直官员的尊敬和信赖,却为魏忠贤和客氏所不容而乞休。韩爌是著名东林党人,其资历与声望皆在李标之上。他还京后,李标将首辅的位子让给他,自己与钱龙锡悉心协理,辅佐朝政,当时人称这届内阁为"东林内阁"。

东林内阁秉政虽只一年时间,但辅佐年轻的明思宗,沉稳地处理各种繁重的政务,取得了一定的成绩。

第一,参定逆案,颁示中外。定阉党逆案是铲除魏忠贤集团的最后一步,不走完这一步,对阉党集团的斗争就无法结束,必将留下无穷的后患;而这项工作就是由韩爌、李标、钱龙锡主持的。尽管韩爌、钱龙锡最初不想广搜树敌,但最后还是按照明思宗的旨意,开列261人的阉党名单,分八等定罪,交皇上裁定,颁示中外。这

① 《明史》卷二五一,《周道登传》,第6481页。

② 《明史》卷二四〇,《韩爌传》,第6249页。

对阉党无疑是一个沉重的打击,实为晚明政治生活中的一件大事。

第二,辅佐皇上,期于至当。崇祯元年十二月二十四日,明思宗在文华殿批阅章奏,召见韩爌等辅臣,"谕以拟旨务消异同,开诚和衷,期于至当"。韩爌等顿首言谢,退出文华殿后,针对魏忠贤专权时内阁首辅不在朝房而在私邸处理百官奏章,并与次辅甚至众辅分头拟票,以行其私的做法,向明思宗进言,说:"上所谕甚善,而密勿政机,诸臣参互拟议,不必显言分合。至臣等晨夕入直,势不能报谢宾客。商政事者,宜相见于朝房,而一切禁私邸交际。"意思是,票拟之事在首辅主持下秉公办理,而不必强调是分是合;辅臣早晚在朝房值班,不在私邸接见朝臣,有要事相商,一律到朝房来谈。明思宗听后,即"谕百官遵行"①。

崇祯元年(1628)十一月初,吏部依照明思宗的指示,会推增补内阁辅臣的候选名单,结果推出东林党人成基命、钱谦益等11人,而被明思宗看重的礼部右侍郎周延儒不在其中。周延儒暗中散布流言,谓:"此番枚卜,皆谦益党把持。"②一心想钻进内阁的礼部尚书温体仁见有机可乘,遂借天启元年(1621)的所谓"关节受贿"事件,递呈《直发盖世神奸疏》,指责钱谦益"关节受贿,神奸结党,不当与阁臣选"③。明思宗问他奸党指谁,温体仁先是指主持会推的吏部和科道官员,后又将为钱谦益辩白的辅臣也说成是钱谦益的同党。所谓"关节受贿"事件本来在天启年间早已结案,明思宗下令重审,结论与原先一样,证明"关节受贿"与钱谦益无关。廷臣因此愤愤不平,纷纷上疏弹劾温体仁。十二月,御史毛九华揭发温体仁家居时曾向崔呈秀行贿,另一御史任赞化也弹劾温体仁娶娼、纳贿、夺人财产等不法行为。明思宗在文华殿召见大臣对质,温体仁乃力诋毛、任为钱谦益死党。明思宗深以为信,深夜召见大臣对质,明思宗对韩爌说:"卿见他何曾有国家的意思?若实(为)国为家为封疆生民,朕自看得出来。如今定有一件私意,方才上本。方今是何时?东西交

---

① 《明史》卷二四〇,《韩爌传》,第6246—6247页。
② 《烈皇小识》卷二。
③ 《明史》卷三〇八,《温体仁传》,第7931页。

警,南北用兵,到(倒)不忧国,只是分门立户,动说什么党,什么东林,何益国事家情?"①从内殿回来,韩爌具揭上奏,说:"人臣不可以党事君,人君亦不可以党疑臣。但当论其才品臧否、职业修废,而黜陟之。若戈矛妄起于朝堂,畛域横分于宫府,非国之福也。"②但明思宗听不进去,未予采纳。

第三,保护正直之士,抑制邪恶小人。天启元年(1621)八月,抗金名将熊廷弼被魏忠贤陷害致死,传首九边,遗体不得归葬,并被抄家追赃,是一大冤案。崇祯元年(1628)秋,工部主事徐尔一曾为之诉冤,要求为之昭雪,未获批准。第二年,熊廷弼之子诣阙上疏,请求携父尸归葬。韩爌即为之申冤,说:"廷弼之死,由逆阉欲杀杨涟、魏大中,诬以行贿,因尽杀涟等,复悬坐廷弼臧银十七万,刑及妻孥,冤之甚者。"③明思宗终于允许熊廷弼之子携其父之遗骸归葬。

天启年间,由阉党杨维垣引进的御史史𡒍、高捷,在内阁大学士刘鸿训罢斥杨维垣等阉党分子后,合力攻击刘鸿训,因而为言官所不齿而被罢官。王永光执掌吏部后,又极力推荐他们两人,拟重新起用。内阁大学士钱龙锡坚决反对,终使此事告寝。

刘鸿训当辅臣时,锐意任事,痛斥阉党杨维垣、李恒茂、杨所修、霍维华之流,因此引起阉党分子的刻骨仇恨。他们合谋攻击刘鸿训,诬以受贿、而擅自改敕,并劾以用田仰巡抚四川、受贿 2000 金。辅臣李标、钱龙锡都站出来为之辩护,力言"鸿训不宜有此(改敕之事)"④,"力辩其纳贿之诬"⑤。

第四,悉心处理军国重务。韩爌复任首辅后,辽东形势危急,以李自成为首的农民大起义已经爆发,但国家财政困难,朝议多主张裁汰驿卒。明思宗拿不定主意,向韩爌征求意见。韩爌回答说:"汰兵止当清占冒及增设冗兵尔。冲地额兵不

---

① 《崇祯长编》卷一七,崇祯二年正月壬午。
② 《明史》卷二四〇,《韩爌传》,第 6247 页。
③ 《明史》卷二四〇,《韩爌传》,第 6247—6248 页。
④ 《明史》卷二五一,《刘鸿训传》,第 6483 页。
⑤ 《明史》卷二五一,《李标传》,第 6480 页。

可汰也。驿传疲累,当责按臣核减,以苏生民困,其所节省仍还之民。"①在当时的形势下,韩爌的意见周密妥当,得到明思宗的赞同。

明思宗好察边事,常派厂卫的旗尉四出侦伺。宣府巡抚李养冲上疏委婉地批评道:"旗尉往来如织,踪迹难凭,且虑费无所出。"明思宗将这个奏疏拿给李标等辅臣看,说:"边情危急,遣旗尉侦探,奈何以为伪? 且祖宗朝设立厂卫,奚为者?"李标说:"事固宜慎。养冲以为不赂恐毁言日至,赂之则物力难胜耳。"②原来,明末的官场贿赂风行,腐败透顶。厂卫的旗尉领着侦察敌情的任务出京,走到哪里,哪里的官员就得向他们送礼行贿,否则他们回到京城就会说地方官的坏话;但要行贿,这笔钱又不能由地方官府的财政支付,该怎么办呢? 明思宗听后觉得他的话完全在理,因而默然不语。

崇祯二年(1629)十月,皇太极率后金八旗兵绕道蒙古闯关南下,取道遵化,将逼都城。京师宣布戒严。明思宗急召廷臣商讨对策。吏部左侍郎成基命请求召还天启年间曾任辅臣的孙承宗,任以兵事。明思宗加以采纳,任命成基命为东阁大学士,并命孙承宗以原官兼兵部尚书,筹划通州(今北京通州区)守备。孙承宗入京,明思宗当即召见,询以御敌之策后,连连点头称善,命其"总督京城内外守御事务,仍参帷幄",并催促首辅韩爌草拟敕书命所司(军事指挥机构)铸给关防印鉴。孙承宗与袁崇焕率领明军英勇作战,迭挫后金军队,终于迫使皇太极退兵,京城转危为安。

在酝酿组建东林内阁的同时,明思宗也在思考如何平定奢安之乱、稳定西南局势的问题。

洪武初年,明朝在统一西南地区时,为了减少阻力,实行"西南夷来归者,即用原官授之"③之策,保留并新建了一批土司,通过他们来统治当地的少数民族。土司的职位是世袭的,但承袭必须经过朝廷的审核并履行严格的手续;土司对朝廷负有

---

① 《明史》卷二四〇,《韩爌传》,第 6248 页。
② 《明史》卷二五一,《李标传》,第 6480 页。
③ 《明史》卷三一〇,《土司列传》序,第 7982 页。

"附辑诸蛮,谨守疆土,修职贡,供征调"①的义务。不过,土司的内政完全自主,朝廷不加干预,因而割据。某些土司的野心一旦膨胀,图谋割地自立,便会发生武装叛乱。

洪武四年(1371),明军平定四川,元彝族永宁宣抚司禄照归附,寻改为安抚司,洪武七年(1374)又改为宣抚司。万历初年,永宁宣抚使奢效忠死,奢氏家族内部发生二三十年争袭职位之争。后来,在明廷的支持下,由奢效忠之妻世统抚养长大的奢效忠之侄奢崇明承袭职位。奢崇明表面上对朝廷恭敬有加,实际上"久蓄异志",与其子奢寅暗中招纳亡命,图谋反叛。天启元年(1621),后金攻占沈阳、辽阳,明廷遣官招募川兵赴援辽东。奢崇明"请提兵三万赴援,遣其将樊龙、樊虎以兵至重庆"②。他们到重庆后,久驻不发。四川巡抚徐可求带病奔赴重庆,促其进兵,樊龙等要求每个士兵发安家银20两,朝廷因国库空虚,"减定十七两,计兵三万,需饷五十四万"③,实际付给4万两。樊龙便以此为借口,于九月发动叛乱,诛杀徐可求等20多名文武官员,占领重庆。

在永宁(今四川叙永)等待消息的奢崇明,得知樊龙已占领重庆,立即与其子奢寅统率大军攻打遵义,并分兵攻打合江、纳溪、泸州、兴文、永川、长宁、荣昌、隆昌、璧山等城,全蜀震动。奢崇明自号"大梁王",于十月间统兵数万进围省城成都。此时,成都城中只有2000名守军,粮饷告绌。四川左布政使朱燮元一面急邀石砫(今属重庆)、罗纲(今四川德阳东北)、龙安(今四川平武)、松(今四川松潘)、茂(今四川茂县)诸道兵入援,并征集成都周围200里内的粮食运进城里,一面与巡按御史薛敷政、右布政使周著、按察使林宰等分门固守。明廷得到朱燮元据守成都的奏报,提拔他为右副都御史兼四川巡抚。不久,一向忠于明廷的石砫宣抚司掌印女土官秦良玉遣其弟秦民屏、侄秦翼明等统兵四千,卷甲疾趋,潜渡重庆,营南坪关。自己则统精兵六千,沿江上趋成都。与此同时,各道援兵也陆续赶到成都城下。此时

---

① 《明史》卷七六,《职官志》五,第1876页。

② 《明史纪事本末》卷六九,《平奢安》,第1109页。

③ 《明经世文编》卷四八六,[明]朱燮元:《会勘催兵科道疏》。

叛军的增援部队也陆续赶来,双方的战斗进入僵持状态。

天启二年(1622)正月,奢崇明的叛军制造形似舟船的攻城器械,向成都守军发起攻击。朱燮元招募勇士发射炮石,大败叛军。奢崇明部将罗乾象见叛军势衰,派人联络官军,决意投降。"是夜,乾象纵火焚营,贼兵乱,崇明父子仓皇奔,钱帛谷米委弃山积,穷民赖以得活"①,被围 102 天的成都彻底解围。

成都解围后,官军乘胜追击,五月进逼被奢崇明部将樊龙盘踞的重庆。重庆三面阻江,只有城西一面通陆,筑有佛图、二郎两道险关,易守难攻。朱燮元经过精心策划,令川东兵备副使徐如珂率兵绕出佛图关后,与秦良玉合兵攻破重庆,杀樊龙等。接着,又收复了距永宁宣抚司不远的泸州。

十一月,明廷晋升朱燮元为兵部右侍郎,总督四川兼制湖广军务,仍兼四川巡抚。翌年,即天启三年(1623)四月,朱燮元决计攻占永宁,捣毁奢崇明的老巢。他召集诸将,说:"我久不得志于贼,我以分,贼以合也。"②他改变策略,列营于永宁北面的纳溪,佯作进攻势态,暗中则令大军会集于永宁西北的长宁。部署停当后,即由长宁发起强攻,连破麻塘坎等寨,然后与秦良玉合兵,一举攻克永宁。副总兵秦衍祚等,也攻占遵义。奢崇明父子率残部逃至蔺州(今四川古蔺),再逃至贵州水西龙场(在今贵州修文)客仲坎,投奔奢崇明之妹、水西宣慰使安尧臣之妻奢社辉。朱燮元认为四川已无叛军,未再穷追。奢崇明在贵州安顿下来,与安邦彦的叛军会合,做最后的挣扎。

安邦彦是贵州水西彝族宣慰使安位的叔父,是"素怀异志"的野心家。万历末年,水西宣慰使安尧臣死后,由年幼的儿子安位袭职,其妻奢社辉代管土司事务。安邦彦一心想取安位而代之,进而据地称王。奢崇明起兵反明后,他即于天启二年(1622)二月挟安位举兵响应。一时间,48 名土司各率部应和。安邦彦分兵攻破安顺、平坝、露益(今云南宣威),自统一军进围贵阳,称"罗甸大王"。三月,明熹宗令

---

① 《明史》卷三一二,《四川土司传》二,第 8055 页。
② 《明史》卷二四九,《朱燮元传》,第 6442 页。

湖广、云南、广西官军赴援贵州。尚未卸任的贵州巡抚李橒和巡按御史史永安督率贵阳城中守军拼死抵御。十月,明廷任命王三善代李橒为贵州巡抚。十二月,王三善率两万官军分兵三路,向贵阳挺进。安邦彦听说官兵突至,不知人数多少,派人侦察,回报说有数十万之众,仓皇带领护卫逃窜。"贵阳被围十余月,城中军民男妇四十万,至是饿死几尽,仅余二百人。"①

不久,湖广、广西、四川的援兵先后到达,王三善决定继续追击叛军,于天启二年(1622)十二月底令一部屯陆广(在今贵州黔西东),指向大方安位巢穴,一部屯鸭池(在今贵州黔西东南),指向安邦彦巢穴。两路官军仅有汉土兵六万,加上轻敌冒进,先后被数万叛军击败。贵州境内的苗族土司纷纷起兵附和叛军,进据龙里。安邦彦纠其党宋万化等进犯贵阳,被官军击败,宋万化及其妻被擒,安邦彦为之夺气。不久,附和叛军的"群苗复效顺,三善给黄帜,令树营中。邦彦望见不敢出,增兵守鸭池、陆广诸要害"②。后来,奢崇明父子在四川被击败,逃入贵州投靠水西,安邦彦的气焰又嚣张起来。王三善决计合师进剿,但天启二年十月出任贵州总督的杨述中畏贼如虎,他与诸将乃持反对意见,主张实行招抚。王三善坚持己意,于天启三年(1623)闰十月统兵六万渡过乌江,进攻大方。奢社辉及其子安位逃往火灼堡(在贵州西北部),安邦彦逃往织金堡。安位派人乞降,杨述中"许之,令擒崇明父子自赎,一意主抚。而三善责并献邦彦,当并用剿,议不合"③。双方来回谈判几个月,安邦彦乘机重整旧部。在这个关键时刻,王三善又拟实行改土归流,废除土司改设郡县,当地土司和苗民惶恐不安,又纷纷依附于水西,叛军势力复振。孤军深入的王三善久屯大方,陷于乏粮的困境。杨述中拒绝伸出援手,王三善只得在天启四年(1624)正月向贵阳撤退。叛军尾随追击,中军参将王建中、副总兵秦民屏战殁。安邦彦又遣心腹陈其愚诈降,王三善在陈其愚的诱骗下,误入叛军的埋伏圈,"其愚故

① 《明史》卷三一六,《贵州土司传》,第 8174 页。
② 《明史》卷二四九,《王三善传》,第 6456 页。
③ 《明史》卷三一六,《贵州土司传》,第 8174 页。

纵辔衔冲三善坠马",王三善自刎未遂,为叛贼所擒,"骂不屈,遂遇害"①。

明廷逐渐意识到,王三善等人的战死,奢安之乱迟迟不能平定,是由于四川和贵州两省的军事行动不相协调造成的。为了统一指挥,天启五年(1625)三月,命令朱燮元以兵部尚书衔总督云、贵、川、湖、广西军务。朱燮元受命奔赴重庆,调遣兵马。安邦彦侦知,拟乘朱燮元发兵之前,于天启六年(1626)分兵进犯云南、遵义,而令奢寅攻打永宁。但奢寅未及举兵,即被朱燮元收买的心腹阿引杀掉。奢寅一死,安邦彦觉得自己年岁已大,难有作为,遂向朱燮元求抚。朱燮元奏报朝廷,得到允准后,派参将杨明辉前往招抚,自己则回浙江山阴老家料理父亲的丧事;但杨明辉奉朝廷制书,"仅招抚安位,不云赦邦彦。邦彦怒,杀明辉,抚议由此绝"②。

明思宗继位后,忙于清除阉党势力,无暇他顾。到崇祯元年(1628)六月,魏忠贤、客氏和崔呈秀已被清除,《三朝要典》已被焚毁,钦定逆案的名单也在拟定之中,他便重新召回朱燮元,命其仍督云、贵、川、湖、广西军务,兼巡抚贵州,赐予尚方剑,继续负责平定奢安之乱。朱燮元赴任后,大力招抚流移,广开屯种,招募勇士,扩充兵力。他檄调云南兵马下乌撒(今贵州威宁),四川兵马出永宁,下毕节,自己则亲统大军驻扎陆广,以逼大方。另派总兵官许成名、参政郑朝栋由永宁收复赤水卫(今四川叙永县南赤水河北岸)。安邦彦闻讯,派兵分守陆广、鸭池、三岔河(在今贵州织金县东部)诸要冲,另派一军赴遵义。安邦彦自称"四裔大长老",奢崇明自号"大梁王",其部将悉号"元帅",想以水西为根据地,称王西南地区。他们统兵几十万,赴永宁以御川军。行至赤水河,"燮元授意守将佯北,诱深入。度贼已抵永宁,分遣别将林兆鼎从三岔入,王国祯从陆广入,刘养鲲从遵义入。邦彦分兵四应,力不支"③。在天启二年(1622)已投向官军的原奢崇明部将罗乾象,又以奇兵绕出其后进行突袭。安邦彦、奢崇明逃奔永宁五峰山桃红坝的山顶。官军乘雾猛攻,安、奢又大败,最后逃至红土川,于崇祯二年(1629)八月十七日皆负伤而被俘斩。

---

① 《明史》卷二四九,《王三善传》,第6457页。
② 《明史》卷二四九,《朱燮元传》,第6443页。
③ 《明史》卷三一六,《贵州土司传》,第8175页。

安邦彦、奢崇明授首之后,朱燮元"以境内贼略尽,不欲穷兵",乃檄招安位,安位犹豫不决。朱燮元召集诸将商议,说:"水西地深险多箐篁,蛮烟瘴雨,莫辨昼夜,深入难出。今当扼其要害,四面迭攻,贼乏食,将自毙。"①诸将依计而行,四面迭攻百余日,毙敌万余。副将刘养鲲又派人深入大方,放火焚烧安位的宫舍。安位大为恐慌,于崇祯三年(1630)八月派人请降。朱燮元提出四个条件,"一贬爵;一削水外六目之地归朝廷;一献杀王(三善)巡抚者首;一开毕节等驿路"②,安位全部接受,率四十八土目投降,奢安之乱彻底平定了。

---

① 《明史》卷二四九,《朱燮元传》,第 6444 页。
② 《明史纪事本末》卷六九,《平奢安》,第 1123 页。

## 二、整肃吏治，唯才是举

明思宗在即位诏中宣布，他继位之后，"惟祇服于典章，吏治民艰，将求宜于通变"。但实际上，他对民生问题只采取了若干小动作，如崇祯元年（1628）二月下令暂停苏杭织造太监的上供，而未能从根本上解决百姓的温饱问题。相对而言，他对吏治的整肃倒还比较用心，多少算是做了点实事。

在惩治魏忠贤、客氏和崔呈秀之后，明思宗于崇祯元年正月十二日即戒谕百官，要求他们"自今为始，各务涤濯肺肠，各修职业，提精明振作之念，戒悠忽诞慢之习，勿得苟怀私图，致偾国事，动诿之权奸掣肘，不得自行其志。今大奸既除，职掌还之各司，而犹不致忠竭节，亦非所以事朕也。至内外各衙门积年弊窦，尚未清厘，该部院自行检举陈奏，痛加洗剔，勿事虚文。大要为国节财，为民择吏，固圉者以封疆为重，守土者以民困为本"①。三月初七日，辅臣李国㯢条陈十大新政，请求皇上励必为之志、务典学之益、执总揽之要、广听纳之方、谨内传之渐、崇节俭之德、核职掌之实、精用人之衡、恤下民之苦、修久任之法，明思宗批示道："览卿所奏十事，讦谟硕画，裨朕新政，事关朕躬，当一一采纳施行。"②五月二十四日，明思宗召见内

---

① 《国榷》卷八九，崇祯元年正月甲戌，第5413—5414页。
② 《崇祯长编》卷七，崇祯元年三月戊辰。

阁大臣等官员,谕辅臣来宗道等曰:"票拟之事,须悉心商榷。"谕吏部臣曰:"起废事重,会推宜慎。"又指斥户部臣"边饷措办无术"。再询问兵部事务,尚书王在晋的回答不够详细,明思宗便命宦官拿来纸笔,令其写下呈上。而后,又告谕刑部臣曰:"天旱,凡用刑务效先朝平允。"①此后,明思宗相继采取一系列措施,着手整肃吏治。

明思宗整肃吏治,侧重于改革用人制度与提高行政效率两个方面。

在用人方面,明思宗面对复杂的局势,成堆的问题,亟盼突破原有制度的束缚,选择具有真才实干的人才出任各级官吏,帮助自己实现中兴之治。崇祯二年(1629)十一月,后金兵临京师,翰林院庶吉士刘之纶上疏,希望皇上惕然改图,破庸俗之调,开功名之门,选任豪杰,凡战守之方,掎角之术,一切惟其所欲为。谁能决策捍卫都城,阻敌逼近京师,即予爵赏;谁能控制通州、昌平,与敌决战,予以爵赏。与此同时,庶吉士金声也上疏,奏陈以重兵守御通州、昌平,并推荐草泽义士申甫与刘之纶,说他们具有将才,可膺此任。申甫是个游方僧,与刘之纶结识之后,常在一起谈论兵事,并自营建造单轮火车(用火器击敌的战车)、偏厢车、兽车(后两种也是战车),还用木头造西洋大小炮。明思宗派人取来他们自造的战车,看后十分高兴,即日召见,命申甫为京营副总兵,拨给白银 17 万两,令其招募新军,便宜从事,改金声为山东道御史,监申甫军;授刘之纶兵部右侍郎,副尚书闵梦得协理京营戎政。"于是之纶宾宾以新进骤跻卿贰矣"②。申甫仓促招募数千人,皆市井游民,所需军装、兵器又不能按时供给,自然没有什么战斗力,接连为后金军队打败,申甫于当月二十日在卢沟桥阵亡。翌年正月,刘之纶也在遵化的战斗中壮烈牺牲。

明思宗这次擢用申甫、刘之纶等人,虽然没有收到御敌的成效,但申、刘都表现出效忠国家的英雄气概。此后,明思宗仍然坚持这个用人方针,并把它概括为"先才后守"四个字。所谓"先才后守",即把才干放在操守前面,就是唯才是举的方针。当时许多大臣对这个方针持有不同的意见,左都御史刘宗周即持反对的态度,说

①《国榷》卷八九,崇祯元年正月甲申,第5438—5439页。
②《明史》卷二六一,《刘之纶传》,第6767页。

"论者但论才望,不问操守;未有操守不谨,而遇事敢前,军士畏威者。"但明思宗强调:"济变之日,先才后守。"刘宗周说:"前人败坏,皆由贪纵使然,故以济变言,愈宜先守后才。"但明思宗仍然坚持:"大将别有才局,非徒操守可望成功。"①

根据这个"先才后守"的方针,明思宗强调的是任官员应不拘资格。明初官员的任用不受资格的限制,大抵有以下三个途径:"荐举一途也,进士、监生一途也,吏员一途也。"②弘治、正德以后,开始强调资格,形成"进士为一途,举、贡(在国子监读书的监生)等为一途,吏员等为一途"的所谓三途并用格局。③ 三途之中,尤重进士,轻举、贡。至于吏员,只能担任最低级的官职。到成化末年,吏员仅可担任佐贰、幕僚、监当、管库之职,必得有人保举,才能担任州、县的正官。明思宗对这种制度很不满意,多次告谕掌管官吏任用的吏部:"国家用人,惟求事理民安。庸鄙之徒,不堪内外,若拘资俸,其人得矣,如国事苍生何?"④

崇祯九年(1636)二月,山阳(今江苏淮安)武举陈启新诣阙上疏,痛陈用人唯问资格之弊,说"国初典史授都御史,贡生授布政(使),秀才授尚书,嘉靖时犹三途并用,今唯一途。举、贡不得至显官。一举进士,横行放诞,此资格之病也"⑤。明思宗阅后,觉得此疏切合其用人不拘资格的意旨,立即提拔他做吏科给事中,历兵科给事中。类似这样破格用人的事例,还有很多。仅由举人出任巡抚的数量,就大大超过此前的所有皇帝。据清代官修《明史》的记载:"明世举于乡而仕至巡抚者,隆庆朝止海瑞,万历朝张守中、艾穆。庄烈帝破格求才,得十人。丘民仰、宋一鹤、何腾蛟、张亮以忠义著;刘可训以武功闻;刘应遇、孙元化、徐起元皆以勤劳致位,而陈新甲官最显。"⑥丘民仰等 10 人都是举人出身而官至巡抚的,陈新甲更由宣府巡抚升至宣大总督,最后官至兵部尚书。

① 《明史》卷二五五,《刘宗周传》,第 6583 页。
② [清]龙文彬:《明会要》卷四八,《选举二·铨选》,中华书局 1956 年版,第 894 页。
③ 《明会要》卷四八,《选举二·铨选》,第 893 页。
④ 《国榷》卷九一,崇祯三年二月丁卯,第 5519 页。
⑤ 《明史》卷二五八,《姜埰传》,第 6665—6666 页。
⑥ 《明史》卷二六一,《丘民仰传附丘禾嘉传》,第 6772 页。

明思宗还把选任官员不拘资格的做法,运用到内阁辅臣的选任上。明代的内阁不是法定的中央一级行政或决策机构,而是为皇帝提供顾问的咨询议政机构。内阁大学士的升降由皇帝决定,其票拟是否被采纳最终还得取决于皇帝的批红,但内阁大学士毕竟是皇帝的重要助手,在明代中后期是皇帝下面地位最高、权力最大、对政局影响最巨的大臣。因此,对内阁大学士选拔任用制度的改革,也就成为明思宗改革的一个重点。

明初阁臣的拣选,并不专用翰林院的官员,"成祖初年,内阁七人,非翰林者居其半。翰林纂修,亦诸色参用。自天顺二年,李贤奏定纂修专选进士。由是,非进士不入翰林,非翰林不入内阁"[①]。到成化、弘治年间形成入阁必由翰林的格局。明思宗继位后,召见内阁大学士商议政事,发现有些辅臣虽然饱读诗书,有文学之才,但往往不谙政务,更不了解现实的国情,不仅没有应变济时的能力,而且时常闹出一些大笑话。比如大学士郑以伟,有次代皇上拟旨,竟将奏疏中的"何况"两字当成人名,在票拟中写道"何况着安抚提问"[②],让人哭笑不得。为了改变这种局面,明思宗先是往翰林院掺沙子,改变非进士不入翰林的格局。崇祯七年(1634),他下令考选推官(知府、同知、通判的下属官员,掌管司法监察)、知县,从中选拔编修、检讨,进入翰林院,从而改变翰林院官员清一色进士出身的状况。接着,又于翌年六月,任命非翰林之外僚张至发为内阁大学士,从而打破非翰林不入内阁的惯例。张至发为万历二十九年(1601)进士,历任知县、礼部主事、御史、大理寺丞,因"精核积弊,多所厘正"[③],得到明思宗的赏识。崇祯八年(1635)春,擢为刑部右侍郎。六月增置辅臣,遂擢为礼部左侍郎兼东阁大学士。此后,还有多名非翰林的外僚,被擢入内阁,参与机务。崇祯十一年(1638)六月,吏部官员反对这种做法,拟用老办法从翰林中会推辅臣。明思宗不允,命再斟酌,说:"词臣不拘资序,前旨甚明。何滥

① 《明史》卷七〇,《选举志》二,第1702—1703页。
② [明]李清:《三垣笔记·附识上·崇祯》,中华书局1982年版,第160页。
③ 《明史》卷二五三,《张至发传》,第6533页。

徇游移也？其并推在籍勘任者。"①他之所以一再坚持"并推在籍"即外僚中的"勘任者"，是"欲阁臣通知六部事"②，了解、熟悉六部的政务。由于原有的阁臣中已有首辅刘宇亮出自吏部，于是吏部官员便从户部推出程国祥，从礼部推出方逢年，从兵部推出杨嗣昌，从工部推出蔡国用担任辅臣。刑部推不出合适的人选，便以大理寺少卿范复粹代之。其中，仅有方逢年曾担任过翰林院编修，其他人皆出自外僚，而范复粹由少卿擢任辅臣，尤属异数。

为了求得更多的人才，明思宗还进一步开放藩禁，允许宗室子弟入学，应试授官。

明制，除皇帝的嫡长子封为皇太子作为储君之外，其余皇子皆封亲王。亲王嫡长子年及 10 岁，立为世子，长孙立为世孙，其余诸子年及 10 岁，立为郡王。郡王嫡长子为郡王世子，嫡长孙授长孙；其余诸子授镇国将军，孙授辅国将军，曾孙授奉国将军，四世孙授镇国中尉，五世孙授辅国中尉，六世以下皆授奉国中尉。这些宗藩，世世皆食岁禄，不授职任事。而且，藩禁越来越严，藩王就国后不允许再度入京，甚至不准出城，即使给父母扫墓也得事先提出申请。同时，还规定"二王不得相见"③，宗室子弟形同囚徒。亲王和某些郡王既有丰厚的岁禄，还可以在岁禄之外得到各种名目的赏赐，生活优裕。将军以下，特别是中尉，岁禄不那么丰厚，也没有什么门路可以获得朝廷的赏赐，只能尽量多娶妻妾，多生子女，或者收养异姓，以增加禄米。因此，宗室人口迅速膨胀，岁禄的数量也大量增加。朝廷负担不起，常常不能按时发放，致使许多将军以下的宗室成员穷困潦倒，衣食无着。嘉靖初年，枣阳王朱祐楬上疏朝廷，说"宗室久锢穷困"，请求"开四民业，以安贫宗，且省禄粮"④，明世宗未予批准。后来，南陵王朱睦㮮又条陈七事，提出请"立宗学以崇德教，设科选

① 《国榷》卷九六，崇祯十一年六月丙午，第 5812 页。
② 《明史》卷二五三，《范复粹传》，第 6544 页。
③ 《明史》卷一二〇，《诸王传》五，第 3659 页。
④ 《万历野获编》卷四，《二郡王建白》，第 116 页。

以励人才"①的建议,也未被理睬。隆庆二年(1568),王世贞应诏上疏,建议"于奉国将军诸子,免其禄秩,分居附近州县,废著之日给与房价,量复徭役终身,使得毕力农贾。其有志科目者,照常肄学应试,以为南京及司、府、县官"②,也未被采纳。万历年间,刘应秋上《议处宗藩事宜疏》,认为对宗室子弟"开四民之业,弛出城之禁,严吏珉之形",既"坐食可益省",减轻国家的财政负担,又能"诏禄可常给"③,使宗室子弟得到固定的收入,缓和朝廷与宗室的紧张关系,引起明神宗的重视。万历二十二年(1594)正月,郑世子朱载堉疏请"宗室皆得儒服就试,毋论中外职,中式者视才品器使"④。明神宗终于下诏允行,但只令奉国中尉以下人等入学应试,而辅国中尉以上不在其内,理由是辅国中尉以上爵位尊荣,难以授职。万历三十四年(1606)八月,礼部左侍郎李廷机对此提出异议,指出封爵与科目原属二途,如果辅国中尉以上的宗室子弟愿从科目,中试后自应按照士子出身的资格一体选任官职,而不拘泥于原先的爵位。明神宗这才再次下诏,"令宗室将军、镇辅国中尉俱得与生员一体应试",并规定"进士出身者,二甲选知州,三甲选推官、知县。其于乡试出仕者,亦照常除授",但"俱不得选除京职"⑤。

嘉靖以来,所有请求开放藩禁、允许宗室子弟入学应试的建言,都是从减轻朝廷经济负担的角度着眼。明思宗进一步开放藩禁,更多的则是从延揽人才的角度着眼。崇祯四年(1631),宗室子弟朱统𬭚考中进士,初选庶吉士,吏部以"统𬭚宗室,不宜官禁近"为由,请求改任中书舍人。朱统𬭚据理力争,明思宗下令"仍授庶吉士"⑥。崇祯八年(1635)正月,吏科左给事中阮震亨上言,请求仿效明太祖重定《祖训录》颁赐诸王的办法,申饬《宗藩事例》。当时,农民起义军刚攻破凤阳,焚毁皇陵,明思宗亟思广罗贤才,遂重申祖训的规定:"郡王子孙有文武才能堪任用者,

①《明史》卷一一六,《诸王传》一,第3568页。

②《明臣奏议》卷二七,[明]王世贞:《应诏陈言疏》,丛书集成初编本。

③《皇明经世文编》卷四三一,刘应秋:《议处宗藩事宜疏》。

④《明史》卷一一九,《诸王传》四,第3628页。

⑤《明神宗实录》卷四二四,万历三十四年八月丁酉。

⑥《明史》卷七〇,《选举志》二,第1707页。

宗人府具以其名闻。朝廷考验，换授官秩，其升转如常选法。"①翌年二月，礼部拟出选用宗室人才的具体条例，规定分为荐举、考验、换授、升转、举核、体统、解任几项。条例规定宗室子弟"先由五宗保结，长史据结详访，启亲王核勘，开才能实迹以闻"，再由"部院疏列学行俱卓、博学多闻、精于心计、熟于刑名、娴于礼乐文章，兼通屯田水利、保障拊循，一一叩其经纶，各分差等，请临轩策问，或召对平台，然后因才授官"②。但宗室子弟长期在王府过着娇生惯养的生活，对明思宗此举的意图并不理解，他们渴望的是高官厚禄，并不愿意从事繁杂的日常工作，因此往往产生失望的情绪。比如辽王的后裔朱术珣，以钦召入京，授户部主事，管理草场。他老大不高兴，上疏发牢骚说："以奉旨钦召，亲承召对之官，一出门外，便被户部尚书拿去买草！"③

为了求得更多的人才，明思宗还重申保举之制。崇祯八年（1635）八月，他告谕百官大臣："致治安民，全在抚按道守令。抚道得人则守令自肃。年来推升抚道，内地竞营，边缴规避，或其老耄贪庸，又情面枯容，兼以守令不才，民生愈悴。今后吏部务在详核，见在抚道不堪者，科道直纠，按祖宗朝保举成法可遵，着两京文职三品以下五品以上，各举堪任知府一人，亡论科第贡监、翰林科道；在外抚按、司道、知府官，各举州县官一人，亡论贡监吏士。过期不举者议处，失举连坐。"④

在提高行政效率方面，明思宗反复告谕百官，办事应注重实效。他对人们习以为常的官僚主义作风提出严厉的批评，说："祖宗设立部科衙门，各有职掌，内外监察，法甚明备。乃近来人情玩惰，废弛成风，即如各项章奏，或奉旨而科抄久不到部，或已抄而该部久不题覆，以致紧要事务率多稽迟，殊非政体。"⑤

明思宗对文牍主义盛行、奏疏越写越长之风十分不满，崇祯元年二月特谕各个

---

① 《国榷》卷九四，崇祯八年正月丙子，第5689页。
② 《国榷》卷九五，崇祯九年二月庚子，第5728—5729页。
③ 《三垣笔记·笔记上·崇祯》，第9页。
④ 《国榷》卷九四，崇祯八年八月丙午，第5711页。
⑤ ［清］孙承泽：《思陵勤政记》，借月山房汇钞本。

衙门："条奏须简明,毋出千字。如词意未尽,再奏。"①

不过,明思宗的整肃吏治,并没有触及吏治败坏的核心,即官吏的贪腐问题。明朝建立之初,明太祖就深刻地指出："吏治之弊,莫甚于贪墨,而庸鄙者次之。"②如不大力惩治贪腐,只单纯改革用人制度、惩办官僚主义、改革文风等,是无法取得成功的。因此,他把惩治贪腐当作治国的第一要务来抓,使用严刑酷法加以惩办,甚至将贪赃60两以上者枭首示众,剥皮实草,从而收到"吏治澄清者百余年"③的效果。明思宗对官吏的贪贿、官场的腐败虽然也深恶痛绝,却未曾采取有力的措施加以惩治,而只做口头上或文字上的告谕和训示,结果贪风愈刮愈盛,官场的腐败现象也愈演愈烈,几乎变得无官不贪。在如此恶浊的环境里,整肃吏治的其他措施自然难以得到真正的落实。再加上明思宗本人猜忌多疑、刚愎自用、急功近利而又极好面子的性格弱点,更使他整肃吏治之举措大打折扣,未能坚持到底,因而成效甚微。

① 《国榷》卷八九,崇祯元年二月甲午,第5419页。
② 《明太祖实录》卷一四八,洪武十五年九月庚申。
③ 《明史》卷二八一,《循吏传》序,第7185页。

# 三、夙夜焦劳，急功近利

为了实现"中兴"之梦，明思宗以明太祖朱元璋为榜样，自奉俭朴，不贪女色，忧勤惕励，夙夜焦劳。

明思宗继位之后，就效法明太祖俭朴的生活作风，多次重申："崇俭去奢，宜由朕始。"①鉴于父亲明光宗、长兄明熹宗为女色所误的教训，刚即位即没收魏忠贤进献女子带进宫里的迷魂香，接着又下令毁弃魏忠贤让小太监在偏殿复壁内焚烧的另一种香，因为这两种香都会诱发春心的萌动而思淫欲。此后，终其一生，明思宗都不贪女色。崇祯十五年（1642）九月，原计划采良家女子充当九嫔，刑科给事中光时亨鉴于时局严峻，请求缓之，"俟寇平举行"②，他立即接受。崇祯末年，明思宗宠爱的田贵妃见他因时势危迫而忧思过度，向她的父亲田弘遇询问有何办法让皇上开心，田弘遇说不妨将他从苏州买来的名妓陈圆圆送入宫中，供皇上玩赏，或可缓解其宵旰之忧。明末江南经济繁荣，声色之娱风行，苏州尤为兴盛。陈圆圆原名陈沅，本是罪犯之女，色艺双全，"声甲天下之声，色甲天下之色"，名噪一时。江南风流公子冒辟疆在崇祯十四年（1641）曾慕名拜访过她，后来回忆拜访时的情形说：

---

① 《思陵典礼记》卷四，癸未年十一月十三日。
② 《国榷》卷九八，崇祯十五年九月戊子，第5942页。

"其人淡而韵,盈盈冉冉。衣椒茧,时背顾湘裙,真如孤鸾之在烟雾。是日燕弋腔红梅,以燕俗之剧,咿呀啁唽之调,乃出陈姬身口,如云出岫,如珠在盘,令人欲仙欲死。"①田弘遇原籍陕西,后居扬州,以女贵,官左都督,好侠游。他花重金将陈圆圆从苏州买来,带回北京,金屋藏娇。听了女儿的话后,他将陈圆圆好好地装扮一番,送入宫中,但明思宗根本不感兴趣,下令将她送回了田府。

日常生活中,明思宗自奉俭朴,不尚奢华。"自神宗以来,膳羞日费万余金,上命尽减,但存百之一。旧制,冠袍靴履日一易,上命月一易。"②他还"禁诸臣服饰袖长不得过一尺。宫中尽撤金银等器,换用陶器。并谕诫诸臣,不得擅用金银"③。在明思宗的严格自律的带动下,后宫没有把玩珍珠宝玉之娱,没有声色歌舞之乐,闲暇时只有幽雅的古琴之音相陪伴。周皇后见国势日衰,举步维艰,在宫中也力持俭朴。她尽量削减不必要的开支,也不为外戚乞求恩典赏赐。崇祯八年(1635),她还命太监从苏州购进24具棉花纺车,教宫女纺纱,以培养她们勤劳节俭的习惯。崇祯朝的后宫,气氛虽然压抑,却未见历代诸朝濒临灭亡之前那种醉生梦死的颓废景象。

不过,明思宗自奉俭朴的另一面,是刻于理财。明思宗继位之后,内忧外患交相煎迫,战争持续不断,军费开支日益膨胀。当时国库空虚,已无力支付这笔庞大的军费,但皇帝的内府私库并不缺钱。因为万历年间,明神宗通过传索帑金,加上派遣矿监税使四出搜刮,"内帑之充韧已亘古所无矣"④。明神宗死后,明光宗在位仅一个月,明熹宗在位也仅七年。短短七年时间,内府的储积并没有花光。但军饷一旦告绌,明思宗便大叹穷经,声称"自今帑藏空虚",于是"日贷之勋臣,日贷之戚畹,日贷之内珰,天下视之,真谓帑藏如洗矣"⑤。勋臣、戚畹和内珰自然也学他的

<hr />

① [清]冒襄:《影梅庵忆语》,昭代丛书别集本。
② 《崇祯遗录》。
③ 《烈皇小识》卷八。
④ [明]孙承泽:《春明梦余录》卷三五,《户部》一,江苏古籍刻印社影印清光绪刊本。
⑤ [明]张岱:《烈皇帝本纪》,《琅嬛文集》,中国文学珍本丛书第一辑本。

样,大叹穷经,不肯往外拿钱,所贷之赀犹如杯水车薪,无法弥补军饷的匮缺。于是明思宗便不断向百姓加派,先是加派辽饷,接着再加派剿饷,然后又加派练饷,进一步激化阶级矛盾,使农民起义的烈火越燃越旺。待到李自成率领大顺军攻破北京,明思宗积存的帑金,都落到了农民军手里。

明思宗不讲究吃穿,也不喜欢声色之娱,他把全部的精力都用在军政大事的处理上面。明朝刚建立时,明太祖就定下每日视朝的制度,并严格加以执行。但后来的皇帝大多视这项祖制为具文,特别是隆庆末年、万历初年,公然改为每逢三、六、九日视朝,以后干脆就连三、六、九日也免朝。明思宗一上任,就宣布恢复每日视朝的祖制。隆寒盛暑,除事先告知免朝之外,他每天都到文华殿视朝,与群臣共商国是,宣布谕旨。除了视朝,他还不时召对平台,由于战事频繁,国事丛集,召对极为频繁。为了应付皇上的随时召见,阁臣晚上往往就留宿在文渊阁中而不回家。

除了视朝、召对,明思宗还每天亲自批阅奏章。当时疆场多事,奏报也繁。明思宗怕大臣报喜不报忧,敷衍塞责,对臣下的奏章大多亲自批阅,做出处理。崇祯九年(1636)二月,山阳(今江苏淮安)武举陈启新上疏,说当今选人存在三大弊病,一是科目取人唯重作文,二是资格用人唯尚文途,三是推官行取唯选进士。他要求专拜大将,并举孝廉以崇实行,罢推官行取以除积横之习,蠲灾伤钱粮以苏累困之氓。内阁大臣认为此疏狂言无忌,拒不受理。陈启新在正阳门前连跪三日,被宦官曹化淳发现,将他的奏疏转呈给明思宗。明思宗读罢此疏极为惊喜,"立授吏科给事中,命遇事直陈无隐"[1]。有些臣僚的奏疏夸夸其谈,却无实际内容,明思宗对此十分反感,常常严加训斥。兵科给事中曾应遴的上疏,往往不分轻重,从第一到第十几罗列一大堆事情,明思宗就把他找来,当面诘责一顿。明思宗不仅认真批阅奏疏,对阁臣代其起草的票拟也看得很仔细,反复斟酌删改。崇祯十年(1637)六月,阁臣票拟议罢首辅温体仁,拟旨颇长,明思宗涂抹删改之后,仍不满意,最后全部删

---

① 《国榷》卷九五,崇祯九年二月壬辰,第 5727—5728 页。

去,批了三个字:"放他去。"①在交付部院科道施行的奏章上,明思宗的朱批时间多有子(相当于现今夜间 11 时至 1 时)、丑时(相当于现今夜间 1 时至 3 时)的字样,说明他批阅奏章往往到夜半三更尚未休息。遇到军情紧急之时,他更是彻夜不眠,几乎不停地批阅奏章,有时一夜就连发几道御旨。

除了视朝、召对、批阅奏章,明思宗还极其重视日讲与经筵。明思宗虽然自幼喜欢读书,但他毕竟不是皇太子,没有接受过如何当皇帝处理朝政的教育。入继大统之后,他就非常重视日讲与经筵。天启七年(1627)八月二十四日他就帝位,十月十五日就开始日讲,崇祯元年(1628)二月又开启经筵。经筵分为春讲与秋讲,在春秋两季各举行一两次。春秋经筵开讲之后,进入日讲,就是每天必须进讲,除非皇帝事先下旨传免。经筵与日讲其实并无重大差别,只是经筵更加隆重,更加讲究礼仪而已。对于经筵与日讲,明思宗都认真听讲,并勤于思考,因而获益不浅。崇祯十一年(1638)七月,他在一次召见詹事府少詹事黄道周时,就感慨地说道:"朕幼而失学,长而无闻,时从经筵启沃,略知一二。"②

由于长年累月地视朝,批阅奏章,处理军国大事,亲御经筵与日讲,明思宗常常天不亮就起床处理政务,一直忙到深夜也不得休息,既没有假期,也没有文化娱乐,身体常常处于疲惫的状态。明神宗的昭妃刘氏,天启、崇祯时住在慈宁宫,掌管太后的印玺。这位刘太后为人谨厚,抚爱诸王。明思宗对她非常尊敬,"礼事如大母",遇到年节都要前去看望,对她施礼问安。有一次,明思宗来到慈宁宫,对刘太后行过礼之后,"就便坐,俄假寐。太后戒勿惊,命尚衣谨护之。顷之,帝觉,摄衣冠起谢曰:'神祖时海内少事。今苦多难,两夜省文书,未尝交睫,在太妃前,困不自持如此。'太妃为之泣下"③。

但是,明思宗的忧勤惕励、夙夜焦劳,是与其急躁和偏执的性格结合在一起的,因而并没有收到预期的效果,反而是越搞越糟,导致局势不断恶化。明思宗自小在

① 《烈皇小识》卷五。
② 《春明梦余录》卷三三,《詹事府》。
③ 《明史》卷一一四,《后妃传》二,第 3536 页;《崇祯遗录》。

险恶的环境中长大,形成刚愎自用而又多疑善妒、急功近利而又优柔寡断,虚荣心强而又缺乏担当、专横残暴而又刻薄寡恩的性格。17 岁时,他在危难之际继承帝位,毫无治国理政的经验,认为"慎重即因循"①,急于求成,切盼短期内就能重建太平盛世,振兴朱家基业。崇祯元年(1628)十一月,南京陕西道御史陕嗣宗曾上疏,在赞颂明思宗"三不可及"的美德之时,也批评他"五不自知"的弊病,即自视甚高,近于予圣;刚愎自用,习于尊倨;猜忌多疑,任意斥责;急于求治,旦夕责效;过于明察,流于繁苛②。第二年九月,顺天府尹刘宗周也上疏指出:"陛下求治之心,操之太急,酝酿而为功利;功利不已,转为刑名;刑名不已,流为猜忌;猜忌不已,积为壅蔽。"③

由于求治太急,急功近利,明思宗治理国政,未能抓住当时主要的社会矛盾,采取相应的解决办法,制定长远的治国方略,而是采取头痛医头、脚痛医脚的办法,左右摇摆,朝令夕改,结果适得其反。崇祯元年(1628),左副都御史杨鹤上言:"图治之要,在培元气。自大兵大役,加派频仍,公私交罄,小民之元气伤;自辽左、黔、蜀丧师失律,暴骨成丘,封疆之元气伤;自缙绅构党,彼此相倾,逆奄乘之,诛锄善类,士大夫之元气伤。譬如重病初起,百脉未调,风邪易入,道在培养。"④这种看法,时以为名言。此后,成基命、刘宗周等大臣都反复指出他的这一弊病。但明思宗一概置之不理,我行我素地执行他的顾近不顾远、治标不治本的政策,因而只能越搞越糟,直至最后败亡。

明思宗猜忌多疑,对周围大臣多不信任,时刻担心他们怀有二心,或办事偷懒。于是,他极力鼓励告发,并利用锦衣卫的缇骑及东厂的隶役四出侦伺,对大臣进行监视。户部尚书孙居相为官清廉,负气敢言,在与给事中杨时化的通信中,"有'国

---

① 《明史》卷二五一,《成基命传》,第 6489 页。
② 《崇祯长编》卷十五,崇祯元年十一月甲子。
③ 《明史》卷二五五,《刘宗周传》,第 6576 页;《崇祯长编》卷二十六,崇祯二年九月庚戌。
④ 《明史》卷二六〇,《杨鹤传》,第 6726 页。

事日非,邪氛益恶'语,为侦事者所得,闻于朝"。明思宗大怒,"下居相狱,谪戍边"①。薛国观险鸷忮刻,不学少文,由于首辅温体仁的密荐,得以超擢重用,后升至内阁大学士。"帝始燕见国观,语及朝士贪婪。国观对曰:'使厂卫得人,安敢如是?'"恰好东厂太监在侧,不禁汗流浃背,于是"考察其阴事",密报皇上,使之逐渐失去信任。崇祯十三年(1640),薛国观贪污事发,明思宗"即命弃市",薛"乃就缢"②。厂卫受宦官控制,东厂提督就是由太监充任的。厂卫肆意侦伺、抓人、审讯、行刑,根本不受法律的约束,刑部也不得过问。刑部如果过问,触怒了厂卫,厂卫寻机罗织罪名,即可置之于死地。

明思宗刚愎自用,极为自负,虚荣心重,极好面子,刘宗周在崇祯二年(1629)九月的上疏,曾一针见血地指出:"陛下所擘画,动出诸臣意表,不免有自用之心。"③后来,内阁大学士谢陞也批评他说:"皇上惟自用聪明,察察为务,天下俱坏。"④由于刚愎自用,明思宗喜欢表扬,喜听阿谀奉承之词,厌恶批评,听不得逆耳之言。对有损其尊严的言论,更是记恨在心,想方设法进行报复。刘鸿训在天启七年(1627)十二月由明思宗钦定进入内阁,起初颇受信任,但他对政务的处理意见有时与明思宗相左,未被采纳,曾私下说"主上毕竟是冲主",意即皇上还是个孩童。"帝闻,深衔之。"后来阉党分子诬告刘鸿训贪污受贿,擅改敕书,明思宗就想置之于死地。大学士李标、钱龙锡力救,明思宗还是将他谪戍代州,崇祯七年(1634)五月"卒戍所"⑤。钱士升在崇祯六年(1633)九月入阁当大学士,他见明思宗为政操切,首辅温体仁又以刻薄佐之,上下嚣然,就在崇祯九年(1636)九月撰写《四箴》以献,大意谓应"宽以御众,简以临下,虚以宅心,平以出政"。此箴深中时弊,明思宗表面接受,优旨褒扬,内心却老大不高兴。过了一个月,有个名叫李琏的武生请括江南富户的财产输

① 《明史》卷二五四,《孙居相传》,第6559页。
② 《明史》卷二五三,《薛国观传》,第6539—6541页。
③ 《明史》卷二五五,《刘宗周传》,第6575页。
④ 《崇祯实录》卷一五,崇祯十五年四月戊子,台北"中央研究院历史语言研究所"1962年影印校勘本。
⑤ 《明史》卷二五一,《刘鸿训传》,第6482—6484页。

官,钱士升拟旨将该武生下刑部提问,明思宗不许。他上疏力争,说:"此议一倡,无赖亡命相率而与富家为难,不驱天下之民胥为流寇不止。"不意,明思宗却在其奏疏上批道:"即欲沽名,前疏(即《四箴》之疏)已足致之,毋庸汲汲。"钱士升惶恐不安,"引罪乞休,帝即许之"①。

由于刚愎自用而又求治太急,明思宗对臣工总是求全责备,专横残暴,刻薄寡恩。不论什么事情,他决定之后,立马就要求见到成效。出了问题不是反思自己的决策失误,主动承担责任,而是归咎于文武百官,轻则训斥、罚俸、降职,重则施刑、削职、谪戍、处死。崇祯五年(1632)由举人出任河南府推官的汤开远,曾向明思宗上疏,恳切进言:"陛下临御以来,明罚敕法。自小臣至大臣,蒙重谴下禁狱者相继,几于刑乱国用重典矣。见廷臣荐举不当,疑为党徇;恶廷臣执奏不移,疑为藐抗。以策励望诸臣,于是戴罪者多,而不开立功之路,以详慎责诸臣,于是引罪者众,而不谅其致误之由。墨吏宜逮,然望稍宽出入,无绌能臣。"②在这种严峻的局势下,一些执法的官员遇到明思宗轻罪重罚甚至无罪滥罚的诏旨,都不敢主持公道,而是唯皇上之命是从,有些奸佞之徒为了邀功请赏,甚至加重对蒙冤受屈者的处罚。据统计,明思宗在位期间,先后诛戮总督7人、巡抚11人(河南巡抚李仙风被捕后上吊自杀,尚不计在内)。就连位极人臣的内阁辅臣,也有周延儒、薛国观2人被杀。这是自明世宗诛杀夏言以来所仅见的现象。由于许多大臣不断地受到处罚,官员的更换十分频繁,如蓟镇总督在半年之内就换了5人。明思宗在位17年,兵部尚书换了14人,刑部尚书换了17人,内阁大学士更是换了50人。如此滥施刑罚、频繁换人,不仅使"先才后守"的唯才是举政策大打折扣,严重挫伤了官员的积极性,使其难以施展才干,而且使大批耿直之臣遭到贬斥,许多忠臣良将遭到杀戮。正如刘宗周所指出的,由于明思宗"求治太急,用法太严,布令太烦,进退天下士太轻,诸臣畏罪饰非,不肯尽职业,故有人而无人之用,有饷而无饷之用,有将不能治兵,有兵不

---

① 《明史》卷二五一,《钱士升传》,第6487—6488页。

② 《明史》卷二五八,《汤开远传》,第6675页。

能杀贼"①。

在明思宗眼里，文臣武将全都不能尽职尽责，不可信任，他便一反即位之初严禁民间自宫为宦、禁止廷臣结交内侍、撤销各边镇守太监的做法，大力培植忠于自己的宦官势力，并把身边的心腹太监安插到一些重要部门，充当耳目手足，借以强化君主专制的统治。崇祯元年（1628）五月，明思宗就任命司礼监掌管文书的内官监少监宋尚志提督正阳等九门、永定等七门及皇城四门，巡城点军，内官监赵本清为副手，从旁协助。崇祯二年（1629）十一月，后金军队绕道漠南蒙古从蓟门一线越过长城南下，京师戒严，明思宗又命太监提督九门及皇城门，总督忠勇营，提督京营。崇祯四年（1631）九月至十一月，更是大规模起用宦官。从此，北方各个军镇都派有太监监军，职权高于督、抚。文武大臣纷纷上疏表示反对，明思宗或将其撤职罢官，或革职为民，说："朕览卿等公疏为遣用内臣一事，太祖明训朕岂不知？但成祖以来亦有间用之者，皆出一时权宜。况天启年间所遣（内臣），朕尚撤之，岂至今反用！朕又何尝不信任文武，无如三四年来敝坏不堪，朕是万不得已，亦权宜用之。若文武诸臣实心任事，撤亦不难。"②

后来，由于文武大臣的不断劝谏，明思宗只好在崇祯八年（1635）八月下诏，撤回总理及监视各道的宦官，但仍让高起潜督理锦关、宁远军务。仅隔一年，他再次大规模起用宦官。起用的这些宦官，不仅是监军，而且担任总督、分守之职，直接指挥军队，气焰更加嚣张。他们大多是些市井无赖之徒，昏庸愚昧，却又妄自尊大。一旦大权在握，便胡作非为，不仅大肆贪污纳贿，任意克扣军资，而且一遇敌军，便率先逃窜。诸将皆耻于屈居其下，因此皆难以克敌制胜，从而导致内忧外患的不断加剧。许多大臣不断上疏弹劾他们。明思宗虽仍将上疏诸臣降职贬官，但也不得不于崇祯十三年（1640）再次颁布撤回各镇内官诏，将所有边防军务交给督、抚、镇、道负责，次年三月，还下令严禁内臣干预外政，重申廷臣毋结交内臣之令。崇祯十

---

① 《明史》卷二五五，《刘宗周传》，第 6578 页。

② 《崇祯长编》卷五二，崇祯四年十一月癸巳；《明史》三〇五，《张彝宪传》，第 7828 页。

五年(1642)正月，又下令罢提督京营内臣。

　　然而，仅隔半年，为了抵御清军，明思宗又于崇祯十五年七月命司礼监秉笔太监王承恩提督勇卫营。十一月，又命其督察京师城守，并命太监方正化总监保定军务。此后，宦官的派遣始终未再中断。崇祯十七年(1644)春，面对分兵两路北上的大顺农民军和关外日益壮大的清军，无计可施的明思宗急命宦官奔赴各地，或监军，或统兵镇守，并命宦官分守京师九门。但是，这一切并未能挽救明朝灭亡的命运。相反，许多太监见大势已去，纷纷投向大顺军，甚至打开京师的大门迎降。

# 第四章

# 西方传教士东来与中西文化交流

　　英国诗人约翰·盖伊曾写了一首诗，描述酷爱中国瓷器的贵妇人：

　　　　古瓷是她心中的爱好所在，

　　　　一个杯子，一只盘，一个碟子，一只碗，

　　　　都能点燃她肠中的火焰，

　　　　给她欢乐，或叫她不得安闲。

　　各国的王室均把中国瓷器视为最珍贵的馈赠礼品，达·伽马、阿尔曼达都曾用中国瓷器来博取葡萄牙国王的欢心。1578年葡萄牙国王赠送意大利国王一箱礼品，其中就有四件描金的中国瓷器。

# 一、传教士的东来与西方科技文化的传入

继唐代景教、元代也里可温教传入之后，欧洲的基督教在明末再次传入中国。

明末基督教传入中国，有着极其复杂的历史背景。在 15 世纪末 16 世纪初地理大发现后，西方殖民者不断向各地扩张势力，西方传教士也踏着殖民者之足迹，到各地传播基督教，充当其殖民统治的工具。在 16 世纪西方的宗教改革中，基督教内部产生了一个代表新兴资产阶级利益的教派即新教，中国称之为基督教，其势力在西欧北美得到迅速发展；而代表欧洲"封建制度的巨大的国际中心"①的旧教即天主教，在西欧北美的势力日益缩小。为了挽回旧教的颓势，西班牙贵族伊纳爵·罗耀拉组织了一个传教组织，于 1540 年获得罗马教皇保罗三世的批准，命名为"耶稣会"。耶稣会在西方无力与新教相抗衡，便转向东方发展。此时葡萄牙、西班牙殖民势力已经扩展到东方，耶稣会士就和他们结合在一起，到东方来开展传教活动。

1541 年，耶稣会创始人罗耀拉的密友方济各·沙勿略，奉教皇之命，作为教廷的远东使节，随同葡萄牙新任的印度果阿总督，从葡萄牙首都里斯本出发，第二年到达印度果阿。1542 年，沙勿略由果阿去马六甲。1549 年到达日本鹿儿岛。他在日本传教时，看到许多日本人信奉佛教，认为中国是日本文化和思想的策源地，要

---

① 《马克思恩格斯选集》第三卷，人民出版社 1972 年版，第 390 页。

在日本布道就须先"感化"中国人,于是想进入中国传教。返回果阿后,他向葡萄牙国王提出到中国传教的计划,获准后,于 1552 年离开果阿,到达广东台山县的上川岛。由于当时明朝厉行海禁,他最终未能进入广州,而病逝于上川岛。

嘉靖三十二年(1553),葡萄牙殖民者借口船只遭遇风暴,须上岸晾晒浸水的货物,买通广东地方官员,每年向他们"馈赠"白银 500 两,攫取了在我国澳门的居住权。万历元年(1573),他们将 500 两白银改交明政府,获得在澳门的租借居住权。此后,澳门便成为耶稣会士来华传教的一个据点。耶稣会士于是纷纷来到澳门,陆续修建天主教堂,开展传教活动。尔后,便以澳门为基地,纷纷进入中国内地,开展更广泛的传教活动。这些传教士逐步意识到,中华文明是有别于欧洲文明的另一种灿烂文明,只有在尊重中华文明和掌握中国语言文字的基础上,通过学术交流和道德规范的互相仿效,才能达到使中国民众皈依的目的。而当时明朝经济发展,要略胜于工业革命取得显著成效之前的欧洲,国力较为强盛,多次成功地击败入犯的葡萄牙、西班牙和荷兰的殖民势力。因此,来华的传教士不得不改变以往那种一手拿宝剑、一手拿《圣经》的暴力传教方式,而采取较为温和的传教方式。

最早提出这种较为温和的传教方式的,是意大利耶稣会士范礼安。万历六年(1578),他受命为远东教务视察员,带领 41 名会士到达澳门。范礼安在澳门考察九个月后,提出了一个"文化适应"的传教新策略。

原先按照葡萄牙、西班牙的传教士在马尼拉和澳门传教的惯例,凡是领洗入教的中国人,都要变成葡萄牙或西班牙国人。不论是姓名、服装还是风俗都要学葡、西两国的式样。范礼安认为这种方式"不但是可笑的而且是无用的"。他主张,入教的"中国人固然仍旧是中国样子,西洋的传教士也都要'中国化'"①。范礼安意识到中华文明的优越性,在他所撰写的《圣方济各·沙勿略传》中说:"中国可说是与东方其他王国都不一样,但它还要超过它们;这是整个东方最重要、最丰富的事

---

① [法]裴化行著,萧濬华译:《天主教十六世纪在华传教志》,商务印书馆 1936 年版,第 194—195 页。

物,它在若干方面,例如富强、完美方面,都与欧洲非常相似,在许多地方犹有过之。"因此,在中国,西方宗教不可能发挥取代或抹杀当地文明的效用,只有通过宣扬基督教对中华文明的辅佐和帮助作用,基督教才有在中国传布的可能。为此,他强调,进入中国传教应该"采取文化适应"策略,传教士不仅必须在学识和品德上都具有较高素质,而且必须中国化,学习汉语和中国典籍,熟习中国的礼仪和民情,用中国思想文化的观念来传播基督教。

但是,范礼安毕竟未能进入中国内地,未能亲身实践他所倡导的全新的传教策略。将这个传教策略付诸实施的第一人,是最早进入内地的耶稣会士罗明坚。罗明坚出生于意大利那不勒斯,于万历七年(1579)到达澳门,请一位中国画家教他中国语言,经过两年又两个月的刻苦学习,掌握了 12 000 个中国文字,后来跟随葡萄牙商人四次进入广州,参加春夏的定期集市,设法接近广东的地方官员,并练习使用中国的语言,学习中国的礼仪。万历十年(1582)他通过行贿的方式,得到两广总督陈瑞的邀请,前往总督驻地肇庆居住。不久陈瑞被革职,他只好又回到澳门。第二年,他在意大利耶稣会士利玛窦的陪同下,再次来到肇庆,并在新任两广总督郭应聘和肇庆知府王泮的帮助下,于第二年在肇庆城东崇禧塔附近建立中国内地的第一座天主教教堂和寓所。王泮送给教堂"仙花寺"和"西来净土"两块匾额,利玛窦将"仙花寺"的匾额挂在教堂正门的上方,将"西来净土"的匾额挂在圣堂之内,人们便将这座教堂称为"仙花寺"。罗明坚与利玛窦在仙花寺积极开展传教活动,并出版了罗明坚撰写的《天主圣教实录》,用中文宣讲基督教教义。他们的传教活动取得很大的成效。据统计,"在 1584 年(万历十二年)中,天主教信友只有三个;1585 年,有十九或是二十个;1586 年,有加上十个;1589 年,有八十个"[①]。但罗明坚在肇庆传教的时间不长,他在万历十六年(1588)回国后再也没有来到中国。

早期进入中国内地传教的西方传教士,以利玛窦的成就最为突出。他出生于意大利的马塞拉塔城,1571 年在罗马加入耶稣会,在耶稣会主办的学校学习哲学和

---

① [意]德礼贤:《中国天主教传教史》,商务印书馆 1934 年版,第 60 页。

神学,后来又在耶稣会训练东方传教团的学术中心罗马学院学习。1578年从里斯本乘船到达葡萄牙在东方殖民活动的重要据点印度果阿。在果阿居留4年后,受耶稣会负责东方教务的视察员派遣,跟随赴中国的传教团前往中国传教。万历十年(1582)利玛窦到达澳门,开始"学华语,读华书",并改穿中国僧侣穿的袈裟。翌年,陪罗明坚到肇庆传教,并听从住在南雄的礼部尚书瞿景淳之子瞿太素之劝,脱掉袈裟,改穿儒服。他还以"与中国儒士交际当以学问为工具"[①],向肇庆的官绅儒士介绍西方近代的天文、数学、理化等科学知识,同时努力学习中国文化,"苦心学习,请人指点,渐晓语言,旁通文字,至于六经子史等篇,无不尽畅其意"[②]。后来,他先后迁居韶州(今广东韶关)、南昌、南京。万历二十八年(1600)与另一位耶稣会士庞迪我一起北上,到达北京,向明神宗献上圣像、大小自鸣钟、《万国图志》、西洋琴等30多件礼物。明神宗见大小自鸣钟的时针在嘀嗒声中不停移动,到正点时还会自动报时,惊喜异常,爱不释手,下旨在宣武门外拨给一块土地,准许利玛窦在那里建立教堂(今南堂),使之获得在北京居留、传教的合法权利。

利玛窦来到中国后,践行并发展了范礼安"文化适应"的传教策略。他尽量随从中国的风俗,穿中国服装(先穿僧服,后改穿儒服),吃中国饭菜,使用中国语言,研读儒家典籍,广泛结交中国的官僚士大夫,向他们介绍西方近代的科学知识,同时用儒家经典来解释天主教教义,甚至修改教规,允许中国教徒祭天、祀祖、拜孔,吸收他们入教。利玛窦的布道,得到了瞿太素、冯应京、徐光启、李之藻、杨廷筠等知名人士的热烈响应,他们都先后受洗入教;同时,也得到沈一贯、曹于汴、冯琦、李戴等一些官员的支持,他得以进入北京,在京城立足传教。

继利玛窦之后,来华传教的有意大利人熊三拔、艾儒略、罗雅谷,德国人邓玉函、汤若望,比利时人金尼阁等。他们基本上都采用温和的传教方式在中国传教。及至明末,在中国各重要地方几乎都建立了教堂,教徒有数万人。

---

① 徐宗泽:《中国天主教传教史概论》,上海书店1990年版,第173页。
② [意]艾儒略:《大西利先生行迹》,明刻本。

纷至沓来的西方传教士，为中国带来欧洲近代的科技文化，在中国掀起了一股传播和学习西方近代科技的热潮。一些开明的士大夫和官员对此表示热烈的欢迎，一些守旧的士大夫和官僚却表示强烈的反对。署南京礼部侍郎掌部事的沈潅即于万历四十三年（1615）五月、八月、十二月连续三次上疏朝廷，强调"陪京都会，不宜令异教处此"①。七月，派南京巡城御史孙光裕逮捕西方传教士王丰肃、谢务禄及中国教徒共14人。八月，又逮捕中国教徒8人。徐光启、李之藻、杨廷筠等极力营救未果。万历四十四年（1616）十二月，明神宗下旨，将王丰肃等西方传教士"递送广东，抚按督令西归"，在北京的传教士庞迪我"亦令归还本国"②。这些传教士大多躲到澳门，有的则藏到信教的士大夫家里。明神宗死后，与传教士关系密切的叶向高重新入阁主政，罢斥沈潅，这场南京教案的风波才告平息。

来华的西方传教士逐渐认识到，传播天主教的"最善之法，莫若渐以学术收揽人心"③。他们带来一批西方的科技文化书籍和仪器，大力传播西方近代的科技成果，其内容涵括了当时西方科技的许多领域，如数学、天文学、地理学、地图学、机械工程学、物理学以及音乐、美术、文字拼音等。

数学。数学是近代自然科学发展和创新的基础。古代希腊著名的数学家欧几里得的著作《几何原本》，对古希腊的数学做了总结和升华，被西方称为数学的经典著作。该书记述了笔算算法、几何学、三角学、对数割圆等，这些都是近代数学研究的基本内容。徐光启与利玛窦经过反复讨论后，于万历三十四年（1606）秋开始合作翻译，由利玛窦口授，徐光启笔录。翌年春，经三易其稿，译完前6卷。因利玛窦忙于传教，后9卷未及译出。该书原名《欧几里得原本》，徐光启将它改成《几何原本》，"几何"一词从此便成为我国数学的专有名词。徐光启在翻译中所使用的一套数学术语，如点、线、面、平行线、直角、钝角、锐角等，也为后世所沿用。徐光启在万历三十九年（1611）的《几何原本·序》中，称赞此书"盖不用为用，众用所基"，道出

①　《明史》卷二一八，《沈潅传》，第5766页。
②　《明神宗实录》卷五五二，万历四十四年十二月丙午。
③　［法］费赖之著，冯承钧译：《来华耶稣会士列传及书目》，商务印书馆1995年版，第73页。

数学是科学技术的基础这一确切的含义。他还称赞说："此书有四不必：不必疑，不必揣，不必试，不必改。有四不可得：欲脱之不可得，欲驳之不可得，欲减之不可得，欲前后更置之不可得。"①

继《几何原本》的翻译，利玛窦还与李之藻编译《同文算指》，万历四十一年（1613）编成，第二年刊行。这是介绍西方算学的第一部著作。它主要依据西方学者克拉维斯《实用算术概论》和中国学者程大位《算法统宗》编译而成，汇中西算术于一编。全书共 10 卷，分前编与通编，附有别编。前编 2 卷，主要论述整数和分数的四则运算。通编 8 卷，主要论述比例、比例分配、多元一次方程组、开方等。《同文算指》所介绍的西方笔算方法简便可行，与现今算法相近，因此经清代数学家加以改进后，得以在全国普遍推广。

地理学和地图学。利玛窦经澳门至肇庆传教时，曾于万历十三年（1585）绘制一幅世界地图悬挂于卧室。肇庆知府王泮见后，喜其绘制精巧，请他译为中文。利玛窦依据西方地图重加摹绘，附上中文注释，题名为《山海舆地图》，交给王泮制版印行。虽然由于刻工不慎，加上绘制匆忙出现的疏忽，图中出现不少讹误，但它却是西方近代地图学传入中国之嚆矢，也是中国近代地图学肇始之标志。此后，利玛窦在南昌、南京、北京等地还多次绘制刻印世界地图。这些地图将西方绘制地图的"平面投影绘图法"传入中国，并向中国介绍了地图、地球大小、地心说、五大洲的概念，五带（热带、南北温带、南北寒带）等近代地理科学知识。书中所使用的一些地名、国名，如亚细亚、欧罗巴、亚墨（美）利加、加拿大、罗马、古巴、大西洋、地中海、北极、南极、热带、寒带、温带等，至今还为人们所沿用。

此外，由意大利传教士艾儒略口译、杨廷筠笔录的《职方外纪》5 卷，于天启三年（1623）出版。该书系统地介绍了五大洲各自的风土人情、气候、名胜、物产，也大大开阔了中国人的眼界。

机械工程学与物理学。中国自古以农立国，对水利工程十分重视。利玛窦刚

---

① ［西洋］欧几里得撰，［意］利玛窦口译，［明］徐光启笔录：《几何原本·序》，丛书集成初编本。

到中国,徐光启就常与之谈及水利方面的事情。万历三十四年(1606)意大利耶稣会士熊三拔来华,利玛窦就将他介绍给徐光启,说他是这方面的专家,"余昨所言水法,不获竟之,他日以叩之此公可也"[①]。后来,熊三拔编著《泰西水法》一书,于万历四十一年(1613)刊行。该书是一部介绍西方农田水利的专著,共六卷,介绍了西方蓄水、取水使用的龙尾车、玉衡车、恒升车以及水库之性能与作用,并附图加以说明。徐光启所著之《农政全书》,其中的水利部分,即采录了《泰西水法》的主要内容。

耶稣会士邓玉函还与陕西泾阳人王征合著《奇器图说》3 卷。该书又名《远西奇器图说录最》,由邓玉函口授,王征译绘。王征在自序中说,此书选录奇器的标准是:关系民生日用和国家工作之所急需者;录最简便,费工不巨,制作不难者;录同类器物中之非重非繁且又最精良者。全书根据这三条标准,从罗马建筑师维脱鲁维、荷兰数学家斯蒂芬(又称西门·布鲁格斯)、德国矿冶学家乔治·鲍尔、意大利工程技术专家拉梅里的著作中选取有关的工程机械加以论述,成为中国第一部力学专著。

王征还著有《额辣济亚牗造诸器图说》一书。"额辣济亚"为拉丁语"天主圣宠"之音译,"牗造"表示天主启示所造。这本著作收录了他自己制作的 24 种新器,包括天球自旋、地堑自收、日晷自移、水轮自汲、火船自去、风车行远、云梯直上、自转常磨、自行兵车、活台架炮、妙轮奏乐、神威惊敌等。又著《忠统日录》和《两理略》,收录他发明制作的活杓、活闸、活辊木、运重机器、千里弩、生火机等器物。

此外,来华传教士还将西方的音乐、美术和医药学知识介绍到中国。万历年间,利玛窦进献明廷的礼物中就有八音琴、西琴、风琴、天琴、铁琴、翼琴、竖琴等西洋乐器。西方医学中的人体解剖、生理机能、西药研制等知识,也通过传教士传入了中国。

可以说,通过欧洲传教士的活动,这个时期西方自然科学的大部分知识已传入

———————————

① ［意］熊三拔口译,［明］徐光启笔录:《泰西水法》徐光启序,丛书集成初编本。

了中国。西学东渐,有力地推动了中国近代科学技术的发展。英国著名的科学技术史专家李约瑟在比较了当时中西方的科技成就后,就曾经指出:"到明朝末年的1644年,中国和欧洲的数学、天文学和物理学已经没有显著差别,他们已经完全融合,浑然一体了。"①

---

① 潘吉星编:《李约瑟文集》,辽宁科学技术出版社1986年版,第196页。

# 二、《崇祯历书》的修撰与西洋大炮的引进

欧洲传教士引进的西方近代科技文化,迥异于中国的传统文化,使明思宗颇感新鲜而产生兴趣。但他不像明神宗对待西洋钟表那样,仅限于欣赏把玩,而是注重实际应用,为实现明王朝的中兴、巩固自己的统治服务。其突出的表现,是《崇祯历书》的修撰与西洋大炮的引进、应用。

《崇祯历书》是在徐光启的督导下制定的。徐光启,字子先,号玄扈,松江府上海县人,出身于中小地主兼商人家庭。他一生勤奋好学,并深受实学思潮的影响,对天文、历法、数学、农桑和水利都曾做过精深的研究。因其家乡屡遭倭寇的侵扰,对兵书也常研读。万历三十二年(1604)考中进士。此前,他曾在家乡和广西教书,并于 34 岁(1595)时在韶州认识了耶稣会士郭居静,从此开始了与西方传教士的密切交往。42 岁(1603)那年,在南京受洗成为天主教徒。考中进士后,考选为翰林院庶吉士,即在北京与利玛窦一起研究天文、历法、数学,并合作翻译欧几里得的《几何原本》前六卷。他丰富的学养,为参与并督导《崇祯历书》的修撰打下了坚实的基础。

我国古代以农立国,农业生产与季节的变化密切相关。人们很早就注意观察天上日月星辰的运行状况,在天文历法的研究中积累丰富的知识,取得辉煌的成就。封建统治阶级更把日食、月食看作国家治乱兴衰的象征,所以都极其重视历法

的制定。明初推行的《大统历》，"实即元之《授时（历）》，承用二百七十余年，未尝改宪。成化以后，交食往往不验，议改历者纷纷"。但都石沉大海，没有结果。万历二十三年（1595），郑世子朱载堉在疏请改历未果后，向朝廷进呈自行创制的《圣寿万年历》《律历融通》二书，但"台官泥于旧闻，当事惮于改作，并格而不行"①。河南佥事邢云路也上书请求改历，主管历法的钦天监监正张应侯却"谓其僭妄惑世"。礼部尚书范谦乃言："历为国家大事，士夫所当讲求，非历士所得私。"他"乞以云路提督钦天监事，督率官属，精心测候，以成巨典"。议上，"不报"②。当时西方的天文历法随着欧洲近代工业的发展已取得长足的进步，先进的天文观测仪器和手段层出不穷，新的天体运行学说纷纷涌现。精通西方天文历法的利玛窦一到北京，也向明朝皇帝提出改革历法的建议，同样未被采纳。万历三十八年（1610）二月十五日发生日食，钦天监推算的日食分秒与亏圆时刻都不准确。朝野强烈要求改革历法，礼部只好奏请选任邢云路、范守己参与历事，同时命翰林院检讨徐光启、南京工部员外郎李之藻与来华传教士庞迪我、熊三拔合作翻译西洋历书。已经30年不上朝的明神宗，将奏疏留置宫中，不作处理。李之藻、徐光启便在任官的余暇翻译、整理历法书籍，并继续吁请改革历法。但徐光启却在天启五年（1625）遭到阉党分子的弹劾而罢官，直到明思宗继位后才被召返京复职，未几，以礼部左侍郎之衔理部事。

崇祯二年（1629）五月初一发生日食，使用《大统历》《回回历》推算之日食时刻皆不准确，只有徐光启依据西洋历法推算之顺天（北京）、应天（南京）之日食时刻是准确的。明思宗大怒，切责钦天监官员。于是礼部奏请开设历局，由徐光启督修历法。徐光启进言，建议取西洋历法与郭守敬历法参互考订，会通中西。接着，又上《历法修正十事疏》，推举南京太仆少卿李之藻，西洋人龙华民、邓玉函参与修历。明思宗予以批准。九月，在宣武门内南堂东边的首善书院正式开设历局，以礼部左

---

① 《明史》卷三一，《历志》一，第516页。
② 《明史》卷三一，《历志》一，第528页。

侍郎徐光启为监督,加礼部尚书衔,李之藻协助,开始了明朝历史上最后也是最有意义的一次修历工程。

徐光启认为,要修成一部完善的新历,需要大量翻译、整理西方的历法文献,吸收其长期积累的经验和研究成果,以便为《大统历》校正谬误,增补缺略;同时要加强天文观测,尽可能掌握天体的运行规律,确切反映这种规律的时间标志,作为修历的依据。为此,在他的大力推荐下,龙华民、邓玉函等西方传教士入局参与历法修订。龙华民主要的精力放在传教上,历法修订工作便落在邓玉函肩上。邓玉函是罗马著名灵采研究院(又名山猫学院)院士、天文学家兼物理学家。他进入历局后,即投入紧张的译书工作,仅用一个多月的时间就译出《测天约说》《大测》等天文学著作 7 卷,各种换算表 10 卷,终因劳累过度而病倒,于崇祯三年(1630)四月初二去世。徐光启于是又推荐在华耶稣会士汤若望、罗雅谷入局,说"二臣者其术业与玉函相埒,而年力正强,堪以效用"[1],明思宗立即批准。汤若望、罗雅谷都翻译了一些西方天文学著作。这些入华的西方传教士还带来了一些欧洲先进的天文观测仪器,如崇祯七年(1634)汤若望和罗雅谷曾向明思宗进献一架从欧洲带来的价值昂贵的望远镜,明思宗特许二人入宫安装,后来还兴致勃勃地亲自操作这架望远镜观测过日食与月食。同年,汤若望等传教士又向明思宗进献一些特别精致的天体仪、半面球形图和水平日晷。汤若望和罗雅谷还亲自动手,制造小日晷、望远镜、圆规、小号天体仪等天文仪器。现存北京雍和宫的天球仪、日晷等两件天文仪器,经考证就出自汤若望之手。这些仪器的引进与制作,提高了我国天文观测的水平。

崇祯六年(1633),徐光启因老病请辞历局职务,不久病逝。临终,他推荐山东参政、天文学家李天经接替其职务,完成未竟之业。李天经在几位西方传教士的帮助下,呕心沥血,于崇祯八年(1635)终于完成了历书的编撰。它被定名为《崇祯历书》,共计 137 卷(今存 100 卷与 110 卷两种版本),采用第谷新创的天体运动体系和几何学的计算系统。第谷体系是介于哥白尼日心体系和中世纪托勒密地心体系

---

[1]　《徐光启集》卷七,上海古籍出版社 1984 年版,第 344 页。

之间的一种调和性的宇宙体系,虽然落后于哥白尼的日心体系,比之我国传统的浑天说宇宙模型却是一个进步。《崇祯历书》引进地球和经纬度的概念,大大提高了推算日食、月食的精确度;引入球面三角法,保证了天体运行轨迹计算的精确度;还采用欧洲通行的度量单位,即周天分为360度,一日分为36刻(即24小时),60进位制以及黄道坐标制等。这样,就将中国天文学推进到一个新高度,从而与世界天文学同步发展。清代乾嘉之时的阮元,评价徐光启在修纂《崇祯历书》中的功绩说:"自利氏东来,得其天文数学之传者,光启为最深。洎乎督修新法,殚其心思才力,验之垂象,择为图说,洋洋乎数千万言,反复引伸,务使其理其法足以人人通晓而已。以视术士之秘其机械者,不可同日而语矣。"①

《崇祯历书》推测的日食、月食屡验不爽,却遭到一些保守派官员和宦官的阻挠而未能推行。崇祯十六年(1643)三月初一日日食,《崇祯历书》的推测又独应验。八月,明思宗"诏西法果密,即改为《大统历法》,通行天下"②。翌年三月,新历尚未施行,北京被李自成的大顺起义军攻破,明王朝的统治覆灭。后来,清军进入北京,确立清王朝在全国的统治地位,参与制定《崇祯历书》的耶稣会士汤若望将它献给清廷。清廷下令在全国推行,改称为《时宪历书》。

中国的火药和火器自发明之后,长期领先于世界。明正统(1436—1449)之后,由于太平日久,缺乏创新发展的动力,加上统治者"恐传习漏泄"③,进行封锁,火器的发展处于停滞的状态。而在13世纪末14世纪初,我国的火药和火器经阿拉伯国家传至西方后,欧洲国家内部和国与国之间战争频繁,火器却得到迅速的发展,出现了先进的巨型火炮。这种西洋火炮以炮口口径为基数推算各个部位的尺寸,炮身长度为口径20倍以上,炮管壁厚与口径相当,可承受火药燃烧产生的巨大膛压,射程较远;炮身上装有准星、照门,瞄准目标的准确性较高,火炮架设在炮车之上,机动较为方便,火炮上还装有多种仪器,可用以确定射击角度、观察射击距离与效

---

① [清]阮元:《畴人传》卷三二,《徐光启》,文选楼藏书本。
② 《明史》卷三一,《历志》一,第543页。
③ 《明史》卷九二,《兵志》四,第2264页。

果,杀伤力也更大。欧洲的殖民者凭借这种坚船利炮向东方扩张势力,并从明中叶起不断骚扰我国东南沿海地区,力图打开中国的大门。

正德十二年(1517),葡萄牙殖民者用佛朗机炮轰击广州。后来,葡萄牙殖民者于嘉靖三十二年(1553)进入和租居澳门后,又在澳门西望洋山间(今高可宁绅士街附近竹子室村尾处)设厂铸造佛朗机炮。万历二十九年(1601),荷兰舰船闯入广东水域,与明朝水师发生激战,荷军以西洋火炮迎击,"不折一镞,而官军死者已无算"①,明军首次见识了这种火炮的威力。此时,来华的西方传教士传播西方近代的科技文化,其中就包括西洋火器的制造技术。徐光启、李之藻曾向利玛窦学习过西洋火炮的有关知识,徐光启还将它传授给弟子孙元化。万历四十七年(1619)明军在萨尔浒被后金军队击败后,徐光启曾多次上疏,提出"练精兵、制利器"的建议,并受命为少詹事兼河南道御史练兵通州(今北京通州区),以对付后金的侵扰。他函托李之藻、杨廷筠派人前往澳门购买红夷炮。泰昌元年(1620)十月,李之藻派其学生张焘从澳商手里购得西洋大炮4门,但当李之藻返京复命,催促将西洋大炮北运之际,徐光启已经去职。天启元年(1621)三月,沈阳、辽阳相继落入后金之手,形势更加危急,徐光启再度被起用。他与李之藻及兵部尚书崔景荣都建议用西洋火器对付后金的进攻,并奏请仿造西洋大炮。明廷于是于当年十二月派人赴广东"选募惯造惯放夷商赴京"②,以便商议制造西洋大炮,并从澳门的葡萄牙商人手里购得英国造的西洋大炮36门。天启五年(1625),徐光启在阉党的排挤下再度去职。第二年五月,袁崇焕在宁远凭借坚城以西洋大炮还击,击退后金的进攻,并击伤努尔哈赤,充分显示了西洋大炮的威力。此后,各边镇纷纷请求配置西洋大炮。

明思宗继位之后,复职的徐光启受命制造火器,他再次提出到澳门购置西洋大炮的主张。明思宗采纳了这个建议,于崇祯二年(1629)命两广军门李逢节、王尊德到澳门购买10门西洋大炮。二月,这10门西洋大炮由葡萄牙炮兵统领公沙·的西

---

① 《万历野获编》卷三〇,《红毛夷》,第783页。
② 《明熹宗实录》卷一七,天启元年十二月丙戌。

劳和耶稣会士陆若汉率炮手、炮匠押送,经广州北上,于十一月到达涿州。此时正值后金皇太极率兵攻破大安口(今河北遵化西北),进抵京畿地区,这10门大炮便留在涿州布防。后金兵听闻有西洋大炮在此布防,未敢贸然攻城,弃良乡而走遵化。徐光启大喜,十二月急请令兵仗局铸造二号西洋大炮,并亲往涿州迎取西洋大炮。明思宗对此大加支持,命其与兵部总理细加斟酌,密奏以闻。西洋大炮迎至北京,明思宗即命京营总督李守锜会同提协诸将将它们架设于京城冲要之处,精选将士练习点放之法,赐炮名为"神威大将军",并决定再派人至澳门购买西洋大炮。翌年,当中书姜云龙和陆若汉抵达澳门时,葡萄牙商人漫天要价,甚至无理地提出许多损害中国对澳门恢复行使主权的苛刻条件,如允许葡萄牙人在澳门筑城、撤走中国政府驻澳门的参将、葡萄牙船只赴澳门不受检查、增加运往澳门的粮食数万石等。明廷当然不能接受这些条件,礼科都给事中卢兆龙也连上四疏,表示激烈反对。明思宗于是下旨收回购炮命令,将姜云龙革职回籍。

徐光启自崇祯二年(1629)十二月奏请仿造二号西洋大炮后,又多次疏请仿造。到崇祯三年四五月间,已造出50门。在这前后,两广总督也仿制了50门。第二年十月,后金军队攻陷大凌河城,辽东战事吃紧。此时,明廷已造出西洋大炮179门,徐光启受命协理京城守备事宜。他进一步提出守城、制造火器和练兵,建立一支装备西洋大炮的精锐部队的建议。他的计划是组建15营,每营4000人,共6万人。每营除配备各种车辆(包括战车)和火器外,还有西洋大炮16门。为此,他建议调自己的学生、登莱巡抚孙元化领兵入京。孙元化"所善西洋炮法,盖得之徐光启"①,他辖下的一批工程技术人员中,王征曾向邓玉函学过力学、机械学,并与之合译《远西奇器图说录最》一书。张焘是李之藻的学生,对西洋大炮也有研究。他们曾帮助孙元化仿造西洋大炮,装备其部队。徐光启拟调其部队入京,组成一营,以之为基础,逐步扩充至15营。但是,徐光启这个奏疏呈上未及两月,登莱参将孔有德即于崇祯四年(1631)闰十一月发动吴桥兵变,攻陷登州,俘获孙元化和王征,登州的几

---

① 《明史》卷二四八,《孙元化传》,第6436页。

百门大炮尽为孔有德所有。徐光启以孙元化部队为基础,组建装备西洋大炮的精锐部队的计划随之化为泡影,他本人也于崇祯六年(1633)十月因久病而辞世。而在此前的崇祯六年二月,孔有德投降后金,他手中的西洋大炮落入后金之手。此后,明军在火器装备方面再无优势可言,明与后金军事实力的对比发生重大变化,更难以阻挡后金的攻势了。

崇祯末年,明朝面临满洲八旗兵和农民起义军的两面夹攻,形势更加危急。此时到澳门买炮的路子已被堵死,而善于造炮的徐光启又已去世,明思宗决定由博学多才的耶稣会士汤若望主持铸造西洋大炮。汤若望虽然精通天文历法,但对铸造西洋大炮却是外行。他查阅大量西洋文献,经刻苦钻研,主持造出了20门西洋大炮,大的重1200斤,小的重300斤。在离京城40里处的广场上试验,一次点放成功。明思宗极为高兴,特颁旨嘉奖,命其再造小炮500门。在此期间,汤若望还与中国学者合著了《火攻挈要》一书。该书由汤若望口授,焦勖编纂,赵仲校订,于崇祯十六年(1643)成书并刊刻梓行。原书分上、下两卷,另附《火攻秘要》一卷,清道光年间潘仕成将其合并辑录成上、中、下三卷。上卷记述火器的制造方法,并附有各种火器的图形;中卷记述火药的制造、存放与搬运方法;下卷介绍火攻的方法和铸炮的注意事项。这部著作的问世,对西方的新式火器在中国的进一步传播,产生了积极的影响。

除了引进西方的科技文化,明思宗对西方传入的天主教也有浓厚的兴趣,甚至产生了好感。

同其历代先辈一样,明思宗也是信奉佛教、道教的。利玛窦入京,被准许在宣武门内设堂传教后,天主教开始在北京传播。汤若望经徐光启推荐参与历法的修订后,受到明思宗的信任,得以出入皇宫,便借机在宫中传教。崇祯四年(1631)即在皇宫内劝说10名太监入教。第二年在宫中举行第一台弥撒,为御马监太监庞天寿施洗入教。庞天寿入教后,把天主教和耶稣会士一一介绍给皇室,皇室成员于是纷纷入教。后来在宫中设立两个小教堂,便于宫中的天主教徒做弥撒。汤若望还极力向明思宗宣传天主教教义。崇祯十三年(1640),他曾向明思宗进呈印刷精美、色彩绚丽的多幅《耶稣行迹图》，明思宗谕令悬之于御座大殿，让皇室诸人及大臣观赏了十余天。汤若望还向明思宗进呈过一本150页的羊皮纸画册，上面绘有耶稣的生平事迹。就在这一年，汤若望上疏直接劝说明思宗加入天主教。此外，已加入天主教的徐光启，在崇祯五年（1632）以礼部尚书兼东阁大学士进入内阁后，也"力进天主之说，将宫内供养诸铜佛像尽行毁碎"①。

汤若望、徐光启等人的宣传，引起了明思宗的浓厚兴趣。他自小在好佛佞道的皇宫里长大，对佛、道虔诚崇拜，但不管是哪路神仙，都未能挽救明王朝走向末路、濒临危亡的命运。既然神佛仙翁无法保佑自己，何不求助于那个外来的天主呢？俗谓"外来的和尚好念经"，说不定这位外来的天主真能保佑自己渡过难关，实现中兴之治哩！他不仅亲笔题写"钦褒天学"四字赐给汤若望，还诏"群臣名'天'者悉改之"。有个大理寺推官初名天工，即因他的这道诏令"乃改良谟"②。崇祯五年徐光启上疏劝明思宗信奉天主、拆毁佛像后，他还下令将宫中供奉的佛像拆毁。王誉昌的《崇祯宫词》中有首记述玉皇殿撤佛像的诗，其注云："内玉皇殿永乐时建。有旨撤像，内侍启钥而入，大声陡发，震倒像前供桌，飞尘满室，内侍相顾骇愕，莫敢执奏。像甚重，不可动摇，遂用巨组曳之下座。时内殿诸像并毁斥，盖起于礼部尚书徐光启之疏。"另有一诗记述将乾清宫佛像撤往宫外寺院另行安置之事，谓："灵感全凭一念生，先于明诏去乾清。宝云高拥莲花座，依然行踪有乐声。"③

但是，就在崇祯十三年（1640）明思宗收到汤若望劝说信奉天主教的奏疏不久，他最钟爱的田贵妃所生的皇五子朱慈焕突染重病。病危之际，明思宗前去看望，五岁的小慈焕手指天空，说九莲华娘娘现立空中，历数父皇"毁坏三宝（佛像）之罪，及苛求武清"④，说完就咽了气。所谓九莲华娘娘，指明神宗生母孝定李太后。她因好佛，宫中画像将她画作立于九莲座之上，故被称为"九莲华娘娘"。武清指武清侯李

---

① 《烈皇小识》卷六。
② 《明史》卷二六六，《陈良谟传》，第6865页。
③ ［清］王誉昌：《崇祯宫词》卷上，丛书集成初编本。
④ 《烈皇小识》卷六。

伟的后裔李国瑞,因明思宗要他输赀以助军饷,他不应而被夺爵,"遂悒悒死"①。此后,明思宗便将搬出殿外的佛像又搬回宫中,焚香膜拜了。

明思宗对科学技术寄予厚望,对西方传来的天主教怀有好感,这在明朝诸帝中实属罕见。最高统治者的这种个人爱好,客观上为人们对未知事物的探寻、对科学技术的研究营造了一个宽松的外部环境。加上明中后期实学思潮的激荡,一些正直的士大夫纷纷从空谈性理转向经世致用,投身于科学研究,力图实现富民强国、解救危局的理想。徐光启研究天文历法,督导历书的修订,还长期坚持农业科学巨著《农政全书》的写作。弥留之际,他谆谆嘱咐其孙子,应尽快将《农政全书》缮写完毕,进呈朝廷。徐光启去世后,他的孙子徐尔斗将其遗著呈献朝廷,明思宗"诏令有司刊布,加赠太保"②。这部著作共60卷,杂采众家,兼出独见,是一部集我国古代农业科学技术之大成而又吸收了西方科技知识的学术著作。江西奉新人宋应星,崇祯年间曾出任江西、福建、安徽的地方官,有机会接触下层群众,细心观察他们的生产和生活状况,熟悉生产领域的工艺流程,后乃弃绝科举仕途,写出一部系统记述我国古代农业和手工业生产技术和经验的《天工开物》,共18卷,被誉为世界科技史上的"百科全书"。安徽桐城人方以智,"聪颖绝伦,书无所不读"③,他广泛吸收西方科学技术的成果和理论,撰写了《物理小识》12卷。南直隶江阴人徐宏祖,更是厌恶功名,热衷于观察、探究大自然的奥秘,从22岁起长期外出游历,足迹遍及江苏、浙江、山东、安徽、福建、河南、河北、山西、陕西、江西、湖南、湖北、广东、广西、云南、贵州16个省区,首开系统考察自然、探索自然的新型研究之路,留下了60多万字的《徐霞客游记》,在我国近代地理学的发展史上占有重要地位。这些科技名著,犹如璀璨的明珠,在明末漆黑的天幕上发出耀眼的光芒,形成一幕独特的景观。

在国势危难之际,明思宗一反空谈性理之风,赏识经世致用之士,对科学技术

---

① 《明史》卷三〇〇,《李伟传》,第7680页。

② 《明史》卷二五一,《徐光启传》,第6495页。参看梁家勉:《徐光启年谱》,上海古籍出版社1981年版。

③ [清]温睿临:《南疆逸史》卷四〇,《方以智》,清刻本。

产生浓厚兴趣,敢于任用精通中西科学技术的官员和西方传教士参与历书的修撰,显示出同那些保守的前辈不大一样的品格。但是,由于他对科学技术等外来新鲜事物的兴趣是和济时救世密切联系的,因此带有鲜明的急功近利的色彩。他缺乏长远的目光与宽阔的视野,未能认识到国内经济已从较为单一的农业经济转变为农、工、商并举的多元经济,世界经济也以海洋为交通途径向全球一体化发展,而是固守以农立国、重本抑末的传统,即位之后,在重视农业的同时,未能采取有力措施来保护、扶植工商业特别是海外贸易,也没有及时把几乎单一的农业税转化为多种税制并举,相反却在崇祯元年(1628)重申海禁政策,从而阻滞经济的发展,堵塞了多种税源,使国家的财政困难无法得到缓解。

# 三、中国传统文化的西传

明朝末年,在西方科技文化传入我国的同时,中国传统文化也逐渐向西传播到欧洲,对欧洲的文明发展进程产生了深刻的影响。

明末来华的西方传教士,为施行"文化适应"之策,必须了解中国的传统文化典籍。他们首先认真地钻研中国儒家的经典著作,并把它们传到欧洲。万历二十一年(1593),利玛窦将《大学》《中庸》《论语》《孟子》四书的一部分译成拉丁文,寄回意大利出版。这是中国古典经籍传入欧洲的最早西文译本。天启六年(1626),比利时会士金尼阁将《诗经》《书经》《易经》《礼记》《春秋》五经译成拉丁文,在杭州刊印。来华传教士这股翻译儒家经典的热潮,一直延续到清朝初年。

这些儒家经典西传后,在当时欧洲的上层社会和知识界产生了深远的影响。18 世纪欧洲启蒙运动的一些思想家,就曾从中国儒家经典中吸收过营养。德国哲学家莱布尼茨从年轻时就开始研究中国文化,他十分崇尚中国儒家哲学的自然神论,认为中国的天命、天道是天在其运行中确定不移的法则,要服从理性的法则就必须顺天,说:"中国具有(在某方面令人钦佩的)公共道德,并与哲学理论尤其自然神学相贯通,又因历史悠久而令人羡慕。它很早就成立,大约已有三千年之久,比希腊罗马的哲学都早。"①莱布尼茨十分赞赏中国的实践哲学,说:"欧洲文化的特长在于数字的、思辨的科学,就是在军事方面,中国也不如欧洲;但在实践哲学方面,欧洲人就大不如中国人了。"因此,他甚至主张,"像我们派遣传教士前往中国传授上帝启示的神学一样,有必要请中国派遣人员,前来指导我们关于自然神学的目的与实践"②。莱布尼茨的一些科学成就,如他所写的《论二进制计算》,和宋儒的《伏羲六十四卦次序图》《伏羲六十四卦方位图》完全一致;他的《单子论》,也吸收了老子、孔子和中国佛教关于"道"的观念。

法国百科全书派的不少思想家,都热衷于研究中国的历史、文化、政治制度和社会习俗。他们将儒家的自然观、道德观和政治理想,作为无神论或自然神论的有力武器,批判欧洲基督教的神权统治和君主专制,并通过对中国文化和政治的赞颂,表达他们追求一个具有崇高理性、合乎道德、宽容而有节度的政治制度的理想目标。伏尔泰把孔子的儒家学说当作一种自然神论,认为它是和欧洲盛行的基于迷信的"神示宗教"完全不同的"理性宗教"的楷模,是一种具有崇高理性、合乎自然和道德的新的"理性宗教"。他认为"孔子使世人获得对神的最纯真的认识",这就是唯以德教人,要求人们修身、治国,都必须遵循自然的规律——理性,"而无需求助于神的启示"③。狄德罗夸赞儒教,说它"只需以理性或真理,便可治国平天下"④。霍尔巴哈称赞中国是政治与伦理道德相结合的典范,说:"中国是世界上唯一的将政治和伦理道德相结合的国家。这个国家的悠久历史使一切统治者都明了,要使国家繁荣,必须仰赖道德。"他主张以德治国,写作了《德治或以道德为基础的政府》,公开宣称:"欧洲政府必须以中国为模范。"⑤

---

① [德]莱布尼茨:《论中国人的自然神论——致德雷蒙的信》,秦家懿译:《德国哲学家论中国》,第69—134页。

② [德]德顿编:《莱布尼茨全集》第78页,参阅[德]利奇温著,朱杰勤译:《十八世纪中国与欧洲文化的接触》,商务印书馆1991年版,第71页。

③ 《伏尔泰全集》第三卷,巴黎1865年版,第26页。

④ 转引自朱谦之:《中国思想对欧洲文化之影响》,上海商务印书馆1940年版,第276页。

⑤ 转引自沈福伟:《中西文化交流史》,上海人民出版社1985年版,第452页。

继百科全书派之后,法国的重农学派在 18 世纪 60 年代再次以中国文明作为欧洲思想的旗帜,在政治经济领域加以推广。重农学派以"自然法则"和"自然秩序"代替上帝的启示。重农学派的创始人魁奈在 1767 年出版《中国的专制制度》的专著,因而被称为"欧洲的孔子"。他在 1758 年出版《经济表》一书,将中国人发现的自然秩序法则用图表的形式具体表现出来,使人们更容易理解和接受,正如马弗里克所说的:"中国人发现了自然秩序的法则,但未勾画出它的全部细节;一直留待这位天才(魁奈)在十年前提出《经济表》,才发展了这个原则,并且可以说是提供了图像。"①魁奈的《中国的专制制度》一书内容非常丰富,论述到中国的疆域、人口、经济、政治、法律、社会、伦理等方方面面,重点是论述中国的重农思想,说中国"胜过最文明的国家";中华民族是"一个古老、博学和文明的民族";中国和欧洲一样"呈现出相同的智慧,相同的理解力与相同的多样性,不同之处似乎是在那个国家(中国),几乎包罗了散在世界各地人们所能发现的所有物产"②。还说中国是以"农民列在第一位",其次才是商贾、工匠和其他普通劳动者,足见中国对农业和从事农业生产的农民之重视。他在充当御医时,就劝说法国国王路易十五在 1756 年仿效中国皇帝的做法,春耕时在巴黎凡尔赛宫举行"籍田"的仪式,以示对农业生产的重视。

唐宋以来,中国的瓷器大量输往西亚,通过阿拉伯商人之手销往地中海周围各国。但直到 15 世纪,中国的瓷器在欧洲还是极为罕见的珍品。因其稀少珍贵,所以价格也特别昂贵。据达米・德・戈斯的说法,当时欧洲一件瓷器的价值,等于七个奴隶。新航路发现后,中国的瓷器源源不断地输往欧洲。这类外销瓷,最初都由葡萄牙商人所垄断,到 17 世纪,荷、英商人也参与其中。欧洲学者根据荷兰东印度公司往来的信件统计,估计在明万历三十年(1602)至清康熙二十一年(1682)的 80

---

① [德]马弗里克:《中国:欧洲的模范》,德克萨斯 1646 年版,第 317 页。

② 转引自黄启臣:《澳门是最重要的中西文化交流桥梁》,香港天马出版有限公司 2010 年版,第 211 页。

年间,有 1600 万件以上的中国瓷器被荷兰商船运到世界各地。① 1604 年,荷兰人还曾洗劫装载瓷器返回欧洲的葡萄牙圣·卡特林号大帆船,将这批中国瓷器运往阿姆斯特丹拍卖,法王亨利四世、英王詹姆斯一世都争相购买。中国的瓷器,因其高雅的艺术性和广泛的实用性,深受欧洲各国上层社会的喜爱。法国人用 1610 年巴黎流行的巴尔夫小说《牧羊女爱丝坦莱》中时常穿青斗篷的爱丝坦莱的情人赛拉同来称呼中国的青花瓷,英国人则用"中国货"指称来自中国的瓷器。除了一般民众购买中国瓷器作为生活用具,各国君主与上层贵族的妇女乃至中产阶层及文人雅士,更因酷爱中国瓷器工艺美术之精致而作为艺术品收购,用作厅堂的摆设之用。英国诗人约翰·盖伊曾写了一首诗,描述酷爱中国瓷器的贵妇人:

> 古瓷是她心中的爱好所在,
> 一个杯子,一只盘,一个碟子,一只碗,
> 都能点燃她肠中的火焰,
> 给她欢乐,或叫她不得安闲。②

各国的王室均把中国瓷器视为最珍贵的馈赠礼品,达·伽马、阿尔曼达都曾用中国瓷器来博取葡萄牙国王的欢心。1578 年葡萄牙国王赠送意大利国王一箱礼品,其中就有四件描金的中国瓷器。由于中国瓷器是如此珍贵,葡萄牙的国王、王后、贵族及航海家在中国定制瓷器,往往要求在瓷器上描绘自己的肖像,写上自己的名字,留作永久的纪念。西班牙人在为国王和王后举行葬礼时,都要用中国瓷器及金银首饰作为陪葬。

中国的丝绸、茶叶、中医药及各种手工艺品乃至绘画、雕塑也不断传入欧洲,对欧洲文化的发展产生了一定的影响。顾炎武曾提到中国丝绸对欧洲的出口,说:

---

① 陈万里:《宋末—清初中国对外贸易中的瓷器》,《文物》1963 年第 1 期。
② [英]约翰·盖伊:《诗集》,《诗神丛书》第一卷第 223 页,伦敦 1897 年版。

"是两夷者(指葡萄牙人和西班牙人)皆好中国绫缎杂缯,其土不蚕,惟藉中国之丝到彼,能织精好缎匹,服之以为华好。是以中国湖丝百斤,值银百两者,至彼得价二倍。"①中国的丝绸服装,成为法、德上层妇女争艳不可或缺的装饰。随着中国茶叶的输入,荷兰在 1610 年率先兴起饮茶的风气,1636 年又在巴黎普及,至 1650 年已在伦敦成为一种社会习惯。饮茶习俗的兴起,又促使英国茶叶的进口量增大,至 17 世纪末,每年输入英国的茶叶达到 2 万磅。中国的壁纸经由西班牙、荷兰商人运往欧洲销售,由于纸上有花鸟、山水、人物等各种精美的图案,甚受英、法等国民众的欢迎。后来,不少欧洲国家纷纷仿制,1608 年法国人仿制成功,至 1746 年英国人也仿造出 2 米长的壁纸,但其工艺仍然不及中国壁纸的水平,而且成本比较高,故至 1766 年前后,英国商人仍从中国广州、厦门等地购买大量的中国壁纸,以供欧洲市场之需。中国的园林艺术,也经由欧洲传教士介绍到西方,从而促成了欧洲建筑的"中国热",正如英国的桂冠译人威廉·怀特海所说的:"几年前,一切都是哥特式的……如今又有一种奇怪的主意占了上风,弄得样样东西都是中国式的,或者是按中国的情趣设计;若用较为谦虚的说法,便是半中国式的。"②正是在中国文化艺术的影响下,17、18 世纪的法国,"中国风格""中国趣味"曾经盛行一时,人们都以使用中国物品、模仿中国式样为时尚。欧洲启蒙运动时期,适应个性解放、要求冲破刻板和形式化的时代潮流,于 17 世纪末在法国兴起了一种新型的艺术风格——洛可可风格。这种艺术风格大量吸收了中国艺术新奇、精致、柔和、纤巧和幽雅的情趣,形成了一种以生动、优美、轻倩、自然为特色的艺术式样,在西方的艺术史上独放异彩。当时的法国,是欧洲文艺、美术、戏剧、礼节、服饰、装潢的中心,流风所及,遍及周边的许多国家,这种洛可可风格,自然也就风靡于欧洲各国。

西方传教士的东来,促进中西方文化的交流与融会,推动中西文化的发展,产生了会通以求超胜的积极作用。德国著名哲学家莱布尼茨就曾做出这样的评论:

---

① [清]顾炎武撰,黄坤等校点:《天下郡国利病书》卷三十八,上海古籍出版社 2012 年版,第 2997 页。

② 转引自范存忠:《中国文化在启蒙时期的英国》,上海外语教育出版社 1991 年版,第 92 页。

"我认为(在中国的)传教活动是我们这个时代最伟大的壮举。它……将大大促进人类的普遍进步,以及科学与艺术在欧洲与中国的同时发展。这是光明的开始,一下子就可完成数千年的工作。将他们(中国)的知识带到这儿,将我们的介绍给他们。两方面的知识就会成倍地增长。这是人们所能想象的最伟大的事情。"①遗憾的是,我们的一些学者在研究中西文化的交流中,往往只强调这个时期西学东渐所起的作用,突出欧洲传教士东来对中国文化的积极影响,而忽视中学西渐所起的作用,看不到中国文化西传对西方文化的积极影响。如果说14世纪时中国的四大发明传入欧洲,为欧洲从中世纪向近代社会过渡的历史变革提供了物质条件的话,那么从16世纪中叶开始持续不断西传的中国文化,则为欧洲近代国家文明的诞生提供了丰富的养料,从而为人类文化的进步做出了不可磨灭的贡献。可以说,在中西文化的交流中,欧洲的获益远远超过了中国。法国历史学家米歇尔·德韦兹就曾十分感慨地评论道:"在1800年以前,中国给予欧洲的比它从欧洲获得的要多得多。历史事实确实如此。"②

---

① 转引自李文潮、[德]H.波塞尔合编,李文潮译:《莱布尼兹与中国》,科学出版社2001年版,第75页。

② [法]米歇尔·德韦兹著,达观译:《十八世纪中国文明对法国、英国和俄国的影响》,《法国研究》1955年第2期。

## 第五章

# 袁崇焕与孙承宗督师蓟辽

　　崇祯三年（1630）八月十六日，袁崇焕被绑赴西市刑场。临刑前，他口占一绝：

　　"一生事业总成空，半世功名在梦中。死后不愁无勇将，忠魂依旧守辽东。"但是，由于误信谣言，京城百姓却将袁崇焕当作招致后金入侵之罪人，在袁崇焕行刑当日，竟争先恐后地奔走刑场，生吃刽子手从袁崇焕身上割下来的肉，"割肉一块，京师百姓，从刽子手争取生啖之，刽子乱仆，百姓以钱争买其肉，顷刻立尽。开膛出其肠胃，百姓群起抢之。得其一节者，和烧酒生啮，血流齿颊间，犹唾地骂不已。拾得其骨者，以刀斧碎之，骨肉俱尽。止剩一首，传视九边"。演出了一幕令人发指而又催人泪下的人间悲剧。

# 一、袁崇焕重起督师蓟辽

　　明思宗继位之后，在铲除阉党、平定奢安之乱、整肃吏治的同时，也大力整顿边防，力图尽快抵挡后金的进攻。

　　宁远大捷与宁锦大捷，阻止后金八旗兵的南下，使辽东边境获得暂时的安宁。但袁崇焕遭到阉党排挤离任后，关于辽东的战守之策又在大臣之间引起了激烈的争论。

　　辽东战守之策的争论由来已久。当初，努尔哈赤统一女真，建立后金，公开叛明之时，明神宗根本没把此事放在心上。待到努尔哈赤率兵攻陷抚顺，他才如梦初醒，但仍未把努尔哈赤放在眼里，主张"大彰挞伐，以振国威"①，得到首辅方从哲的附和。于是任命杨镐为辽东经略，要他统兵相机征剿，务期歼灭。方从哲和一些官员更是主张速战速决，认为大兵一出，胜利指日可待。一些有作战经验的将领对此持有异议，如奉旨率军参与这次征战的总兵官刘铤就指出，军事的部署、士兵的训练、武器的配备需要一个过程，不应在条件尚未具备时"轻发偾事"②。但明神宗、方从哲都听不进去，一再催促刘铤从速进兵，结果打了大败仗。天启元年（1621）五

---

　　① 《明神宗实录》卷五六九，万历四十六年闰四月壬戌。
　　② ［清］庄廷钺:《明史钞略・刘铤传》，四部丛刊三编本。

月,熊廷弼接替辽东经略之职,主张以守为战,筑城以守,实行其此前提出的三方布置之策:"广宁(今辽宁北镇)用马步列垒河(辽河)上,以形势格之,缀敌全力;天津、登、莱各置舟师,乘虚入南卫,动摇其人心,敌必内顾,而辽阳可复。"①此策得到明熹宗的赞许,却又遭到辽东巡抚王化贞的反对。王化贞力主速战速决,得到其座主、首辅叶向高的支持。经略与巡抚意见相左,步调不一,导致广宁失守。熊廷弼被捕下狱,又遭阉党爪牙的诬陷而被斩首弃市,传首九边;王化贞虽亦入狱,但得阉党庇护,直到崇祯五年(1632)才被处死。天启二年(1622)二月,孙承宗起为兵部尚书兼东阁大学士,八月受命以原官督理山海关及蓟、辽、天津、登州、莱州等处军务。他认为"若失辽左,必不能守榆关(山海关别名);失觉华(今菊花岛)、宁远,必不能守辽左"②,派袁崇焕、满桂等修筑宁远城,构成一道坚固的宁锦防线,将后金铁骑挡在辽河以东。但他终因遭到阉党的攻击而辞职。代为辽东经略的阉党分子高第,尽反孙承宗之所为,认为关外必不可守,主张退守山海关。袁崇焕坚决反对,坚守宁远,高第竟下令将锦州、杏山(在今辽宁凌海市西南)军民尽撤关内。后金乘机围攻宁远,被袁崇焕击退。宁远大捷后,袁崇焕重新修复锦州、中左(在今辽宁锦西东北)、大凌河(今辽宁凌锦市)三个城堡,初步恢复孙承宗建造的宁锦防线。并经明思宗的同意,与皇太极进行了和谈,以延缓后金的进攻。由于双方提出的条件过于悬殊,谈判未能达成协议。皇太极率兵围攻锦州,吃了败仗,转攻宁远,又遭败北。

宁锦大捷结束不久,主张放弃锦州、将防线内撤的浮议再度抬头。镇守太监纪用,蓟辽总督闫鸣泰,具体负责守御锦州的总兵尤世禄,守御塔山的总兵侯世禄纷纷上疏,主张放弃锦州而内撤。署兵部事的右侍郎霍维华严加驳斥,强调"锦城已守有成效,决不当议弃"。明熹宗最后下达圣旨:"关门之倚宁远,宁远之倚塔山、锦州,皆层层外护,多设藩篱,以壮金汤。"并责令驻守辽远的杜文焕、驻守塔山的侯世禄、驻守锦州的尤世禄"各守信地,修筑城地,操练军士,实心料理,以战守为急图,

---

① 《明史》卷二五九,《熊廷弼传》,第 6696 页。
② 《国榷》卷八五,天启三年闰十月丁亥,第 5235 页。

不得妄分彼此,推诿观望,自取罪责"①。

明思宗继位后,众臣纷纷请求重新起用袁崇焕,以加强辽东防务。袁崇焕,字自如,号元素,祖籍广东东莞,落籍于广西藤县。万历四十七年(1619)中进士,授福建邵武知县,"为人慷慨负胆略,好谈兵",心系辽东战局。天启二年(1622)入京朝觐,被破格擢为兵部职方司主事。时值广宁师溃,他未经请示,瞒着家人单骑出阅关塞,还朝后表示:"予我兵马钱谷,我一人足守此。"②孙承宗入主兵部督理关城及蓟、辽、天津、登、莱等处军务后,提拔袁崇焕为山东按察司金事、山海关监军。他出关后,奔走风霜,驰驱险隘,稳定民心,安置辽民,积极支持孙承宗"守关外以捍关内""以辽人守辽土"的决策。尔后,又听从孙承宗的建议,辞去山海关监军道,改任宁前道,后与副总兵满桂一起共同承担宁远的防务,筑城戍守。天启六年(1626)正月,努尔哈赤率13万八旗兵围攻宁远,被守军击败。宁远大捷后,袁崇焕升任辽东巡抚,又于翌年再度击败皇太极的进攻,取得宁锦大捷。但是,建立奇功的袁崇焕,却因没有巴结魏忠贤而遭弹劾,被迫引病辞职。

崇祯元年(1628)二月,明思宗任命袁崇焕为兵部尚书、右副都御史,总督蓟、辽、登、莱、天津军务。七月,袁崇焕奉召入京,明思宗在文华殿召见廷臣和袁崇焕,讨论平辽方略。明思宗先对袁崇焕表示慰问,接着便询问起对付后金的方略,血气方刚的袁崇焕轻率地回答说:"方略已具疏中。臣受陛下特眷,愿假以便宜,计五年,全辽可复。"明思宗喜出望外,连声说道:"复辽,朕不吝封侯赏。卿努力解天下倒悬,卿子孙亦受其福。"③此时,一旁的内阁辅臣韩爌、刘鸿训、李标、钱龙锡四人也觉欢欣鼓舞,异口同声地称赞袁崇焕"真男子也"。袁崇焕急忙叩谢天恩。

明思宗平台召见后暂退偏殿休息,兵科给事中许誉卿向袁崇焕询问五年内如何恢复全辽,袁崇焕回答道:"圣心焦劳,聊以是相慰耳!"原来,他的五年复辽不过是安慰皇上的一句空话,并没有什么把握。给事中许誉卿小心提醒说:"上英明,安

---

① 《明熹宗实录》卷八六,天启七年七月庚辰。
② 《明史》卷二五九,《袁崇焕传》,第6707页。
③ 《明史》卷二五九,《袁崇焕传》,第6713页。

可漫对！异日按期责效，奈何！"袁崇焕这才意识到问题的严重性，待明思宗回到殿中，他忙提出复辽的许多前提条件，预留日后转圜的余地，他说："东事本不易竣，陛下既委臣，臣安敢辞难。但五年内，户部转军饷，工部给器械，吏部用人，兵部调兵选将，须中外事事相应，方克有济。"明思宗当即交代署理户部的侍郎王家祯、署理工部的侍郎张维枢、吏部尚书王永光、兵部尚书王在晋等，要他们务必照办。接着，袁崇焕又想到万历亲政以来的党争不断、言官舆论纷扰、边臣处处受掣的问题，说："以臣之力，制全辽有余，调众口不足。一出国门，便成万里。忌能妒功，夫岂无人。即不以权力掣臣肘，亦能以意见乱臣谋。"明思宗站起来倾听，谕之曰："卿无疑虑，朕自有主持。"[1]内阁大学士刘鸿训等请收回此前赐给节制关外四镇的左都督满桂和辽东督师王之臣的尚方剑，改赐袁崇焕，令其便宜从事，明思宗也一口答应。临退朝时，还赐给袁崇焕一顿酒席。

通过这次召见，袁崇焕看到明思宗刻意营求中兴之治，急于平定辽东外患的焦虑，也感受到皇上对自己的器重和殷切期望之情，这一切无不令他深为感动，更激发了他赴汤蹈火、舍身为国的坚定决心。但他也希望皇上能从实际出发，给予自己一点回旋的余地，而不斤斤计较于一城一地之失。经过反复的思考，两天之后，他便以"钦差出镇行边督师"的身份，向明思宗呈递一份奏疏，接续平台召对时所担忧的言官舆论纷扰，边臣屡遭猜忌排挤的话题，巧妙地重申自己的平辽方略，曰："辽事恢复之计，不外臣前以辽人守辽土，以辽土养辽人，以守为正着，战为奇着，款为旁着。法在渐不在骤，在实不在虚，此皆臣与在边文武诸臣所能为而无烦圣虑者。至用人之人，与为人用之人，俱于皇上司其钥。何以任而勿二，信而勿疑？此皆非用人者与为人用者所得与。夫驭边臣者与他臣异，军中可惊可疑者殊多，故当论边臣成败之大局，不必过求于一言一行之微瑕。盖着着作实，为怨则多。凡有利于封疆者，俱不利于此身者也。况图敌之急，敌又从外而间之，是以为边臣者甚难。我皇上爱臣至而知臣深，臣何体过为不必然之惧，但衷有所危，不得不告。"此疏的深

---

① 《明史》卷二五九，《袁崇焕传》，第6713页。

层含义实际上是重申他此前的以守为主,以征战与和议为辅的方略,准备到辽东打一场持久战,而不是五年复辽。但高度兴奋的明思宗并未听出其弦外之音,仍下旨表彰袁崇焕的"忠劳久著",说"浮言朕自有鉴别,切勿瞻顾","战守机宜,悉听便宜从事"①。

崇祯元年(1628)八月初七日,袁崇焕单骑星驰出山海关,抵达宁远之后,即采取果断措施,迅速平息驻守宁远的川湖兵因欠饷而发动的兵变;之后,着手调整关内外的布防。过去全辽只设一名总兵,后来后金崛起,总兵更设不定。阉党崔呈秀掌管兵部大权后,为安插亲信,在山海关外添设了三四名总兵,事多掣肘。袁崇焕上奏朝廷,经明思宗批准后,在山海关内外各设总兵一名,将熟悉辽东战局的蓟镇总兵赵率教调任关内总兵,加官一级,挂平辽总兵印,驻守山海关城,行伍出身、惯历战阵的关内总兵麻登云调任蓟镇总兵。关外原设总兵两人,由朱梅驻守宁远,祖大寿驻守锦州,袁崇焕赴任后,朱梅因有病在身被解除职务,两地守军统归祖大寿管辖,加祖大寿都督同知衔,挂征辽前锋印,驻守锦州;中军副将何可纲加都督佥事衔,驻守辽远。袁崇焕向明思宗表示:"臣自期五年,专藉此三人,当与臣相终始。届期不效,臣手戮三人,而身归死于司败。"②接着,又"请罢宁远及登莱巡抚不设"③,以一事权,得到明思宗的批准。

继宁远兵变之后不久,又发生了锦州兵变。这两次兵变以及在辽东镇守多年见到的兵变,使袁崇焕深刻认识到,拖欠兵饷往往是激发兵变的直接诱因。为了稳定军心,巩固防务,他赴任督师不久,即接连两次上疏请求从速发放山海关内外积欠的军饷74万两,以及太仆寺马价银、抚赏银4万两。可能是考虑到当时国库空虚而内帑即皇家私库充盈的状况,在第二次上疏中还提出"求发内帑"的请求。④ 他的奏疏,引起兵部与言官的激烈争吵,兵部认为军饷之所以支绌,是由于"兵以年增,

---

① 《崇祯长编》卷十一,崇祯元年七月乙亥。

② 《明史》卷二五九,《袁崇焕传》,第6714页。

③ [清]夏燮:《明通鉴》卷八一,崇祯元年七月甲申,中华书局1959年版,第3118页。

④ 《烈皇小识》卷一。

饷以岁溢"①,就是士兵太多而导致岁饷太浮,言官则认为军饷支绌,关键是由于"军籍空悬",许多军官冒领空饷,要解决问题必须清汰虚冒的兵籍,"兵清自然饷足"②。明思宗召见大臣,商议解决方法。明思宗不肯动用内府积蓄,只管诘问新任户部尚书毕自严。毕自严敷衍说,容当陆续筹措拨付。最后几经商议,明思宗只得采纳内阁辅臣的建议,准发袁崇焕饷银 30 万两,还不及他请求拨付数额的四成。当初答应袁崇焕督师的条件之一——"户部转军饷",就这样打了个大折扣!

在调整关内外防务的同时,袁崇焕还尽力修补已遭破坏的明蒙联盟,以图借助漠南蒙古的力量对抗后金。明朝末年,蒙古分为漠西卫拉特、漠北喀尔喀和漠南三大部分。与明朝近邻的漠南蒙古,在东北有蓟辽边外的喀喇沁、察哈尔、内喀尔喀和嫩江流域的科尔沁等部。当时漠南蒙古处于封建割据状态,察哈尔汗名义上是各部的宗主,士马强盛,横行漠南,诸部不堪其苦,但其内部又矛盾重重。各部因后金不断侵夺其牧场与抚赏之地而对之持敌视与抵抗的态度,对明朝则是既扰边又求抚赏,用扰边以求抚赏。孙承宗与袁崇焕出任辽东职务后,都加紧对漠南蒙古的抚赏,并争取与之结盟。从天启二年(1622)起,先后与喀喇沁、敖汉、察哈尔、内喀尔喀结盟,并尽力协调察哈尔林丹汗与各部的矛盾,共同帮助明朝抵御后金的进攻。对各部的扰边行动,则予以坚决的回击。但是,当袁崇焕受到排挤而离开辽东之后,漠南蒙古各部的形势很快就发生了变化,一些与明朝结盟的部落被林丹汗兼并。林丹汗由于担心各部依附后金,使自己处于腹背受敌之险境,也率部西迁至宣府、大同一带驻牧。目光短浅的明思宗,认为对漠南蒙古的抚赏徒耗金钱而无实际效益,于崇祯元年(天聪二年,1628)七月革除对蒙古诸部的抚赏与互市。皇太极则一改往昔努尔哈赤对蒙古各部以战为主的策略,采取孤立林丹汗,对其他各部偏于怀柔之策略,用联姻、盟誓、封赏等各种手段,拉拢漠南蒙古其他部落。这一招很快奏效,漠南蒙古大部分部落纷纷倒向后金。当年九月,皇太极即联合敖汉、奈曼、内

---

① 《崇祯长编》卷十二,崇祯元年八月己亥。
② 《崇祯长编》卷十二,崇祯元年八月甲寅。

喀尔喀、喀喇沁、科尔沁诸部,共同攻打察哈尔,大败林丹汗,占领了西拉木伦河流域。

袁崇焕督师辽东之后,已是"西部(指漠南蒙古)无存,东患(指后金之患)我独当之"①,局势极为严峻。但他仍坚持"合西虏而厚其与"②的政策,希望修补已被破坏的明蒙联盟。为此,他特地举荐曾长期担任过蓟辽总督的王象乾出任宣大总督。王象乾上任后,与袁崇焕都认为"西靖而东自宁"③,奏请明思宗改变做法,给予察哈尔林丹汗赏银8.1万两。明思宗批准,于崇祯二年(1629)重新实行对林丹汗的抚赏。察哈尔西迁至宣、大后,驻牧蓟门以北的是喀喇沁部,该部首领束不的早在袁崇焕督辽之前,即与皇太极有过交往,之后还互相联姻。崇祯元年(1628)十月,因塞外发生大饥荒,喀喇沁部向明朝请粟,许多边臣反对发粟救济。袁崇焕认为,只要稍加劝导并助其度过灾荒,便可促其脱离后金,坚持将自己本已十分紧张的粮食卖给喀喇沁。翌年三月,塞外又发生大饥荒,他仍应束不的之请,继续将粮食卖给喀喇沁部。

为了统一事权,袁崇焕还设计诛杀了毛文龙。毛文龙,祖籍山西太平(今山西襄汾西南),因父亲到钱塘(今浙江杭州)经商,他在那里出生,遂以出生地为籍贯。他少时家贫,厌读经书,好骑射,嗜围棋;后学麻衣相术,为人相命谋生;30岁时,听说辽东危急,只身入京,密走关外边塞,观察山川形势。在京担任兵部主事的舅舅沈光祚,将他推荐给自己的好友、辽东巡抚王化贞。天启元年(1621),王化贞将他收入麾下,署练兵游击。时值沈阳失陷不久,辽东巡抚王化贞与辽东经略熊廷弼在战守方略上发生严重分歧。王化贞主张速战速决,反对熊廷弼的以守为战的三方布置之策,在三方兵力未集之时,授意毛文龙出来搅局,带兵袭取镇江堡。得手之后,王化贞即授他为副总兵,并向朝廷奏捷。第二年,该堡即被后金攻陷,他随即率部撤往鸭绿江口的皮岛。明廷对其采取优容的方针,给予大量封赏,并晋升他为总

---

① 《崇祯长编》卷十四,崇祯元年十月壬辰。
② 《明熹宗实录》卷八四,天启七年五月辛卯。
③ 《明史》卷三二七,《鞑靼传》,第8493页。

兵,后又升为左都督挂将军印。皮岛又称椴岛,明廷在此地设立东江镇,故又称东江。岛东西15里,南北10里,与鸭绿江口的獐子岛、鹿岛构成三足鼎立之势。它居于辽东、朝鲜、山东登莱三地之中,号称孔道,具有重要的战略地位。毛文龙在岛上"斩荆棘,具器用,招集流民,通行商贾,南货缯币,北货参貂,咸于文龙处输税挂号,然后敢发,不数年,遂称雄镇"①。他凭借手中的兵力,不时袭扰后金的后方,并不断夸大战功,向朝廷索要军饷,"岁百二十万,朝议多疑而厌之"②。袁崇焕赴任后,了解到毛文龙本无大志,与后金作战几无胜绩,而军饷却年年增加。他"无事则鬻参贩布为业,有事亦罕得其用"③。袁崇焕决定先从经济上加以控制,迫其就范。于是上疏请求改变运往皮岛的饷道,重申严海禁,规定登州不许有一船出海,所有运往皮岛的物资装备,一概由津门运至宁远外海的觉华岛(今菊花岛),经旅顺口转运皮岛,先前由天津所运送的粮饷,也改由觉华岛起运,并向督师衙门挂号,方可出海。毛文龙向明思宗上疏申诉,称袁督师封锁登州沿岸,不使一船出海,致使客船不敢前来,部下士兵都说:"是拦喉切我一刀,必定立死!"④但明思宗没有表态。袁崇焕见毛文龙不服节制,决心用计除之。崇祯二年(1629)五月底,他以检阅东江官兵为名,从宁远出发,乘船来到双岛,毛文龙从皮岛赶来拜谒,宴饮至深夜。此后,两人密谈三天,袁崇焕提出改革营制,设置监司,以监军纪与操练,毛文龙没有接受。六月初五日,袁崇焕邀请毛文龙上山观看战士的骑射操练,令埋伏在宫帐外的甲士将其绑缚,历数其十二大罪,以尚方剑斩之。接着,将毛文龙的部属48 000人分成四协,由毛文龙之子毛承禄、副将陈继盛、参将徐敷奏、游击刘兴祚分别统领,皮岛各项事务则由陈继盛暂时管领。袁崇焕返回宁远,向朝廷奏报诛杀毛文龙之举。明思宗大为吃惊,从此对袁崇焕产生了疑忌之心。不过,他看到毛文龙死而不能复生,自己又需要依靠袁崇焕来实现复辽计划,对袁崇焕不仅未加责备,反而"优旨褒

---

① 《烈皇小识》卷二。

② 《明史纪事本末补遗》卷四,《毛帅东江》,第1461页。

③ 《明史》卷二五九,《袁崇焕传》,第6715页。

④ 《崇祯长编》卷二〇,崇祯二年四月甲辰。

答"，接着又宣布毛文龙之罪，"以安崇焕心"①。

　　袁崇焕诛杀毛文龙，是一件亲痛仇快的事情，因为毛文龙抗金虽然少有胜绩，且索饷过多，令人不快，但他始终坚持抗金立场，经常率兵深入后金腹地，对后金毕竟起着牵制的作用。毛文龙被杀，不仅使后金消除西进的后顾之忧，而且引起了皮岛将士的上下离心，毛文龙旧将孔有德、尚可喜等人后来都相继投降后金，导致东江抗金基地的丧失，这又为后金的西进提供了可乘之机。

---

　　① 《明史》卷二五九，《袁崇焕传》，第6717页。

# 二、己巳之变与袁崇焕被冤杀

　　皇太极在宁远、宁锦之战失利后，意识到后金的八旗铁骑长于野战，却拙于攻城，攻打宁锦一带依靠西洋大炮固守城地的明军，实难得手。于是决计避关外、扰关内，避开宁锦防线，取道内蒙古，从明军防守薄弱的蓟门一线入关，深入明朝腹地，逐步削弱明朝的军事实力，再伺机与之决战。皇太极说："彼山海关、锦州防守甚坚，徒劳我师，攻之何益？惟当深入内地，取其无备城邑可也。"①为此，他一面加紧对漠南蒙古的征战与招抚，一面又和袁崇焕重开和议谈判，为其战前的准备工作争取时间。

　　袁崇焕与皇太极的和谈，始于天启六年（天命十一年，1626）八月努尔哈赤死后，皇太极继承汗位之时。当时，袁崇焕担任辽东巡抚之职，议和的主要目的是争取时间修复宁远之战中遭受破坏的宁锦防线。皇太极为了实施其"先抢江东（指朝鲜），以除根本之忧，次犯山海关、宁远等城"②的战略计划，也需要争取时间用兵朝鲜，因此同意展开和谈。但由于双方议和的条件相差悬殊，在皇太极征服朝鲜之后，谈判即告终止。宁锦之战失败后，皇太极调整对明的作战方略，又主动向明朝

---

　　①　《清太宗实录》卷五，天聪四年二月甲寅，中华书局 1986 年版。
　　②　《朝鲜李朝仁祖实录》一，四年十月癸亥，转引自吴晗辑：《朝鲜李朝实录中的中国史料》上编卷五二，中华书局 1986 年版，第 3284 页。

展开和平攻势,多次派人向辽东巡抚表达和谈的意愿,但遭到明思宗的坚决拒绝。袁崇焕复出督辽,继续执行"和为旁着"之策,未经朝廷允许,便于崇祯二年(天聪三年,1629)四月遣使携书随同后金来使抵达沈阳,与皇太极展开和议谈判。双方使臣几次往返,皇太极要求以三岔河、大凌河为界划分两国边界,袁崇焕要求后金退出辽东、归还辽人,双方达成和议的根本条件差距太大,谈判只能无果而终。

崇祯元年(天聪二年,1628)皇太极联合敖汉、奈曼、内喀尔喀、喀喇沁、科尔沁等部攻打察哈尔,打败林丹汗,脚踏两只船的喀喇沁部在遇到大饥荒时向袁崇焕请粟,但因畏惧林丹汗,担心明朝自顾不暇,又深结皇太极以自保。到崇祯二年(1629)中,喀喇沁部彻底倒向后金,并将从明朝低价买来的粮食提供给后金军队食用。皇太极认为绕道内蒙古南下攻明的时机已经成熟,随即于当年十月,亲率后金八旗与蒙古骑兵约 10 万人,由喀喇沁首领束不的引导,向明朝发动大规模的进攻。

皇太极率领的后金、蒙古骑兵,避开防守坚固的宁远、锦州防线,绕道辽西,分兵向蓟门一带前进。孙承宗、袁崇焕往年重视对漠南蒙古的抚赏,却忽视了对蓟门一线的防御。袁崇焕复出督辽后,虽曾上疏明思宗,说:"唯蓟门凌京肩背,而兵力不加,万一夷(指蒙古)为向导,通奴(指后金)入犯,祸有不可知者。"[1]他建议"蓟门单弱,宜宿重兵"[2]。但此时全国性的农民大起义烽火已在陕北点燃,明廷很难再调集大量兵力来加强蓟门的防御。蓟门一带"兵马瘦弱,钱粮不敷,边堡空虚,戈甲朽坏"[3]。后金和蒙古骑兵很快从喜峰口西边的大安口、龙井关、马兰峪等几个隘口南下,几乎没有遇到有效的阻击,就抵达遵化城下,离城五里扎营。这一年为农历己巳年,史称"己巳之变"。

遵化县城距北京不过二三百里,后金铁骑五日即可抵达京师。十一月初一,京师戒严。长城以南遵化到蓟州一线,属蓟辽总理刘策的防区,关内兵力空虚,守御

---

① 《明清史料》甲编,《兵部行督师袁崇焕题稿》,"中央研究院历史语言研究所"民国二十四年铅印本。

② 《满文老档·太宗》卷六,日本东洋文库本。

③ 《明清史料》甲编,《马光远披陈愚悃奏本》。

疏虞。身负督师蓟辽重任的袁崇焕,急令山海关总兵赵率教带兵驰援,并亲赴榛子岭调动兵马,命保定巡抚解经传驰赴救援。赵率教火速起兵,三昼夜赶到蓟州镇的驻地三营屯。但驻守三营屯的总兵朱国彦不让他的部队入内,于是他又策马西向。十一月初四,在遵化城下同后金、蒙古骑兵展开激战,赵率教战死,全军皆没。次日,遵化为后金和蒙古军队所占。袁崇焕闻讯,未经请示朝廷,即率祖大寿、何可纲入卫,于初七抵达蓟州。明思宗闻讯,极为高兴,温旨慰勉,发帑金犒赏将士,要他"鼓励立功,以膺懋赏"①。袁崇焕立即部署各路兵马:"以故总兵朱梅、副总兵徐敷奏等守山海关;参将杨春守永平;游击满库守迁安;都司刘振华守建昌(在今河北迁安东北);参将邹宗武守丰润;游击蔡裕守玉田、昌平;总兵尤世威仍还镇护诸陵;宣府总兵侯世禄守三河,扼其西下;保定总兵曹孟雷、辽东总兵祖大寿驻蓟州遏敌。保定总督刘策兵亦至,令还守密云。又游击锺宇、中军王应忠、李应元为右翼,继张弘谟而进;中军何可纲,游击靳国臣、赵国忠、孙志远、陈景荣、陈继,都司刘抚民为中权,继朱梅而进;祖大寿为后劲,继何可纲而进。崇焕居中应援。"②明思宗接到奏报,对袁崇焕的部署表示赞许:"卿部署兵将,精骑五支,联络并进,蓟兵总属节制,分合剿击,一禀胜算。宁镇守御,当有调度,相机进止,惟卿便宜。卿前在关忧蓟,遣兵戍防,闻警驰援,忠献具见,朕用嘉慰。"③

此次后金兵绕道内蒙古闯关南下,兵部的反应十分迟钝。遵化失陷后三天,兵部尚书王洽才上报。明思宗大为震怒,下令将王洽逮捕下狱,后瘐死狱中,复坐以大辟之刑。十一月初十,刚入阁办事的大学士成基命力请起用原内阁辅臣孙承宗。明思宗下诏命孙承宗以原官兼兵部尚书,督理兵马钱粮,筹划通州防务,并先入京陛见。孙承宗,字稚绳,直隶高阳(今属河北)人,万历三十二年(1604)中进士,授翰林院编修,后调入詹事府任职,寻遭齐、楚、浙党排挤再次告老还乡。明熹宗继位后,任左春坊左庶子兼翰林侍讲。翌年,受命为兵部尚书兼东阁大学士。天启二

① 《崇祯长编》卷二十八,崇祯二年十一月戊子。
② 《国榷》卷九○,崇祯二年十一月庚寅,第5501页。
③ 《崇祯长编》卷二十八,崇祯二年十一月戊子。

年（1622）自请督师辽东，遂以原官督理关城及蓟、辽、天津、登、莱等处军务，后受魏忠贤排挤告老还乡。他此次接到明思宗的任命，即于十一月十五日黄昏匆忙赶到京城。明思宗在平台召见，询以御敌方略。孙承宗认为袁崇焕收缩京师外围的防线过于保守，他赞同防守蓟州、顺义、三河一线，而不赞成退守昌平、通州一线，说：臣在途中，曾接到来自兵部的消息，谓袁督师已率所部兵马驻扎通州，又闻昌平总兵尤世威往密云，大同总兵满桂驻顺义，宣府总兵侯世禄驻三河，此布局甚为得策。后来又听说尤世威回昌平，侯世禄驻通州，似未合宜。明思宗问："卿欲守三河，何意？"他回答："守三河可以沮（敌）西奔，遏（敌）南下。"明思宗又问："若何为朕保护京师？"他答说："当缓急之际，守陴（古代城墙上的短墙，也叫女墙。这里泛指城墙，即京师）苦饥寒，非万全策。请整器械，厚犒劳，以固人心。"明思宗见他对京师的防务已成竹在胸，便改变对他的任命，说："卿不须往通（州），其为朕总督京城内外守御事务，仍参帷幄。"①到十七日，明思宗听说后金军队逼近通州，又改变主意，给孙承宗下旨，"报虏逼通（州），命卿驰赴"，孙承宗"不及召见而辞"②，赶往通州。

就在明思宗召见孙承宗的当日，袁崇焕经侦察发现，皇太极已越过蓟州，直扑京师，使他在蓟州阻挡敌军的计划落了空，急忙率马步军2万追蹑。皇太极连下京师东面的玉田、香河、顺义等县。袁崇焕决定疾驰京师，于十六日清晨抵达运河重镇河西务（即今天津武清区西北河西务）。副总兵周文郁提醒他，外镇之兵，未奉明旨即入京城，恐生嫌疑，认为"大兵宜向贼，不宜先入都"，况且在通州，我军屯张家湾，就食于河西务，如果敌弱就战，敌强则守。当时社会上曾有袁崇焕与后金勾结的流言，朝廷下达了不许袁崇焕越过蓟门一步的命令，但袁崇焕被蒙在鼓里，全然不知，只是担心皇太极不与明军交战而直扑京城。京师自嘉靖二十九年（1550）"庚戌之变"后未曾遭受敌军的攻击，一旦遇袭，民心动摇，后果不堪设想。他抱着"君父有急，何遑他恤？苟得济事，虽死无憾"的一片忠心，不顾劝阻，于十六日抢在皇

---

① 《明史》卷二五〇，《孙承宗传》，第6473页。
② ［明］鹿善继、杜应芳：《后督师纪略》卷一，清刻本。

太极之前抵达京师左安门外。但由于京师戒严,他未能及时入城,直到深夜,才驰奏后金、蒙古兵逼至城下的消息。消息一传开,京城人竟称是袁崇焕召敌入犯,生性多疑的明思宗为之心动。皇太极在通州北面 20 里处扎营,派 200 名骑兵至京城试探,闻炮声而退。至十九日,后金八旗和蒙古骑兵气势汹汹地杀向京城。其时宣府总兵侯世禄、大同总兵满桂俱戍守德胜门外,侯世禄胆怯避战,满桂孤军拼杀,不少士兵反被城上发炮误伤,终于抵挡不住。满桂率残兵退入城里,自己负了伤,被士兵抬进关帝庙内暂歇。驻屯广渠门外的袁崇焕,率祖大寿诸将士以品字形队列迎敌。袁崇焕肋中数箭,仍身先士卒,奋勇拼杀。士卒也勇猛异常,久战不退。孙承宗从通州遣还援救京师的尤岱,率三千精骑赶到,与袁崇焕、祖大寿两路夹击,殊死搏杀。双方血战六七个时辰,后金八旗与蒙古骑兵力渐不支,开始退却。明军乘胜追击,直至运河边上。敌军仓皇渡河,溺死无数。皇太极只好放弃攻城,下令进往南海子(在今北京永定门外 20 里处)。

皇太极见攻城不能克,野战不能胜,决定采纳汉官、后金章京范文程的建议,用反间计来除掉袁崇焕。当时后金军队俘获明朝宦官杨春和王成德,令副将高鸿中、参将鲍承先、宁完我、巴克达什海等监守之。皇太极退至南海子后,密嘱高、鲍两人,坐在靠近两个太监的地方,故作耳语云:"今日撤兵,乃上(即皇太极)计也。顷见上单骑向敌,敌有二人来见上,语良久乃去。意袁巡抚有密约,此事可立就矣。"当时杨春太监"佯卧窃听,悉记其言"。过了两天,后金故意放跑杨春。杨春一跑回皇宫,即"将高鸿中、鲍承先之言详奏明主(明思宗)"①。

生性多疑、刚愎自用的明思宗,本来对袁崇焕就存有疑心。当初袁崇焕未经请示斩杀毛文龙,他虽然"优旨褒答",但心中并不愉快。这次袁崇焕未经朝廷允准,又径自率兵来到京城,更加深了他的疑虑。而己巳之变的发生,又使京畿地区遍遭后金、蒙古铁骑的蹂躏,不仅城外许多戚畹、中贵的园亭庄舍横遭洗劫,而且不少黎民百姓也惨遭杀害,家破人亡。他们并不了解辽事的种种艰难,反而认为这是袁督

---

① 《清太宗实录》卷五,天聪三年十一月戊申、庚戌。

师有意通敌和防御无方酿成的恶果。一些戚畹、中贵纷纷向明思宗告状。杨太监的密报,正好印证了这些戚畹、中贵的哭诉。一个惩处袁崇焕的计谋已在悄然酝酿。不过,面对强敌兵临城下的危局,为了稳定军心,明思宗还是装作若无其事的样子,于二十三日在平台召见袁崇焕、满桂、祖大寿、黑云龙等将领和新任兵部尚书申用懋,嘉奖德胜门、广渠门之战的有功之臣,并对袁崇焕深加慰劳,还脱下自己身上的貂皮大衣给袁崇焕披上。但是,当袁崇焕提出由于连日征战、士马疲惫,请求入城休整时,明思宗却断然拒绝。

袁崇焕对明思宗的戒备之心,浑然不觉。二十七日,他派出五百精骑,潜至南海子附近,用火炮轰击皇太极军营,皇太极慌忙逃遁。几天后,京师外围局势趋于平静。

京师戒严后,明思宗即于十一月初十命乾清宫太监王应朝监视行营。过了几天,又派太监冯元升等查核军队兵员和军饷,并命太监吕直携万金及盐、米、酒、羊等物品劳军。顺天府尹刘宗周上疏劝谏,说:"自古未有宦官典兵不误国者,不知危急败亡之日,舍天下士大夫,终不可与共安危。皇上亦以亲内臣之心亲外臣,以重武臣之心重文吏,则太平可致。"①明思宗就是不听。

十二月初一,明思宗又命司礼监太监沈良佐与内官监太监吕直提督京城九门与皇城的皇极门,并命司礼监太监李凤翔总督忠勇营,提督京城的卫戍部队京营,从而把京城和皇城的警卫直接控制在听命于自己的宦官手里。接着,下令在平台召见袁崇焕、满桂、黑云龙和祖大寿。他事先派人向袁崇焕传旨,让袁崇焕从速入宫议饷。当时袁崇焕正指挥副总兵张弘谟等率兵追击敌军,忙丢下军务赶往宫中。没想到一入宫,明思宗就问起诛杀毛文龙致敌兵犯阙及误伤满桂之事,袁崇焕摸不着头脑,一时答不上来。明思宗便命满桂脱去衣裳显示所受之伤,意思是此为袁崇焕蓄谋而为,随即令锦衣卫将他拿下,并关进锦衣卫诏狱。站在一旁的祖大寿大惊

---

① 《国榷》卷九〇,崇祯二年十一月戊戌,第5503页。

失色,战栗失措。大学士成基命请皇上慎重考虑,认为"敌在城下,非他时比"①。其他辅臣也极力劝阻,说:"临阵易将,兵家所忌。"明思宗不听,回答说:"势已至此,不得不然。"②

第二天,明思宗下旨,将负责修筑城防工事的工部尚书张凤翔逮捕入狱,营缮司郎中许观吉、都水司郎中周长应、屯田司郎中朱长世各廷杖八十,许、周、朱三人年老体衰,皆毙于杖下。同时,提拔大同总兵满桂为总理,节制勤王入卫的各路兵马;马世龙、祖大寿分理辽军。

祖大寿率领将士随督师袁崇焕驰援京师以来,虽然几经血战疲惫不堪,但却不让入城休整。而且,许多市民因受谣言的蛊惑,误信是袁督师招致敌军入犯,迁怒于袁督师麾下的辽军。城墙的守御士卒,口口声声称辽将、辽军为奸细,故意从城墙上扔下砖头,砸伤辽兵。京营之将卒在八旗铁骑之前毫无作为,但屡屡出城砍死辽军的士卒。这种际遇,本来就使祖大寿愤愤不平。如今,见到自己的顶头上司袁督师被捕下狱,他不免要为自己和辖下的辽军士卒担忧。况且,他和袁督师都与满桂原本就存在矛盾,如今让自己接受满桂的节制,估计也不会有什么好果子吃。因此,他一离开平台,就与何可纲率领入援的1.5万辽军精锐于十二月初四日东行,毁山海关而出,拟撤还宁远。

祖大寿率辽军精锐东还,不能不引起朝廷的震动。兵部尚书梁廷栋立即奏报明思宗,说其属官职方司官员余大成有召还祖大寿的办法,可调他来询问。明思宗急调余大成,问他有何计策,他说:"寿非敢反朝廷也,特因崇焕而惧罪,欲召寿还,非得崇焕手书不可。"于是,便命阁部九卿与余大成来到狱中,经反复劝导,让袁崇焕写下劝祖大寿顾全大局的蜡书,交信使往追祖大寿。信使策马追赶,在锦州以东之地追上祖大寿。祖大寿见到袁崇焕的手书,泣不成声,一军尽哭,但仍犹豫不决,随军的80多岁的老母说:"所以致此,为失督师耳。今未死,尔何不立功为赎后,从

---

① 《明史》卷二五一,《成基命传》,第6489页。
② 《烈皇小识》卷二。

主上乞督师命耶？"[1]将士听了无不踊跃，祖大寿之妻亦以大义相劝。祖大寿于是即日集合辖下的将士，返回山海关，收复永平、遵化一带。

皇太极得知明思宗中了反间计，将袁崇焕逮捕下狱，喜出望外，遂集中兵力攻略畿南一带，经良乡、固安，再转攻卢沟桥，副总兵申甫、监军金声以刚刚招募的七千新兵应战，被抄了后路，全部被歼。后金、蒙古军乘胜进抵永定门外。明思宗急忙下令设文武经略，以梁廷栋和满桂充任，各赐尚方剑，分别驻屯西直门与安定门。此时，满桂正屯驻宣武门瓮城之内，称敌强援寡，未可轻战，但明思宗派宦官催促出战。满桂不得已挥泪而出，于十七日率五千士卒在安定门外与敌军展开激战。由于寡不敌众，满桂箭伤复发，坠马而亡，副将孙祖寿与参将周旗等战死，总兵黑云龙、麻登云等被俘，投降了后金。满桂战死后，明思宗命原山海关总兵马世龙代为武经略。后金诸将纷纷要求攻城，皇太极说："城中痴儿，取之若反掌耳。但其疆圉尚强，非旦夕可溃者，得之易，守之难，不若简兵练旅，以待天命可也。"[2]于是遣使送信给明思宗，要求议和，然后率兵东向，一路掳掠，返归沈阳。

明思宗当初下令逮捕袁崇焕，并没有将他置之死地的意思。听到祖大寿重返关内，收复永平、遵化一带的消息，脑中又闪现重新起用袁崇焕的念头。但是，阉党余孽却借机掀起一股攻击东林党、为钦定逆案翻案的浊浪，从而将袁崇焕逼上了死路。

明思宗钦定的逆案，并未将阉党分子一网打尽，袁崇焕被捕下狱，阉党余孽上蹿下跳，借机掀起钦定逆案以来的第一次翻案浪潮。他们纷纷上疏，诬陷、攻击内阁大学士钱龙锡、首辅韩爌和左都御史曹于汴等钦定逆案的主要负责人，迫使他们辞官归里。东林内阁的瓦解，使阉党余孽在朝中的势力迅速膨胀。继任首辅李标也因明思宗深疑廷臣结党营私而连续五次乞休而去，善于揣摩上意的周延儒被命为东阁大学士，参与机务。朝廷的气氛，因此更加恶浊了。

---

① ［明］余大成：《剖肝录》，载无名氏《袁督师事迹》，岭南遗书本。
② ［清］昭梿：《啸亭杂录》卷一，《太宗伐明》，中华书局 1980 年版，第 1 页。

阉党余孽于是加紧对袁崇焕落井下石。崇祯三年（1630）八月初六，史䜣又捏造事实诬劾已经辞职的钱龙锡"主张袁崇焕斩帅致兵，倡为款议以信五年成功之说，卖国欺君，秦桧莫过"，并胡说钱龙锡接受袁崇焕几万两银子的贿赂，存放在姻亲徐本高的家里。明思宗怒不可遏，即给袁崇焕定下"欺藐君父，失误封疆"的大罪名，限刑部五日内查明真相，拿出具体的处刑方案。八月十六日，经过所谓文武大臣的商议，明思宗宣布："依律磔之。家属岁十六以上斩，十五以下给功臣家为奴。今特流其妻子兄弟，余不问。"①

八月十六日，袁崇焕被绑赴西市刑场。临刑时，他口占一绝："一生事业总成空，半世功名在梦中。死后不愁无勇将，忠魂依旧守辽东。"②但是，由于误信谣言，京城百姓却将袁崇焕当作招致后金入侵之罪人，在袁崇焕行刑当日，竟争先恐后地奔走刑场，生吃刽子手从袁崇焕身上磔割下来的肉，"割肉一块，京师百姓，从刽子手争取生啖之，刽子乱仆，百姓以钱争买其肉，顷刻立尽。开膛出其肠胃，百姓群起抢之。得其一节者，和烧酒生啮，血流齿颊间，犹唾地骂不已。拾得其骨者，以刀斧碎磔之，骨肉俱尽。止剩一首，传视九边"③，演出了一幕令人发指而又催人泪下的人间悲剧。

袁崇焕的被捕被杀，充分反映了明思宗轻信猜疑和刚愎自用的致命弱点。其结果是自毁长城，助长后金势力的壮大，正如清修《明史》所说的，"自崇焕死，边事益无人，明亡征决矣"④。

① 《国榷》卷九一，崇祯三年八月癸亥，第 5544 页。
② 民国《东莞县志》卷八五，民国十六年铅印本。
③ 《石匮书后集》卷一一，《袁崇焕传》，第 93—94 页。
④ 《明史》卷二五九，《袁崇焕传》，第 6719 页。

# 三、孙承宗再镇关门

在祖大寿率领辽军离京东返之时,明思宗急忙于崇祯二年(1629)十二月初五日下诏,令驻守通州的内阁大学士兼兵部尚书孙承宗赴山海关,一面招抚东返的辽军,一面重新收拾山海关内外的防务。十二月初七日,孙承宗接到诏令,未及准备,即率400骑兵和副将茅元仪,游击石柱国、岳维忠等启程,顶风冒雪,昼夜奔驰,于十二月十四日抵达山海关。

孙承宗一到山海关,面对关城粮饷断绝的困境,向商人借贷,筹措饷银,分发将士,安定民心,又组织兵民挖掘百眼水井,解决城内缺乏饮水的难题。城中聚集着千余名流民,他出官廪解决他们的衣食问题,并组织他们协助巡行街巷,守卫仓局。接着,花了不到一个月的时间,重新修缮破旧的城墙,疏浚淤塞的壕沟。关城过去是东面迎敌,现今后金军队入犯京师后东返,又面临西面迎敌的问题。孙承宗又下令在城墙的西侧加筑一道护墙,架设平射大炮和西洋大炮,并在关城以西的正面设置步兵一营,两翼再各设步兵一营,另设骑兵一营协同防守,以遏西来之敌。山海关东西的防务,因此大大加强。

孙承宗坐镇山海关之后,仍然密切地关注后金、蒙古军队的动向。皇太极自京师的南畿撤退之后,京畿与山海关之间,兵戈四起,烽烟遍地。孙承宗一抵达山海关,即令山海关总兵朱梅、道臣王楫及宁前道孙元化,再从所部选派步骑兵1.5万名,由接踵到关的马世龙统领,西行驰援京师,并选派 200 名哨探,往来于京师与山海关,沟通消息。接着,又派从东江前来投奔的刘兴祚以及郑一亨、靳国臣、石柱国率所部 4000 人驰援山海关西面之重关永平,令黄惟正率部驰援抚宁。刘兴祚部先胜后败,刘兴祚战死,其弟刘兴贤被俘。崇祯三年(1630)正月初四日,永平落入后金之手,但黄惟正部多次击退后金的攻击,使皇太极难以从正面染指山海关城。

就在永平失陷的当天,辽东总兵祖大寿率马步官兵 3 万余人返回山海关。当初祖大寿率领辽军离京东返,路过通州张家湾时,孙承宗即派游击石柱国送去两封亲笔信。一封给祖大寿,说"袁督师事甚堪流涕","然既感督师,必知尽力剿虏",要他顺势率兵收复遵化,以功当罪;另一封信给全体辽军将士,说"尔等以袁督师事生不测,不安于心,思归本镇,具见不忘旧主,便见不忘朝廷豢养,忠义可嘉。此段意气,阁部必为尔等表白。可即听祖(大寿)、何(可纲)协令,以听调度。阁部四年督师,从无食言于尔辈,尔辈其悉体之"①。石柱国策马飞驰,追了 300 多里,才追上东返的辽军队尾,但未追上祖大寿。此时天色已晚,只好返回京师复命。孙承宗于是又奏明皇上,为辽军表白,说辽军将卒并无叛心,只因袁督师下狱,祖大寿"危疑既甚",又有"城上炮击洗军"之谣言,所以才"全军尽溃"。希望皇上"大开生路,以收众心"。明思宗览奏,"令大寿图功自效"②。过了一天,他又谕孙承宗曰:"祖大寿父子及何可纲、张弘谟等血战勇敢可嘉,前在平台面谕,已明令机有别乘,军有妙用。今乃轻信讹言,仓皇惊扰。亟宜憬省自效,或邀贼归路,或直捣巢穴。但奋勇图功,事平论叙。夫关宁兵将,乃朕竭天下财力培养训成,又卿旧日部曲,可速遣官宣布朕意,仍星驰抵关,便宜安辑。"③孙承宗奉命于十二月十四日赶到山海关,溃逃之辽军将士纷纷归顺。后来,祖大寿与何可纲、张弘谟率部返回山海关时,孙承宗即以隆重的仪式欢迎他们的回归,然后在督师府衙署分别接见他们,绝口不提东溃之事,而是坦诚地勉励诸将杀敌立功,以报天恩。祖大寿当即报告,说他自己已将

---

① 《后督师纪略》。
② 《崇祯长编》卷二九,崇祯二年十二月乙卯。
③ 《国榷》卷九〇,崇祯二年十二月丙辰,第 5507 页。

家资全部捐出，以充军饷。孙承宗再三表示嘉奖。

皇太极正为是否攻打山海关犹豫不决之时，听说祖大寿等将领返回山海关，即于崇祯三年（1630）正月十八日派出三个剃发汉人手持书有"讲和"二字之黄旗，携其亲笔信，前往祖大寿军营"议和"。祖大寿立即上报孙承宗，"承宗命大寿戮之，以坚其意"①。祖大寿坚决照办，以示自己与后金势不两立的决心。与此同时，孙承宗又命茅元仪、周文郁带领龙武三协水师，登舟急赴皮岛，挥师金、复（在辽宁瓦房店市西北）、海、盖（今辽宁盖州），直捣后金老巢沈阳，并张贴文告，声称将调东江、天津、登、莱之兵，连同龙武营，合共 40 万人，兵分两路，捣敌老巢。这个作战计划虽因种种变故未能付诸实施，但皇太极闻讯也不能不为其老巢担忧，遂于二月底从迁安东北的冷口遁出长城，只留下部分兵力驻守遵化、永平、滦州（今河北滦县）、迁安四城，作为来日再度攻明之前哨基地。

孙承宗于是又面临着收复关内四城的任务。从何处着手来收复四城呢？当时诸将首先把目光投向永平，孙承宗却主张应先收复建昌。建昌是永平东北方向一处重要的长城关隘。孙承宗认为，从横向看，建昌是连接长城沿线边堡的重要节点；从纵向看，"北有建昌为扼吭之要地，如东之有关门，虏得建昌，则南北通彻而无碍"②。因此，要收复关内失地，必须先取建昌。经过一番部署，祖大寿率领明军于二月初七抵达建昌城下。建昌城里拒不投降后金的守军起而响应，擒获投降后金的建昌营中军白衍庆，打开营门迎入明军，建昌营收复了。

随后，孙承宗又遣辽军 500 骑，协助三屯营总兵杨肇基，在遵化北面大败后金兵，挺进遵化城下。此时的明军分为两路，东路为孙承宗的祖大寿部，驻扎在山海关及抚宁、昌黎、乐亭等地；西路为受孙承宗之命驻屯于丰润、玉田一带的马世龙部。朝廷新任命的蓟辽总兵张凤翼，亦在马世龙军中。马世龙主张先攻遵化，孙承宗没有同意，说："不然，遵在北，易取而难守，不如姑留之，以分其势，而先图滦。今

① 《崇祯长编》卷三〇，崇祯三年正月戊戌；《国榷》卷九一，崇祯三年正月戊戌，第5514页。
② 《后督师纪略》卷四。

当多为声势,示欲图遵之状以牵之。诸镇赴丰润、开平(指今唐山东北之开平),联关兵以图滦。得滦则以开平兵守之,而骑兵决战以图永。得滦、永则关、永合,而取遵易易矣。"①诸将一致表示赞同。

部署既定,孙承宗率领东路明军于五月初四在山海关举行隆重的誓师仪式,然后经昌黎、乐亭,向滦州挺进。西路明军赶来会合。明军包围了滦州东、西、南三面,故意留出北门为敌军逃遁之口,以免其死守顽抗。战斗从五月初十打响,经过几次攻城,后金军队经不起明军炮矢的攻击,于十三日北逃,又遭受明军的伏击,仅数十人遁入永平城里。就在攻克滦州的同一天,奉命围攻迁安的朱梅,也在城中内应的配合下,一举收复了迁安。到十四日,何可纲率领的一支明军进抵永平城下。十六日,明军发起强攻,守敌遂开北门逃遁。孙承宗得知永平、遵化守敌北逃,急令祖大寿分兵一部,出关于锦州西南之虹螺山进行追杀阻截,杀敌无数。经过近半个月的战斗,明军收复滦州、迁安、永平、遵化四城和20多个边堡,斩获敌军首级3200多颗,杀死后金牛录、固山数十名,缴获马骡、器械、弓刀无数,史称"遵永大捷"。

五月十八日,孙承宗从永平返回山海关,开始筹划重建蓟辽防务。为了防止敌军杀回马枪,孙承宗首先着重抓敌情的侦察和炮兵的训练。由于战火的破坏,原先传递军情之烽火台俱已残破不堪,一时难以修复。于是,他命令所辖诸军的各级将领注意侦察敌情,并及时报送督师衙署。同时,严令诸军练习炮术,以坚城大炮守住关内外的战略要塞。为了惩处给皇太极引路的喀喇沁首领束不的和随同后金入犯京师的蒙古部落,孙承宗还命令诸将率部从长城诸隘出击蒙古。蒙古诸部不得不向北远遁,近边300里内再也不见穹庐的踪影。

正当孙承宗着力恢复和重建蓟辽防务之时,却发生了新进的辽东巡抚丘禾嘉在锦州被后金围困之事。丘禾嘉于万历四十一年(1613)中举,不知兵但又"好谈兵"②,崇祯元年(1628)被擢为兵部职方司主事,崇祯三年(1630)被派往马世龙军

---

① 《明史》卷二五〇,《孙承宗传》,第6475页。
② 《明史》卷二六一,《丘民仰传附丘禾嘉传》,第6769页。

中充当监纪,当年六月被破格擢任右佥都御史兼辽东巡抚。他踌躇满志,提出在旅顺开镇的计划,因遭孙承宗的反对而作罢,遂于当年八月轻率地率军北上锦州,准备攻取广宁。皇太极闻讯,迅速调集 2 万精兵,将锦州紧紧包围起来。孙承宗既担心皇太极采用声东击西之计,偷袭山海关,或再捣蓟州,又不能不顾丘禾嘉的安危而见死不救。他经再三斟酌,命驻守山海关之宋伟、驻守宁远之何可纲及驻守前屯(今辽宁绥中西南)之张弘谟等部,固守阵地,坚壁清野,警惕敌军来袭,同时各拨出部分骑兵,由何可纲率领,东援锦州。后金八旗兵见明朝援军到来,乃于九月初撤围他去。

当年年底,年迈有病的孙承宗连上十一疏,乞请辞职还乡。明思宗见朝中无人可代其职,不予允准,他只能以老病之躯独力支撑。崇祯四年(1631)"正月出关东巡,抵松山(在今辽宁凌海市南)、锦州,还入关,复西巡,遍阅三协十二路而返"①。经过两次巡视,孙承宗向朝廷呈上一份 2600 字的长篇奏疏,陈述其重建辽军、收复失地的封疆计策,并向朝廷推荐曾在平定安邦彦叛乱中显露才华的太仆寺少卿傅宗龙作为蓟辽总督的人选。

孙承宗的封疆计策,包括复城一项。孙承宗在前次督师时,曾在右屯(在今辽宁凌海市东南)、大凌河两城置兵驻守。后来,高第出任辽东经略,尽撤守军,右屯、大凌河因而破败倾圮。右屯是当时明辽西防线的最前哨,为锦州门户。孙承宗认为明军欲收复辽东,"当先据右屯,筑城大凌河,以渐而进"②。这个主张得到兵部尚书梁廷栋的赞同,遂于七月动工修筑大凌河城。后来,由于各种原因,筑城工期一拖再拖,迟迟未能竣工而告寝。

就在修筑大凌河城工程告寝之际,皇太极亲率八旗大军,于八月初六进抵大凌河城下。他吸取攻打宁、锦失败的教训,改取围城打援之战法,掘壕树栅,将大凌河四面包围起来,另遣一军携西洋大炮驻营锦州大道,以阻截明朝的援军。祖大寿、

---

① 《明史》卷二五〇,《孙承宗传》,第 6476 页。
② 《明史》卷二五〇,《孙承宗传》,第 6476 页。

何可纲率领守军出战,皆被击退。孙承宗为解大凌河之围,派宋伟等率部驰往锦州,又调东江守将黄龙,发舟师攻略镇江、盖州,以为声援。八月十九日,他亲至中左所,拟赴宁、锦指挥作战,但明思宗下旨要他"兼顾内外"①,他只好返回关门。九月十一日,孙承宗又接到明思宗要他携尚方剑,同巡关御史王道直亲赴宁、锦,督励诸将援剿的命令,于是又出关抵达宁远。他先命关门副将靳国臣率三千二百精骑急趋松山,接着又命锦州之丘禾嘉率宋伟、吴襄长驱至大凌河。九月二十日,孙承宗与王道直抵达锦州。孙承宗将宋伟、吴襄所率之军各分为两营,合共四营,由永平道张春监军,向东开拔。随后在小凌河与后金兵打了两仗,移驻于大凌河城东南的长山。后金兵冲杀过来,明军殊死拼杀,炮声不绝,终因寡不敌众而败衄。张春受伤被俘,绝食而死。至十月,"城中粮尽援绝,守将祖大寿力屈出降,城复被毁"②。

大凌河失守后,朝廷诸臣纷纷上疏弹劾孙承宗与丘禾嘉。孙承宗见明思宗猜忌多疑,而把持朝政的周延儒、温体仁辈又不能认真辅政,连上十几疏请求致仕,十一月获得批准,便驰驿归里。袁崇焕被冤杀,孙承宗又被罢归里,关外明军从此一蹶不振,对后金便只有招架之功而无还手之力了。

① 《后督师纪略》卷九。
② 《明史》卷二五〇,《孙承宗传》,第 6476 页。

## 第六章

# 温体仁的得宠与垮台

　　崇祯十年（1637），兵部尚书杨嗣昌为了镇压日益高涨的农民起义，建议在辽饷之外，加征剿饷，每亩加征 6 合，每石折银 8 钱，共计加征 280 万两。温体仁心里清楚，这项加派的施行，势必将本已十分困苦的百姓推向更加水深火热的深渊，使起义的烈火烧得更加旺盛。但他作为首辅，却未表示异议，最后由明思宗于四月下诏施行。他也因此给明思宗留下很好的印象，认为他孤立无党，朴忠可靠。

　　温体仁目光短浅，没有什么经天纬地之大才干，但为人机敏，有点小聪明，又工于心计，操办一些具体事务显得精明强干。内阁票拟，经常涉及一些刑名、钱粮之事，由于名姓繁多，头绪纷繁，许多辅臣都颇感头痛，他却了然于胸，很少出错。

# 一、会推阁臣事件与党争的再起

    明思宗在承继大统之前,对万历中期以来的党争多少有所耳闻,深知这种门户之争对朝政的深刻影响。他就帝位后,崇祯元年(1628)正月,御史罗元斌又上疏提出,"国家不得其理者,无实心任事之臣,则门户为之崇也",认为"当今之世,革道也,不惟革小人恣祸之阶,并宜革君子道长之名,不惟革借门户以锢人之弊,并宜革借门户以图报之端"。明思宗"嘉纳之"①。同月,明思宗在一道谕旨中明确表示,"分别门户,已非治征",要求群臣"化异为同","天下为公",精诚团结,共同致力于中兴之治②。崇祯二年(1629)三月,"钦定逆案"颁布后10天,户科给事中解学龙上疏弹劾蓟镇巡抚王应豸克饷激变。明思宗见疏中有王应豸系"魏党私人"等语,非常反感,批评道:"应豸克饷虐兵,罪在不赦,何必又引魏党所私!"③

    明末的党争有着深刻的社会根源。明朝建立之初,明太祖曾积极鼓励臣民谏诤,说:"臣不谏君,是不能尽臣职;君不受谏,是不能尽君道。臣有不幸,言不见听,而反受其责,是虽得罪于昏君,然有功于社稷人民也。"④当时有不少耿介正直之士,

---

① 《国榷》卷八九,崇祯元年正月庚辰,第5415页。
② 《崇祯长编》卷五,崇祯元年正月己丑。
③ 《崇祯长编》卷一九,崇祯二年三月辛巳。
④ 《明太祖实录》卷二九,洪武元年正月己卯。

遵照明太祖的谕旨,曾对他的某些错误决策提出谏净,甚至不惜为此献出宝贵的性命。此后,直言谏净便成为明代士子的一种传统。每当有昏庸的君主在位,就常有正直的大臣敢于冒杀身之祸犯颜直谏,要求革故鼎新。酒色财气俱全的明神宗亲政不久,懒于上朝而勤于搜刮,臣僚更是纷起谏净,并逐步发展成激烈的党争。以东林党人为一方的清流派,与以宣、昆、齐、楚、浙诸党为另一方的浊流派,围绕着一系列政治事件展开长期的争斗。前者多为敢言直谏的正直之士,他们要求重振清明之治,体恤民瘼;后者多为附顺明神宗旨意的邪恶之徒,他们处处看明神宗及其宠信之阁臣与宦官的眼色行事,以谋一己之私利。但东林党人过分依赖皇帝,热衷于宫廷斗争,结果导致愿望的落空而陷于失败。后来得到东林党人支持的明光宗继位,擢用东林党人入阁,为天启年间的"众正盈朝"创造了条件。天启朝的明熹宗却是一位昏庸的君主,继位不久,宦官势力迅速膨胀,齐、楚、浙诸党竞相投靠魏忠贤,组成阉党集团,把持朝政,东林党人随即遭到残暴的迫害和打击。明思宗继位之后,虽然铲除了阉党集团,并为遭到迫害的东林党人平反,但他未能将阉党集团一网打尽,东林党人势必要求继续清除阉党余孽,而阉党余孽又力图翻阉党之案,双方的斗争必将继续下去,这绝不是一纸禁令所能制止的。明思宗见不及此,未能抓住引发党争的症结,正确加以引导与解决,反而猜忌多疑、刚愎自用、不辨是非,提拔任用奸佞之徒,结果必然会导致党争的复炽。

明思宗刚继位时,为了稳住魏忠贤,对其安插的内阁辅臣未加触动。随着清除阉党工作的深入开展,多名与阉党有染的辅臣相继致仕,到崇祯元年(1628)十月,内阁只剩下周道登、李标、钱龙锡三名辅臣。天启四年(1624)被排挤出阁的韩爌虽已下诏召回,但尚未到位。明思宗决定乘机改组内阁,命吏部提出会推增补辅臣的候选名单。消息一传出,各派势力立即四出活动,力求进入会推名单,得到皇上的点用。

觊觎辅臣之职,活动最为积极的,首推周延儒。周延儒,字玉绳,常州府宜兴人,万历四十一年(1613)会试、殿试第一名,授翰林院修撰。天启年间,先后掌管过司经局、南京翰林院。明思宗即位后,被任为礼部右侍郎。他"性警敏,善伺意指"。

崇祯元年(1628)冬,锦州守军哗变,督师袁崇焕请求发给拖欠的军饷,明思宗召问诸大臣,皆请发内帑。当时国库空虚,只有内帑储积充盈。但周延儒揣摩皇上的心思是不想动用内帑,便上奏道:"关门昔防敌(指后金),今且防兵(指明军)。宁远哗,饷之,锦州哗,复饷之,各边且效尤。"明思宗问:"卿谓何如?"他答道:"事迫,不得不发。但当求经久之策。"明思宗连连点头,降旨切责诸臣。过了几天,召见周延儒询问有何经久之策,周延儒回答说:"饷莫如粟,山海粟不缺,缺银耳。何故哗?哗必有隐情,安知非骄弁构煽以胁崇焕耶?"[①]言外之意,应该揪出幕后挑唆煽动哗变的"骄弁",严加惩处,才能彻底加以平息。明思宗觉得他的眼光高于众臣,因此对他另眼看待。周延儒还极力巴结外戚、郑贵妃的侄子郑养性、明神宗的妹婿万炜和东厂头目唐文征以为内援,而且花费 8 万两银子买通内廷,排挤东林党人。他认为,自己既已被皇上看中,又有郑、万、唐的内援和内廷的支持,被列入会推名单是十拿九稳了。

另一个谋求辅臣职位的人物是钱谦益。钱谦益,字受之,号牧斋,苏州常熟人。万历三十八年(1610)举进士,授翰林院编修。他博学,工辞章,29 岁点中探花后,即结交叶向高以及孙承宗、高攀龙、杨涟、左光斗、周顺昌、黄道周、文震孟等东林名流,往来密切。后来东林名士纷纷遭到阉党迫害致死,他也遭到阉党的攻击而罢归,却声誉日隆,俨然东南一隅之东林首领。以他的资望与才学,被列入阁臣会推名单,应该说是最合乎情理的事。但钱谦益的同乡及门生、户科给事中瞿式耜看到明思宗高看周延儒,担心周若与自己的老师同列会推名单,可能会被皇上看中,而对老师不利,便极力阻止周延儒进入会推名单。当时的吏部尚书王永光是由于瞿式耜的推荐,于五月间由礼部尚书改任吏部尚书的,但因与阉党有染正杜门乞休,势在必去。御史梁子璠上疏,请求由吏部侍郎张凤翔代为主持枚卜(即会推之事)。瞿式耜上疏反对,主张仍由王永光主持此事,待事毕再听其离职,这个请求得到批

---

① 《明史》卷三〇八,《周延儒传》,第 7926 页。

准,他又私下叮嘱王永光:"摈延儒弗推,而列谦益第二。"①十一月初三,吏部提出一份会推名单,第一名为吏部左侍郎成基命,第二名是钱谦益,以下分别是郑以伟、李腾芳、孙慎行、何如宠、薛三省、盛以弘、罗喻义、王永光、曹于汴,共 11 名。礼部尚书温体仁和周延儒均未列入名单。周延儒大失所望,称"此番枚卜,皆谦益党把持"。明思宗阅视名单,未见到周延儒的名字,"遂入其说"②,怀疑是近臣结党营私。温体仁见状,便公开挑起党争。

温体仁,字长卿,湖州乌程人,万历二十六年(1598)举进士,累官至礼部侍郎,崇祯初年迁礼部尚书。他"为人外曲谨而中猛鸷,机深刺骨"。此次会推阁臣,温体仁作为礼部尚书,志在必得,但因资望不高,未被列入会推名单。他揣摩,皇上高看的周延儒亦未列入名单,必然生疑,便在十一月初五递上《直发盖世神奸疏》,攻击钱谦益"关节受贿,神奸结党,不当与阁臣选"③。所谓"关节受贿",指的是天启二年(1622)钱谦益以翰林院编修身份主持浙江乡试时发生的事件。当时,金保元和徐时敏两个奸人假冒钱谦益的名义,策划了一场科场舞弊案。他们采用科场常见的舞弊手段预捏字眼,假称关节,卖给应试的士子,约以中举后收取报酬。有个叫钱千秋的读书人,花了 2000 两银子,买到"一朝平步上青天"的七字关节。他将这七个字置于应试文章每个段落的末尾,考官据此判断这名士子已买了关节,便予录取。发榜时,钱千秋果然中试而成举人。钱谦益被蒙在鼓里,懵然不察,但金保元和徐时敏却因分赃不均,将此事抖了出来。浙党的韩敬当初与钱谦益同时参加殿试,因为巴结宫中的大太监,得了头名状元,钱谦益仅中第三名探花。后来,钱谦益在三年京察时,便借故将韩敬革职,从此两人结下深仇。韩敬听到钱谦益"关节受贿"的消息,立即派人到京都大肆宣扬,并联络礼科给事中顾其仁查阅试卷,寻找证据,具疏弹劾。恰好钱千秋已到北京参加会试,钱谦益一问果然属实,只好上疏检举金保元、徐时敏与钱千秋的舞弊行为。刑部审讯结案,三人"俱依律遣戍",后来

① 《明史》卷二八〇,《瞿式耜传》,第 7180 页。
② 《烈皇小识》卷二。
③ 《明史》卷三〇八,《温体仁传》,第 7931 页。

金保元、徐时敏两人瘐死狱中,钱千秋发东胜右卫所充军。钱谦益以"失于觉察"之罪"罚俸三个月"①了结。

温体仁之所以将七年前已经结案的"关节受贿"事件重新提起,目的是想将这次会推搅黄,阻止钱谦益入阁,由自己取而代之。明思宗既已听信周延儒关于此番枚卜都是钱谦益一党所把持的谗言,看过温体仁的奏章,更进一步加深对钱谦益的怀疑,第二天便召对内阁、五府、六部、都察院、通政司、大理寺大臣及翰林院记注官、科道掌印官、锦衣卫堂上官等,让温体仁与钱谦益当面对质。

对质在文华殿举行。明思宗先问温体仁:"卿参钱谦益受钱千秋贿,以'一朝平步上青天'为关节,结党欺君之罪,可是实的吗?"温体仁答:"字字都是实的。"又问:"疏中语'欲卿贰则卿贰''欲枚卜则枚卜',是怎么说?"答:"此番枚卜,都是钱谦益事体。不曾结(指钱千秋案未曾了结),不该起升,如何起升? 如今枚卜,不该推他在里面……"明思宗又问钱谦益:"温体仁参卿,可是真的吗?"钱谦益书生气十足,不是理直气壮地说此事早已结案,自己并未参与其中,只是犯了失察的过错,而是先自我批评一番,说:"臣才品卑下,学问荒疏,滥与会推之列,处非其据。温体仁参臣极当。但钱千秋之事关臣名节,不容不辩。臣于辛酉年(天启元年)典试浙中,与科臣暴谦贞矢公矢慎,一时号称得人,初不肯有钱千秋之事,臣到京方闻其事,当时具有疏参他勘问明白,现有案卷在刑部。"温体仁随即插话,说:"钱千秋逃了,徐时敏、金保元过付之人提到刑部,如何赖得过?"明思宗让刑部尚书乔允升作证,乔允升说:"此事在天启二年,臣三年才到刑部,现有卷案。"但温体仁一口咬定"钱千秋并不曾到官",意即并未结案。钱谦益则肯定"其实到官,岂敢欺皇上"。明思宗见他们各执一词,要在场的部臣、科道官奏明情况,吏部尚书王永光和吏科都给事中章允儒都证明已经结案。温体仁仍然坚持说:"钱千秋未曾到官,只是照提。"②明思宗于是命人将礼部卷子和刑部招稿(案犯供状)一并取来查验,自己则回到暖阁歇

---

① 《春明梦余录》卷二四,《内阁》二。

② 《春明梦余录》卷二四,《内阁》二。

息。

歇息片刻,明思宗回到殿中,问温体仁:"卿参'神奸结党',奸党是谁?"温体仁先是答:"谦益党甚多,不敢尽言。"①接着,又指责主持枚卜的吏部官员和科道官与钱谦益结党,继而又说为钱谦益辩解的辅臣也是钱谦益的同党。吏科都给事中章允儒气愤地反驳说:"从来小人陷害君子,皆以'党'之一字。昔魏广微欲逐赵南星、杨涟等于会推疏,使魏忠贤加一'党'字,尽行削夺,留传至今,为小人害君子榜样。"②明思宗一听,认为这句话等于将他这位皇上比作魏忠贤,勃然大怒,喝令锦衣卫把章允儒逐出文华殿。

文华殿的气氛顿时紧张起来,温体仁又火上浇油,指责吏部尚书王永光操控此番枚卜。明思宗问王永光:"朕传旨枚卜大典,会推要公,如何推这等人,是公不是公?"王永光回奏:"从公会推,至于结党,臣实不知。"参与会推的河南道掌道御史房可壮也说:"臣等多是公议。"明思宗指斥道:"推这等人,还说公议。"他要在场的大臣表态,辅臣李标、钱龙锡说:"(科场)关节实与钱谦益无干。"温体仁立即奏曰:"分明满朝俱是谦益一党,臣受四朝知遇,忠愤所激,不容不言,关节是真,若不受贿,如何得中?"李标、钱龙锡等一听温体仁把他们都说成钱谦益一党,回答说:"(钱千秋之事)前次招问明白。"不料,正在气头上的明思宗却说:"招也闪烁,不可凭据。"一直未曾吭声的周延儒即出班随和,配合温体仁表演一场双簧。他说:"钱千秋一案,关节是真,现有招案朱卷,已经御览详明,关节已有的据,不必又问诸臣。"明思宗又诘问诸臣:"九卿科道会推,便推这样人,就是会议,今后要公,若会议不公,不如不会议,卿等如何不奏?"周延儒顺竿往上爬,进一步奏曰:"大凡会议公推,皇上明旨,下九卿科道,以为极公,不知外廷只沿故套,只是一二个人把持定了,诸臣都不敢言,就开口也不行,徒言出祸随。"明思宗放眼望去,问明职名,知是周延儒,点头称赞说:"只有这官奏了几句。"③温体仁见周延儒受到表扬,也使出以退为

①《崇祯长编》卷一五,崇祯元年十一月癸亥。
②《烈皇小识》卷二。
③《春明梦余录》卷二四,《内阁》二;《烈皇小识》卷二。

进的伎俩,谦恭地奏曰:"臣子身孤立,满朝都是谦益之党。臣疏既出,不惟谦益恨臣,凡谦益之党,无不恨臣,臣一身岂能当众怒? 臣叨九列(卿)之末,不忍见上焦劳于上,诸臣皆不以戒慎为念,不得不参。恳乞皇上罢臣归里,以避凶锋。"明思宗忙加挽留:"既为国劾奸,何必求去!"最后,明思宗宣布:"钱谦益既有议论,著回籍听勘,钱千秋法司提问。"[①]会推暂时停止。

事后,对钱谦益"关节受贿"案重新进行审理,仍然查无实据,表明温体仁的指控是别有用心的。廷臣愤愤不平,纷纷上疏弹劾温体仁。江西道御史毛九华还上疏,揭发温体仁居家时曾抑买商人木材,被商人告到官府,他向崔呈秀行贿,才免于被追究。阉党分子在杭州为魏忠贤建造生祠,温体仁还写诗为魏忠贤歌功颂德。明思宗看过这份奏疏,要毛九华讲讲具体情况。毛九华再奏,说自己入京途中曾在文安县的书店买到一本有温体仁媚珰内容的诗册。据这个诗册的记载,阉党的亲信在杭州为魏忠贤建祠迎像时,温体仁父子曾匍匐前驱,赋诗赞颂,诗中有"衮衣""朱雀""宫殿"之类僭拟不伦的字句,并特地刊刻绘画,呈送给魏忠贤。毛九华的奏章还说,他在抵京后,又得知温体仁在原籍乌程县,曾用500两银子强买商人价值3000两银子的木材,商人向东厂投诉,温体仁向崔呈秀行贿,才免于被追究。接着,贵州御史任赞化也上疏,揭发温体仁娶娼妓倪瑞为妾,纵容其父倪四从事海上走私贸易,被推官毛士龙擒获。温体仁怕连累自己,又贿赂狱卒,杀掉倪四灭口。

温体仁见言官弹劾他的奏疏如雪片似的纷至沓来,坐立不安。他急忙上疏求罢,因言"比为谦益故,排击臣者百出。而无一人左袒臣,臣孤立可见"[②],表明自己确实无党,同时请求与毛九华当面对质。当时明思宗正忙于钦定逆案,无暇顾及。待到钦定逆案的谕旨发布后,才于崇祯二年(1629)正月二十六日在文华殿召对内阁、五府、六部及科道诸大臣,让温体仁与毛九华、任赞化等言官当面对质。

这次对质,明思宗采取袒护温体仁的态度,让他首先发言。温体仁鼓动如簧之

---

① 《烈皇小识》卷二。
② 《明史》卷三〇八。

舌,抢先发动进攻。他说:"臣若有媚珰祠诗,必以手书为赘,万无木刻之理;既系刻本,必流传广布,何以两年来绝无人论及? 且此册何不发于籍及逆珰之时,而得于九华之手? 乞皇下敕该部,严究所刻之人,此诗从何得来,则真伪立见。若但以刻本为据,则刻匠遍满都城,以钱谦益之力,何所不假捏?"明思宗竟认为他说得有理,问毛九华:"此册从何而来?"毛九华答说:"八月买自途间。"再问:"八月买的,何以到今才发?"答曰:"臣十月考选。"意即他十月考选,十一月才到任,不敢造次具疏。温体仁却说:"臣参钱谦益在十一月,九华参臣在十二月;九华既得此册,何以不急具疏特纠册中媚珰诸人,而但于条陈疏末,单指臣名? 种种真情,已自毕露。"①意思是,毛九华十月已考选,得到媚珰祠诗册,不具疏揭发,待我十一月疏参钱谦益,他便在十二月具疏参劾我,说明他是钱谦益的同党,参我是对我参钱谦益的报复。

接着,明思宗转换话题,询问毛九华疏中所说温体仁压价强买商人木材的事,温体仁矢口否认,说:"臣未尝买木头。若是臣强骗商人之木,何不鸣之抚按? 此事乃无端诬臣。"毛九华奏:"此事不在抚按,彼时按抚若能代商人伸冤,他如何向魏忠贤来?"温体仁又说:"商人若告在东厂者,尤易查。且年来诸臣搜索珰党不遗余力,臣若有此事,岂有两三年之内独宽臣一人?"②明思宗见毛、温相持不下,让辅臣表态,不久前刚刚到任的辅臣韩爌,对皇上的重新起用心怀感激,便揣摩皇上的心思,替明思宗说出想说而又不便说的话:"温体仁平日硁硁自守,亦是有品望的,但因参论枚卜一疏,愤激过当,致犯众怒,所以诸臣攻他。"温体仁听罢,又说了一堆毛九华是钱谦益同党的话。明思宗竟点头说道:"温体仁也辩得是。"③完全肯定了温体仁对毛九华的答辩。

而后话题转到任赞化的奏疏的对质上。对质之前,明思宗先对辅臣说:"言官言事,自有大体。这是何等话,如何在朕前亵言渎奏?"这话是针对任赞化揭发温体仁娶娼为妾之事而说的,认为娶娼为妾有违大体,言官不应在奏疏中提到这种事。

---

① 《烈皇小识》卷二。

② 《烈皇小识》卷二。

③ 《崇祯长编》卷一七,崇祯二年正月壬午。

他的这句话实质上就否定了任赞化的奏疏,为此案定了调子。韩爌、李标、钱龙锡等辅臣急忙出面为其说情,说他作为言官,以言为职,不识避忌,望圣慈包容,既宽赞化,亦以安体仁。明思宗接着就责问任赞化:"毛九华参论温体仁一诗,尚且不真,你如何又参他许多无根之言,且以亵言在朕前渎奏?"任赞化只得认罪:"臣一时偶失简(检)点,出言粗率,臣有罪。但臣疏中所论事体,皆臣采访,十分的确,才敢入告。"明思宗问温体仁:"卿怎么说?"温体仁坚决否认娶娼之事,说:"臣从无此女(指娼妓),与海宁陈与郊结儿女姻家,此一查可明也。"任赞化说:"体仁是浙江人,臣是山西人,如何晓得陈与郊名字? 此事长安万口喧传,臣始知之。"明思宗听出他话中的破绽,问道:"你先说采访的确,如何又说传闻?"任赞化辩解道:"闻言入告,臣之职掌。皇上只下九卿科道会勘,如一言不实,臣甘罪。"明思宗厉声喝道:"朕自有鉴裁,你如何敢渎奏!"①在明思宗的袒护之下,这场对质又以温体仁的胜利而告终。

傍晚时分,殿内点亮明灯,召对继续进行。明思宗与辅臣谈了北方的防御问题后,又谈起当天的对质问题,对辅臣韩爌表达了他对言官弹劾温体仁的不满,但他忘了掀起这场争论的恰恰是他支持的温体仁,而给对手扣上结党大帽子的恰恰也是温体仁!

这场对质结束后,明思宗下令逮捕钱千秋,命三法司再审。刑部动用种种酷刑,但钱千秋的供词与原先毫无二致,温体仁指控三法司官员"欺罔",狱词尽出钱谦益之手。参与会审的三法司官员纷纷上疏,指出审理钱千秋时,有几千人在场观听,绝不是一只手、一张嘴能够掩盖得了的。但明思宗还是将钱谦益革职闲住,而钱千秋经不起酷刑死在狱中。

---

① 《崇祯长编》卷一七,崇祯二年正月壬午。

## 二、周延儒与温体仁的得宠及其互相倾轧

　　周延儒、温体仁攻讦钱谦益之时,图谋翻逆党之案的阉党余孽嗅出其背后带有攻击东林党人的味道,看到了实现其梦想的希望。为人阴鸷溪刻、不学少文的刑科给事中薛国观,此前曾投靠魏忠贤,生怕清算逆案时遭到整肃,便转而投靠温体仁。崇祯二年(1629)二月初一,他上疏力诋吏科给事中沈惟炳、兵科给事中许誉卿与户科给事中瞿式耜三人操纵枚卜大典,是"东林主盟,结党乱政"①。周延儒、温体仁从薛国观的行动中,看到力图翻案的阉党分子与东林党人有着不共戴天之仇,是一股可以利用的力量,便大力拉拢与勾结漏网甚至丽名逆案的阉党分子;阉党分子也从薛国观身上看到希望之所在,纷纷投靠周延儒和温体仁。两股势力迅速合流,联手打击东林党人,党争因此便愈演愈烈。

　　东林党的重要人物钱龙锡,在崇祯初年定逆案时曾参与主持工作,阉党分子恨之入骨,周延儒、温体仁决定首先拿他开刀。最先跳出来攻击钱龙锡的,是因勾结阉党而被革职、后由吏部尚书王永光起用的江西道御史高捷。崇祯二年十月,后金分兵三路入犯。十二月初一,明思宗误中后金反间计,将袁崇焕逮捕下狱,十六日高捷即上疏,诬告钱龙锡曾向袁崇焕"发纵指示",毛文龙之死系"崇焕劲提刀之力,

---

　　① 《崇祯长编》卷一八,崇祯二年二月丁亥。

龙锡发推刀之谋",对此人绝不可"宽斧钺之诛"①。钱龙锡上疏说明他同袁崇焕交往的过程,提请罢黜,明思宗下旨慰留。高捷再次上疏力攻钱龙锡,明思宗的态度有所动摇,钱龙锡只得再一次上疏申辩,并向皇上引疾辞官。

钱龙锡辞官归里,阉党分子拟乘机大翻逆党之案。崇祯三年(1630)二月,漏网的阉党分子、吏部尚书王永光在会推天津巡抚的人选时,故意将丽名逆案的王之臣排在六位候选人的头名。周延儒觉得王永光操之过急,欲速则不达,只得对皇上说:"若之臣可用,诸在逆案者皆当赐环,而忠贤、呈秀亦将昭雪矣!"②明思宗恍然大悟,遂点用排在会推名单第四位的翟凤翀为天津巡抚。

阉党分子仍不死心。从崇祯三年正月至二月,参与审定逆案的内阁首辅韩爌、左都御史曹于汴都因遭到弹劾而辞官,继为首辅的李标也因皇上深疑臣下结党,于三月间连续上疏乞休而去。王永光与名列逆案的兵部侍郎吕纯如又蠢蠢欲动。吕纯如在天启七年(1627)曾与太监刘兴、赵秉彝护送明神宗第六子惠王就藩荆州,对随行太监极尽揄扬褒美之能事,回京复命又大拍魏忠贤的马屁。此时他在王永光的纵容下,公然上疏为自己翻案,说他的护送惠王复命疏"未尝归美厂臣(魏忠贤之自称),不当列于逆案之内"。言官因慑于王永光的威势,都不敢吭声。明思宗的老师、日讲官文震孟挺身而出,向明思宗进言,说现今敌骑刚刚撤退,"群小合谋,必欲借边才以翻逆案","愿皇上剖晰是非,辨别邪正"③。并揭发吕纯如"平生无耻,惨杀名贤"的罪行及王永光"身为六卿之长,犹蒙皇上眷注,而假窃威福,擅行私臆"之罪状。明思宗要他一一据实奏明。文震孟又上疏逐一奏明,并揭发吕纯如家居时"每语人曰'冢宰(指王永光)不去,此案必翻'","而永光与一二私人聚族而谋者,日夜以打破逆案,汲引群凶为第一义"④,点明王永光等人阴谋活动的要害是为逆案翻案。明思宗虽然没能听进去,但吕纯如等人的翻案活动也未能得逞。

---

① 《崇祯长编》卷二九,崇祯二年十二月乙卯。
② 《烈皇小识》卷二。
③ 《烈皇小识》卷二。
④ 《崇祯长编》卷三四,崇祯三年五月癸卯。

　　王永光等阉党分子见一计不成，便转而对袁崇焕落井下石，借以兴起大狱，以牵连钱龙锡。崇祯三年(1630)八月初六，因勾结阉党而遭革职后由王永光重新起用的山东道御史史𡎐，上疏诬告已辞官归里的钱龙锡是袁崇焕诛杀毛文龙、与后金议和的主谋，并说钱龙锡接受过袁崇焕数万两银子的贿赂，存放在姻亲徐本高家里。明思宗大为震怒，令有关部门于五日内查明。锦衣卫掌印官刘侨就斩帅、议和两件事再次提审袁崇焕，然后呈上审讯报告，说毛文龙之事，钱龙锡和兵部尚书王洽当时只是用书信问过袁崇焕准备如何处理，系袁专断杀之；与后金议和之事，袁崇焕多次写信向王洽和钱龙锡征求意见，王、钱均未准许。但是，明思宗还是下令处决袁崇焕，谴责钱龙锡"私结边臣，蒙隐不举，令廷臣议罪"①。九月初三，六部、都察院、通政司、大理寺和科道官共60余人，在中军都督府衙署举行部议，结论大略谓"斩帅虽龙锡启其端，而两次书词有'处得妥当''处得停当'之言，意不专在诛戮可知，则杀之自属崇焕过举。至讲款，倡自崇焕。龙锡虽不敢担承，而始则答以'在汝边臣酌量为之'，继则答以'皇上神武，不宜讲款'。总之，两事皆自为商量，自为行止。龙锡以辅弼大臣，事关疆场安危，不能抗疏发奸，何所逃罪，但人在八议，宽严当断之宸衷耳"②。意即钱龙锡对斩杀毛文龙不负任何责任，至于议和，虽为袁崇焕首倡，钱龙锡不能抗疏发奸，罪责难逃。不过钱龙锡属于《大明律》中规定的享有减刑、免刑的"八议"范围，如何处刑，当断之于皇上。明思宗看过审议报告，剥夺了钱龙锡的"八议"特权，降旨令锦衣卫将其逮捕。

　　明思宗对钱龙锡的态度，更助长群小的嚣张气焰。工部主事李逢申、锦衣卫金书都指挥使张道浚与工部主事陆澄源接连上疏，弹劾继李标之后出任首辅的东林党人成基命，迫使他连上三疏，辞官归里。张道浚还连带攻击文震孟等人的"诬枉奸欺"之罪。文震孟上疏答辩，指出"张道浚未谙文义，谬析臣疏，代人报复"③，暗指其背后有人操纵。

---

　①　《明史》卷二五一，《钱龙锡传》，第6486页。

　②　《崇祯长编》卷三八，崇祯三年九月己卯。

　③　《烈皇小识》卷二。

在这样一派乌烟瘴气的氛围之中,钱龙锡于十二月被从松江华亭(今属上海)的家中逮至京师,下到锦衣卫的诏狱。他在狱中上疏,就杀帅、议和之事进行自辩,并附上袁崇焕以前写给他的书信和他答复的原稿,以作佐证。明思宗阅后,还是一口咬定"其事已有迹",命他"静听部议"①。

丽名逆案的群小再次受到鼓舞。他们暗中谋划,觉得既然皇上不许公开翻逆案,那么能否由袁崇焕牵连钱龙锡,再由钱龙锡牵连到一批东林党人,然后诬陷袁为逆首,钱为逆党,另立一个逆案,与先前的逆案相抵呢? 谋划确定后,决定由兵部挑头发难。但兵部尚书梁廷栋未敢贸然行事,结果使阴谋胎死腹中。

对钱龙锡究竟如何处理,部议的结果是对其实行"大辟"即死刑,且决不待时。经黄道周的上疏论救,明思宗降旨将死刑改为长期关押。崇祯四年(1631)五月,久旱无雨,刑部尚书胡应台,给事中刘斯琜分别上疏请求宽宥钱龙锡,明思宗下旨再审,最后下令释放,谪戍定海卫(今浙江舟山)。他在定海卫待了12年,直到明思宗上吊自杀,南明的弘光政权在南京成立,右金都御史祁彪佳向弘光帝申冤,才得以无罪恢复原官,回归故里。

钱谦益案与钱龙锡案的最大得益者是周延儒与温体仁。钱谦益案结束后,明思宗即于崇祯二年(1629)三月的一天午后,在文华殿单独召见周延儒,密谈至深夜。言官猜测皇上因钱谦益案而暂停会推阁臣,此番单独召见周延儒,可能是想让他入阁辅政,便纷纷上疏纠弹周延儒的劣迹秽行,借以阻遏他的入阁。明思宗一概不予理睬。到十二月,趁钱龙锡引疾辞职之机,突然下达特旨,授周延儒为礼部尚书兼东阁大学士,入参机务。崇祯三年(1630)二月加太子太保,改为文渊阁大学士。周延儒为扩大自己的势力,推荐姻亲吴宗达和温体仁入阁。明思宗认为温体仁孤立无党,朴忠可用,于六月间命他与吴宗达以原官兼东阁大学士,入阁办事。接着,周延儒、温体仁又唆使锦衣卫金书张道浚、工部主事陆澄源攻讦继李标为首辅的成基命,迫使他于九月辞官而去,周延儒遂一跃而为内阁首辅,明思宗赐少保

① 《崇祯长编》卷四一,崇祯三年十二月戊申。

衔,改为武英殿大学士。

为内忧外患所困扰的明思宗,擢用周延儒和温体仁,自然是希望他们能助自己一臂之力,挽狂澜于将倒,实现中兴之治。但是,周延儒和温体仁并不把国家民族和王朝的命运放在心上。在当时的众多社会矛盾中,阶级矛盾是主要的社会矛盾。正是阶级矛盾的尖锐,导致了明末农民战争的爆发,构成对明王朝统治的最大威胁。但是就在广大农民已经极端贫困的状况下,崇祯三年(1630)秋,兵部尚书梁廷栋因军饷不足,请求再增田赋,说"今日民穷之故,惟在官贪。使贪风不除,即不加派,民怨苦自若。使贪风一息,即再加派,民欢忻亦自若"。明思宗下令部议。户部尚书毕自严阿顺梁廷栋之意,"即言今日之策,无逾加赋,请亩加九厘之外,再增三厘"①,加征辽饷165万余两。作为首辅的周延儒和辅臣温体仁当然明白,百姓的穷困并不仅仅是官吏贪贿一个原因,何况梁廷栋在没有提出解决官贪的有效对策之前,即遽然加派辽饷,必然使本已愁苦不堪的百姓陷入更加愁苦的困境而怨恨和反抗,使阶级矛盾更加激化,但他们都默不作声,不曾表示反对。明思宗竟将他在即位诏书中所许诺的要设法解决"民艰"的诺言抛诸脑后,在当年十二月批准实行辽饷的加征,从崇祯四年(1631)起,每年的辽饷田赋部分数达667.9万余两②,如果加上辽饷中的杂项如盐课、关税等,辽饷的总数则高达1029.9万余两③,结果是"海内并咨怨"④。

周延儒与温体仁根本不顾国家民族和王朝的命运,整天想的是如何谋取一己之私利。周延儒当上首辅之后,大权在握,肆无忌惮。"(崇祯)四年春,延儒姻娅陈于泰廷对第一,及所用大同巡抚张廷拱、登莱巡抚孙元化皆有私,时论籍籍。其子弟家人暴邑中,邑民热其庐,发其先垄,为言官所纠。兄素儒冒锦衣籍,授千户,又

① 《明史》卷二五七,《梁廷栋传》,第6627页。
② 《崇祯长编》卷三八,崇祯三年九月庚子;[明]毕自严:《度支奏议》新饷司十三,《初复加派事宜疏》,清刻本。
③ 转引自郭松义《明末三饷加派》,《明史研究论丛》第三辑,江苏人民出版社1983年版,第226页。
④ 《明史》卷二五七,《梁廷栋传》,第6628页。

用家人周文郁为副总兵,益为言者所诋。"①

温体仁入阁比周延儒晚,资历也较周延儒浅,只能屈居其下。他表面上对周延儒毕恭毕敬,极尽谄媚,暗中却打着取而代之的算盘。为此,他一面对明思宗务为柔佞,以讨其欢心,一面则加紧拉帮结派,培植自己的势力。崇祯四年三月,吏部尚书王永光被罢官后,他即用自己的同乡亲信闵洪学顶替王,此后凡异己者皆令闵洪学以部议之名论罢,并起用想翻逆案之御史史䔺、高捷、侍郎唐世济及副都御史张捷等,以为心腹。双方的矛盾,很快就发展为公开的冲突。

崇祯四年(1631)春季的会试,按照惯例,一般应由次辅温体仁主持。周延儒看到这是收揽名儒作为自己的门生、扩大自己势力的好机会,于是不顾公务繁忙,亲自出面主持会试。结果,将自己的连襟陈于泰列为殿试第一名状元,自己老友吴禹玉之子吴伟业列为会试第一名会元,名士张溥、夏日瑚等人也同时中了进士。温体仁对周延儒越例以首辅的身份担任主考官本就十分不满,他的党羽薛国观又打探到周延儒主考时的违规行为,便准备向其发难。据说周延儒曾事先嘱咐各分房考官在呈卷之前,偷看密封的号码,从中舞弊,吴伟业的本房考官李明睿就是受周延儒的指使,把吴伟业的试卷放在最前面,让评卷官员首先看到。薛国观便将这些情节透露出来,闹得舆论哗然。御史正拟上疏进行弹劾,老奸巨猾的周延儒抢先一步,将吴伟业的卷子呈给明思宗御览。皇上阅后,批了"正大博雅,足式诡靡"②八个字,表示赞赏。既然明思宗已表态,人们不好再说什么,此事便不了了之。

至闰十一月,周延儒贪污受贿、家人横暴的种种劣迹逐渐暴露,陕西道御史余应桂、山西道试御史卫景瑗等纷纷上疏弹劾。至崇祯五年(1632)二月,毛文龙旧部孔有德、耿仲明在登州发动叛乱,俘虏登莱巡抚孙元化,舆论更是哗然,人们一致把矛头指向重用孙元化的周延儒,认为促使孔有德等叛乱的罪魁祸首是周延儒。周延儒一再为自己辩白,甚至假惺惺地请求辞职。明思宗虽然下旨挽留,但对他的宠

① 《明史》卷三〇八,《周延儒传》,第7927页。
② [清]陆世仪:《复社纪略》卷二,国粹丛书本。

信已经开始动摇。温体仁正暗中组织力量,准备给予致命一击。周延儒却指使其亲信、兵部员外郎华允诚于六月间上疏,攻击吏部尚书闵洪学朋比为奸,驱除异己,说:"我朝罢丞相,以用人之权归之吏部,阁臣不得侵焉。今次辅体仁与冢臣洪学,同邑朋比,惟异己之驱除,阁臣兼操吏部之权,吏部惟阿阁臣之意,造门请命,夜以为常。"明思宗阅后觉得华允诚胆子太大,诘问他受何人指使,华允诚再疏,说:"体仁生平,绣臂涂颜,廉隅扫地。陛下排众议而用之,以其悻直寡谐,岂知包藏祸心,阴肆其毒。又有如洪学者,为之羽翼,遍植私人,戕尽善类,无人敢犯其锋者,臣复受何人指使?"明思宗原以为温体仁纯忠亮节,遂摘疏中"握定机关"之语,再令陈状。华允诚复上疏陈言:"二人朋比,举朝共知。"并列举具体事实以证之。明思宗由是隐约感觉到温体仁与闵洪学两人既为同乡,恐怕不能免除朋党之嫌,于是下令"夺允诚俸半年,而洪学亦旋罢去"①。这等于给两边各打五十大板,想借此止住双方的争斗。

但是,温体仁与周延儒的争斗并未因此而止息。崇祯六年(1633)正月,周延儒的连襟、翰林院修撰陈于泰借疏陈时弊之机,影射攻击温体仁。温体仁则指使宣府监军太监王坤疏劾陈于泰盗窃科名,牵连到周延儒。周延儒上疏乞请辞官,未获允准。二月,他即指使给事中傅朝佑上疏,说太监不当弹劾首辅,蔑视朝廷,怀疑其背后有邪恶奸人指使。吏部尚书李长庚率同列上言:"陛下博览古今,曾见有内臣参论辅臣者否?自今以后,廷臣拱手屏息,岂盛朝所宜有。臣等溺职,祈立赐谴黜,终不忍开内臣轻议朝政之端,流祸无穷,为万世口实。"②左副都御史王志道也写了一个慷慨激昂的奏疏,抨击内臣的越职行为。遣用宦官原是明思宗的主意,见到弹劾宦官的奏疏自然大为恼火。他又在文华殿召见廷臣,对王志道说:"遣用内臣,原非得已。朕言甚明,何议论之烦也。"王志道答曰:"王坤参及辅臣,故举朝皇皇,为纪纲法度之忧。"明思宗还是坚持:"朕见廷臣于国家大计不之言,因内臣在镇,未便作

① 《明史》卷二五八,《华允诚传》,第6649—6650页。
② 《明史》卷二五六,《李长庚传》,第6613—6614页。

弊,故举王坤疏挟制朝廷,诚奸巧也。且文武各臣,朕未尝不用,因其蒙徇,勉用内臣耳。"①周延儒一看苗头不对,赶忙打圆场,说王志道之疏并非专论内臣,实际上是谴责臣等失职。明思宗火气渐消,令王志道退出文华殿;第二天,下令将王志道革职为民,并对周延儒说:"卿昨辩王坤疏,日后录入史书,甚是好看!"②

温体仁见扳倒周延儒的时机已经成熟,便唆使刑科给事中陈赞化于三月间递上一疏,说他的同乡湖广副使张凤翼在崇祯四年(1631)夏曾对他提起一件事:有一年内阁收到一个将狱囚提出行刑的奏稿,明思宗也表示同意,但周延儒将原疏封还,皇上又同意停刑。周延儒即令武弁李元功去找那个狱囚,说停刑是周延儒的功劳,向他索要酬金。事后,周延儒还扬扬得意对辅臣李标说:"上先允放,余封还原疏,上遂改留,余有回天之力!看来今上是羲皇上人。"③所谓"羲皇上人",是指传说中的伏羲时代的太古之人,讥讽不识时势、脱离实际之人。把当朝皇上称为羲皇上人,为大不敬之罪。明思宗大为震怒,下令将李元功逮入诏狱,并穷诘陈赞化疏中揭露周延儒所说的话是从哪里听来的。陈赞化说得之上林典簿姚孙渠、给事中李世祺,而副使张凤翼还曾对他复述过。明思宗更是怒不可遏。锦衣卫统帅王世盛对李元功严刑拷打,李元功死不认账。明思宗将王世盛连降五级,令其加强审讯。周延儒向温体仁求救,温体仁不仅不予回应,还暗中将同周延儒关系密切的官员罢黜殆尽。周延儒四面楚歌,被迫于崇祯六年(1633)六月引疾乞归。温体仁当即代皇上拟旨准其归里。

周延儒在与温体仁的倾轧中落马,眼看温体仁就要接替其首辅之职,心有不甘。他知道温体仁人品不行,廷臣都不愿让这种小人当政,便怂恿他们劝皇上重新起用同自己一起入阁、不久致仕的何如宠。何如宠昔日在内阁中的地位高于温体仁,如果被重新召回,温体仁升任首辅之路将被堵死。明思宗觉得何如宠操行恬雅,与物无竞,无党无派,是个可用之人,果然下诏命其从速进京。何如宠当年在内

---

① 《国榷》卷九二,崇祯六年二月庚午,第5603页。

② [清]杨士聪:《玉堂荟记》,清刻本;《崇祯实录》卷六,崇祯六年六月庚辰。

③ 《国榷》卷九二,崇祯六年三月辛亥,第5606页;《烈皇小识》卷三。

阁任职仅一年半,接到诏令,不禁回忆起当年辞职的情景:崇祯四年(1631)春,周延儒越例主持会试,让他充当副手。事后温体仁借机大加攻击,他连上九疏乞休,总算躲过了一劫。回到安庆桐城老家后,他曾向明思宗递上一疏"请时观《通鉴》,察古今理乱忠佞"①,实际上是劝皇上提防温体仁这种小人。如今皇上要他返朝复职,自己哪是温体仁的对手? 于是赶紧上疏辞谢。但在皇上没有允准之前,他还得启程赴京。途中走走歇歇,尽量拖延时间,并多次上疏引疾推辞,希望能得到批准。见何如宠迟迟未能到京,刑科给事中黄绍杰对明思宗指出:"君子小人不并立,如宠瞻顾不前,则体仁宜思自处!"②言外之意是,温体仁应该主动辞官。明思宗觉得他太过放肆,把他降调外任。但何如宠坚决不入京,并递上第六个请辞的奏疏。既然无人肯出任首辅之职,温体仁也就如愿以偿地升任首辅了。

① 《明史》卷二五一,《何如宠传》,第 6491 页。
② 《明史》卷三〇八,《温体仁传》,第 7935 页。

# 三、温体仁的走红与垮台

　　温体仁如愿以偿地当上内阁首辅之后，照样不把心思放到国家社稷的安危上面。当时农民起义的烈火越烧越旺，后金的袭扰越来越频繁，百姓困苦不堪，他不曾提出任何有效的对策，整天想的就是如何结宠于上，保住自己的权位。

　　温体仁善于揣测上意。经过多年的窥探与观察，他深知年轻的明思宗喜听顺耳之谀词，厌听逆耳的忠言，便使尽一切手段，对其巴结逢迎，讨其欢心。平时他对皇上表现得十分谦恭，一再表示："臣夙以文章待罪禁林，上不知其驽下，擢至此位。盗贼日益众，诚万死不足塞责，顾臣愚无知，但以票拟勿欺耳。"有人批评他善窥帝意，他巧辩说："臣票拟多未中窾要，每经御笔批改，颂服将顺不暇，讵能窥上旨？"① 明思宗决定要办的事，他明知不对，也从不提出异议，而是照办不误。崇祯十年（1637），兵部尚书杨嗣昌为了镇压日益高涨的农民起义，建议在辽饷之外，加派剿饷，每亩加征 6 合，每石折银 8 钱，共计加征 280 万两。温体仁心里清楚，这项加派的施行，势必将本已十分困苦的百姓推向更加水深火热的深渊，使起义的烈火烧得更加旺盛。但他作为首辅，却未表示异议，最后由明思宗于四月下诏施行。他也因此给明思宗留下很好的印象，认为他孤立无党，朴忠可靠。

---

① 《明史》卷三〇八，《温体仁传》，第 7935 页。

温体仁目光短浅,没有什么经天纬地之大才干,但为人机敏,有点小聪明,又工于心计,操办一些具体事务显得精明强干。内阁票拟,经常涉及一些刑名、钱粮之事,由于名姓繁多,头绪纷繁,许多辅臣颇感头痛,他却了然于胸,很少出错。"其所引与同列者,皆庸材,苟以充位"①,更衬托出他的鹤立鸡群,而博得皇上的欣赏。为了提防政敌的攻击,温体仁在当时贪风炽盛的官场,从不公开接受贿赂,"苞苴不入门",又给人留下廉洁自持的印象。此外,温体仁虽忮刻专横,却又藏机极深,"所欲推荐,阴令人发端,己承其后。欲排陷,故为宽假,中上所忌,激使自怒,帝往往为之移,初未尝有迹"②,从而又为自己树立一个公正无私的形象。故而明思宗对他另眼相看,宠信有加。

温体仁之所以能扳倒周延儒,而爬上首辅之位,在很大程度上要归功于漏网的与丽名逆案的阉党分子的助力。为了酬谢阉党分子,也为了壮大自己势力,他当上首辅后,就一直在寻找机会试图推翻钦定的逆案。崇祯七年(1634)八月十一日,他用计挤掉与己不和的吏部尚书李长庚,由自己的亲信、漏网阉党分子、吏部左侍郎张捷主持部务。都察院左都御史张延登随李长庚去职,明思宗遂下令府部、九卿及科道推举堪任吏部尚书和都察院左都御史的人选,温体仁便唆使张捷推举兵部尚书吕纯如作为吏部尚书的候选人,试图为推翻逆案打开一个缺口。但明思宗坚决予以否定,批驳道:"吕纯如是钦案有名的,张捷如何举他?"③诸臣也"以纯如列逆案不可"④。但温体仁仍不死心,又指使其亲信、新任左都御史唐世济举荐逆案中人霍维华,因遭群臣的反对,不仅霍维华未能重新上台,连唐世济本人也被迫辞职归里。此后,温体仁不敢起用逆案中人,但也因此更加仇恨不肯附和自己的廷臣。

温体仁是万历末年与东林党对立的浙党首领沈一贯的门人,受其座师的影响,从骨子里仇视东林党,在钱谦益、钱龙锡案中力攻东林党人。他当上首辅后,更是

① 《明史》卷三〇八,《温体仁传》,第 7935 页。
② 《明史》卷三〇八,《温体仁传》,第 7933 页。
③ 《烈皇小识》卷三。
④ 《崇祯实录》卷七,崇祯七年八月甲戌。

利用职权极力打击东林党及与之关系较为密切的廷臣。日讲官姚希孟是东林党人文震孟的外甥、韩爌的门生,素为东林党人所推重。韩爌主定逆案,参考了他的不少意见。华允诚疏劾温体仁,温体仁怀疑是受姚希孟指使。他借口姚希孟与谕德姚明恭在崇祯三年(1630)主持顺天乡试时发生两名武生冒籍中举的事件,将已迁任詹事的姚希孟连降二级,调往南京去掌翰林院事。东林党人罗喻义当日讲官,进讲《尚书》,撰写《布昭圣武讲义》,联系实际,有"左右之者不得其人"之语,内阁审读讲义,温体仁不悦,使正学官转告罗喻义进行修改。罗喻义又来到内阁,隔着屏风讥讽温体仁。温体仁向明思宗告状,上言:"故事,惟经筵进规,多于正讲,日讲则正多规少。今喻义以日讲而用经筵之制,及令删改,反遭其侮,惟圣明裁察。"明思宗令下部议。罗喻义反驳说:"讲官于正文外旁及时事,亦旧制也。臣展转敷陈,冀少有裨益。体仁删去,臣诚恐愚忠不获上达,致忤辅臣。今稿草具在,望圣明省览。"①温体仁还是指使吏部将罗喻义革职闲住。

崇祯八年(1635)六月,明思宗为开创新局面,趁温体仁因遭言官的弹劾称病休假的机会,举行代皇上起草谕旨的票拟考试,试图从中选拔新的辅臣。詹事府少詹事文震孟因屡次受到温体仁的讽刺、压制而闷闷不乐,称病在家,没有参加考试。过了几天,明思宗却做出决定,将未参加考试的文震孟和参加考试的张至发擢任礼部左侍郎兼东阁大学士,入阁参与机务。

文震孟,字文起,苏州府吴县人,是"吴门四才子"文徵明的曾孙,以研究儒学经典《春秋》而著称。天启二年(1622)获殿试第一名,授翰林院编修。后因上疏弹劾魏忠贤,与编修陈仁锡、庶吉士郑鄤并斥为民。崇祯元年(1628)被重新起用,先后出任侍讲学士、左中允、左谕德、右庶子、少詹事,充当日讲官。崇祯三年春,漏网阉党之流乘机报复东林党人,他上疏纠劾,揭露群小合谋推翻逆案的企图。明思宗说他"任情牵诋",但群小合谋推翻逆案的阴谋亦由是受阻,从而引起温体仁的不满。

文震孟性情耿直,一身正气,给明思宗讲课常联系时政,对皇上进行规劝。"时

---

① 《明史》卷二一六,《罗喻义传》,第5718页。

大臣数逮系,震孟讲《鲁论》'君使臣以礼'一章,反复规讽,帝即降旨出尚书乔允升、侍郎胡世赏于狱"①。原先在日讲、经筵中,没有《春秋》的课程,明思宗认为《春秋》一书"有裨治乱",令择人进讲。温体仁知道文震孟是研究《春秋》的名家,却推说没有合适的讲官,还是次辅钱士升做了推荐,才令文震孟讲述《春秋》。文震孟一开讲,明思宗就听得津津有味。有时文震孟请病假,他都不批准,生怕耽误《春秋》的讲解。温体仁看到这一幕,心里酸溜溜的,妒恨之心油然而生。当时文震孟已擢任少詹事,官居四品,但按照规定还不能在紫禁城里骑马,因年迈体衰,托人向温体仁求情,请将他的官秩改为三品,以便可骑马出入紫禁城。温体仁指着自己在东阁直房前第一间的首辅座位说:"不久此处亦须他到,何论三品!"②

正在家中养病的温体仁,听说明思宗亲自点用文震孟,担心会对自己不利,慌忙声称病已痊愈,回到内阁主持政务。刚开始,"体仁每拟旨必商之,有所改必从"。文震孟不无高兴地说:"温公虚怀,何云奸也?"和他共事的大学士何吾驺提醒说:"此人机深,讵可轻信。"果然,过了十几天,温体仁就摆出首辅的架势,不时指责文震孟拟旨不当,要他修改,如果不从,即径自提笔抹去。文震孟"大愠,以诸疏掷体仁前"③。温体仁虽然表面上装作很有风度,没有同他计较,内心却恨死了文震孟,必欲除去而后快。当年十月,便借许誉卿事件大做文章,终于导致文震孟落职出阁。

许誉卿,字公实,松江府华亭人。万历四十四年(1616)举进士,天启初年任给事中,曾上疏弹劾魏忠贤,声名大著。崇祯初年,因弹劾漏网阉党、仇视东林党人的吏部尚书王永光,遭到温体仁的亲信薛国观的攻击而愤然辞官。崇祯七年(1634),被重新起用。翌年二月,凤阳被农民军攻陷,他上疏弹劾兵部尚书张凤翼失职及大学士温体仁、王应熊"玩寇速祸"之罪,被明思宗斥为"苛求"。温体仁因此把许誉卿视为眼中钉,就在官职的升迁上加以百般刁难。许誉卿当给事中已有14年之久,

---

① 《明史》卷二五一,《文震孟传》,第6497页。
② [明]杨士聪:《玉堂荟记》,嘉业堂丛书本。
③ 《明史》卷二五一,《文震孟传》,第6498—6499页。

其他比其资历浅而又碌碌无为之辈都已升任京堂官,他想升任南京太常卿之职,以便就近迎养年迈的老母。文震孟和何吾驺都支持他的这个请求,温体仁却授意吏部尚书谢陞先上疏指责他"营求美官",温体仁再据此疏拟旨道:"大干法纪,着降级调用!"温体仁料想明思宗对这种钻营官职的不正之风必然会加重惩处,既然是"大干法纪",不会仅仅处以降调。明思宗省览之后,将此旨发回重拟。温体仁便提笔改为"削职为民"。文震孟力争无效,对温体仁气愤地说:"科道为民,极荣之事,敬谢老先生玉成!"①温体仁将此语密报明思宗,明思宗果然大怒,"责吾驺、震孟徇私挠乱,吾驺罢,震孟落职闲住"②。

国子祭酒倪元璐,字玉汝,浙江上虞人。天启二年(1622)成进士,改庶吉士,授翰林院编修。明思宗即位后,魏忠贤已伏诛,阉党余孽杨维垣上疏,将东林党人与魏忠贤、崔呈秀一伙并称为邪党,企图把水搅浑,破坏对阉党的清查工作。倪元璐挺身而出,第一个上疏严加驳斥,寻进侍讲。接着,又上疏请毁《三朝要典》。后累迁至右谕德,充日讲官,进右庶子,又上"制实八策",对温体仁进行规劝,并批评张捷推荐吕纯如图谋翻逆案之举,惹怒了温体仁及其亲信。但他颇负时望,也很得明思宗的欣赏。"一日,帝手书其名下阁,令以履历进,体仁益恐。会诚意伯刘孔昭谋掌戎政,体仁饵孔昭使攻元璐,言其妻陈尚存,而姜王冒继配复封,败礼乱法。诏下吏部核奏,其同里尚书姜逢元、侍郎王业浩、刘宗周及其从兄御史元珙,咸言陈氏以过被出,继娶王非妾,体仁意沮,会部议行抚按勘奏,即拟旨云:'登科录二氏并列,罪迹显然,何待行勘?'遂落职闲住。"③

温体仁还想方设法打击正在崛起的复社。复社继承东林党人的政治主张,反对以"私权"定朝政,主张"以国事付公论"④,得到官府中与东林党有联系的官员的支持,而遭到与阉党有瓜葛的官员的仇恨。复社中的吴伟业、张溥等人是在崇祯四

---

① [明]许誉卿:《三垣疏稿》卷三,《子垣(六疏)》,丛书集成初编本。
② 《明史》卷二五一,《文震孟传》,第6499页。
③ 《明史》卷二六五,《倪元璐传》,第6840页。
④ [明]张溥:《七录斋诗文合集·古文存稿》卷五,《程墨表经序》,清刻本。

年(1631)的会试中中进士的。这次会试,本应由温体仁担任主考官,却被周延儒所取代,从而成为温、周互相倾轧的一个由头。作为周延儒的门生,张溥、吴伟业等进士及第的复社士子,同情周延儒,而对嫉贤妒能的温体仁持鄙视的态度。

崇祯六年(1633)春,温体仁之弟温育仁请求加入复社,遭到复社领袖张溥的拒绝。温育仁恼羞成怒,雇人写了《绿牡丹传奇》,影射张溥等复社名士,在浙江等地演出。张溥和复社另一首领张采,亲自跑到杭州,向好友浙江督学副使黎元宽求援。黎元宽下令查禁《绿牡丹传奇》,并追究作者的责任,但碍于温体仁的权势,没有直接处理温育仁,只将温育仁的奴仆关进了监狱。温体仁随即进行报复,将黎元宽革职查办。

崇祯九年(1636),在社会上还流传着一篇署名徐怀丹的檄文,攻击复社首领犯有僭拟天王、妄称先圣、煽聚朋党、妨贤树权、召集匪人、伤风败俗、谤讪横议、污坏品行、窃位失节、召寇致灾十大罪。这篇檄文据说是温体仁找人写的。复社成员纷纷上疏弹劾温体仁。温体仁遂派亲信到苏州一带担任地方官职,就近到张溥家乡太仓搜集张溥的黑材料,并暗中募人弹劾张溥。崇祯十年(1637)三月,张溥的同乡陆文声因想加入复社而遭拒绝,诣阙上疏,极言"风俗之弊,皆原于士子。溥、采为主盟,倡复社,乱天下"①。温体仁马上命南直隶提学御史倪元珙核奏,倪元珙回奏说:"(复)社有之,非有把持武断之迹。"明思宗"责其蒙饰,俾更核",但倪元珙没有屈从,后被"降光禄寺录事"②。

清代官修《明史》将温体仁列入《奸臣传》,说他辅政数年,"流寇蹂畿辅,扰中原,边警杂沓,民生日困,未尝建一策,惟日与善类为仇","其所引与同列者,皆庸材,苟以充位"③。在内阁中同他合得来受他信任的只有吴宗达和王应熊。吴宗达是个庸才,一切皆听命于温体仁。王应熊刚愎自用,溪刻强狠,但善承帝意。入阁后,与温体仁狼狈为奸,倾陷忠良,当时北京街头流传着一首民谣,讥讽内阁说:"内

---

① 《明史》卷二八八,《张溥传》,第 7404 页。

② 《国榷》卷九六,崇祯十年三月庚子,第 5776 页。

③ 《明史》卷三〇八,《温体仁传》,第 7935 页。

阁翻成妓馆,乌归王巴篾片,总是遭瘟。"①"乌归"指温体仁,因为他是乌程籍的归安人;"王巴"指王应熊,因为他是四川巴县人;"篾片"指吴宗达,因为他碌碌无为,事无主见,可以像篾片一样任意弯曲,一切听命于温体仁。由这些乌龟、王八和篾片组成的内阁,就如同妓馆一样,毫无操守可言。"瘟"是温体仁之姓的谐音,指瘟神,是说皇上使用温体仁为首的这些阁臣辅政,就像遭到瘟神一样,总要遭殃的。京城还有一首民谣唱道:"崇祯皇帝遭温了。"②

明思宗猜忌多疑,对臣下总是疑神疑鬼,唯独对善承帝意的温体仁宠信有加,让他辅政前后八年(实是七年),担任首辅也有四年的时间。温体仁所上的密揭,明思宗全都批准照办。温体仁的头衔也越升越高,官至少师兼太子太师,晋吏部尚书、中极殿大学士,阶左柱国,兼支尚书俸,恩礼之优渥无人可比。

温体仁自度受其排挤、打击的正直之士太多,积怨极深,担心将来会遭到报应,因而"倡言密勿之地,不宜宣泄,凡阁揭皆不发,并不存录阁中,冀以灭迹,以故所中伤人,廷臣不能尽知"③。但是纸毕竟包不住火。崇祯九年(1636)至十年间,不少大臣纷纷上疏纠弹温体仁。工部左侍郎刘宗周劾其有"十二罪""六奸",被明思宗罢斥为民。新安卫千户杨光先效法海瑞,带着棺材上疏,参劾温体仁的亲信、贪横无赖之言官陈启新,并及温体仁,要他自动"引罪归去",也被明思宗施以廷杖,谪戍辽东。

温体仁自以为有皇上的庇护,越发恣意妄为。他想起当年被他攻倒、革职为民、在家赋闲七载的钱谦益,近时声誉日隆,担心他日东山再起,会对自己构成严重的威胁。崇祯十年(1637),便让其亲信、负罪逃至京师避风的常熟巨奸陈履谦设法除掉钱谦益。陈履谦找到常熟县衙门书手张汉儒和奸人王藩,说杀钱谦益以应温相之募,富贵可立至也。几个人商议的结果,决定由张汉儒出面告御状。张汉儒施展其刀笔吏的伎俩,无中生有,草拟了一份弹劾钱谦益及瞿式耜58条大罪的奏疏,

---

① 《烈皇小识》卷四。
② 《明季北略》卷一〇,《童谣》,第163页。
③ 《明史》卷三〇八,《温体仁传》,第7936页。

交给温体仁呈递上去。温体仁随即代皇上拟旨,令逮捕钱、瞿下诏狱,严加审讯。钱谦益在狱中写了两份奏疏自辩,明思宗未予理睬。于是又托自己的座师孙承宗之子向司礼监太监曹化淳求援。曹化淳出自早先的司礼监太监王安的门下。王安为人刚正,明神宗死后,他为明光宗的继位立下了汗马功劳,后被魏忠贤杀害。钱谦益曾为王安写过墓志铭,曹化淳对他怀有感激之情,得知其冤情后,立即设法营救。温体仁闻讯,又指使陈履谦散发匿名揭帖,称钱谦益出 4 万两银子托周应璧求款于曹化淳,并让王藩出面检举告发。安排妥当后,温体仁以为胜券在握,便如往常兴起大狱前夕那样,照例称病,乞请休假,住进了刚刚修缮的湖州会馆,以示自己同即将发生的案件毫无瓜葛。

但是,这次温体仁搬起的石头砸在了自己的脚上。曹化淳见温体仁的亲信诬告自己收受 4 万两银子的贿赂,被彻底激怒,主动向明思宗请缨,由他负责彻查此案。明思宗批准后,他以"奉旨清查"的名义,派出锦衣卫的缇骑四出缉访,很快查明陈履谦的罪行,把他逮入东厂,与东厂太监王之心、锦衣卫掌印指挥吴孟明在五更突击审讯。陈履谦招出这次密谋的全过程,交代所有情节,"俱出乌程(温体仁)一手握定"①。明思宗看了审讯报告,终于悟到"体仁有党"②!一气之下,命将陈履谦、张汉儒各打一百棍,立枷三月而死。并决心除掉温体仁。由温体仁一手提拔上来的辅臣张至发还蒙在鼓里,在温体仁的乞休奏疏上拟好挽留的谕旨,呈给皇上。明思宗毫不犹豫地提起朱笔,抹去"挽回"及优待温体仁的几个语句,大书三字云:"放他去!"正在湖州会馆吃晚饭的温体仁,听到太监宣读的圣旨,大惊失色,手中的筷子掉在了地上。京城百姓闻讯,欢声雷动,"虽妇人孺子,皆举手相庆"③。

第二年,温体仁在家中病死。不争气的明思宗竟还为之惋惜,"赠太傅,谥文忠"。大概在其心目之中,温体仁"有党"固然可恨,但他的"朴忠"还是值得肯定的吧。

---

① 《烈皇小识》卷五。
② 《明史》卷三〇八,《温体仁传》,第 7936 页。
③ 《烈皇小识》卷五。

## 第七章

# 越扑越旺的起义烈火

　　在陕北农民起义爆发后，他也如其兄明熹宗那样，只把它当作历朝历代都曾发生的一般民变对待，既未采取有力措施来抑制大地主土地所有制的恶性发展，减轻国家的赋役征敛，也未调动大军前往镇压，认为只要地方官员调遣当地驻军进行围剿即可扑灭。

# 一、举棋难定的剿与抚

明思宗即位之初,将主要精力放在清除阉党、改革内政与整饬边防、抵御后金两个方面。他没有认识到由于封建专制统治的腐朽、大地主土地所有制的恶性发展,造成土地的高度集中,大量农民失去土地,沦为官绅地主的佃仆。加上国家赋役征敛过于苛重,更使农民无以为生,只得四处逃亡,或者奋起反抗,从而导致阶级矛盾的空前激化,成为当时的主要社会矛盾。因此,在陕北农民起义爆发后,他也如其兄明熹宗那样,只把它当作历朝历代都曾发生的一般民变对待,既未采取有力措施来抑制大地主土地所有制的恶性发展,减轻国家的赋役征敛,也未调动大军前往镇压,认为只要地方官员调遣当地驻军进行围剿即可扑灭。

出乎明思宗的意料,陕北农民起义的烈火自天启七年(1627)点燃之后,不仅没有被扑灭,反而越烧越旺。这是因为,陕西是当时社会矛盾最为尖锐的地方。陕西特别是陕北地区,土地贫瘠,生产落后,工商业很不发达,而王公、勋戚、官绅、地主对农民的剥削和官府的赋役征派又极苛重。例如,以厉民最甚的赋税加派来说,明廷规定不论土地肥瘠一律按亩均摊,陕西地广土瘠,加派不仅不因土瘠而稍减,反而因地广而增加,人民的负担比其他土地肥沃的省份要重得多。陕西历来又是自然灾害的频发之地,天启、崇祯年间更是灾荒连年。崇祯元年(1628),延安府"自去岁一年无雨,草木枯焦。八九月间,民争采山间蓬草而食,其粒类糠皮,其味苦而涩,食之仅可延以不死。至十月以后而蓬尽矣,则剥树皮以为食。诸树惟榆树差善,杂他树皮以为食,亦可稍缓其死。殆年终而树皮亦尽矣,则又掘山中石块而食。其石名青叶,味腥而腻,少食辄饱,不数日则腹胀下坠而死"①。在许多地区,死尸堆满山谷,臭气熏天。成群结队的饥民四处流浪,甚至"相聚为盗"。这就为明末农民大起义的爆发埋下了无数的火种。

陕西又是明朝的边防要地,延绥、宁夏、固原三个边防重镇驻兵多达 17 万人。明末国家财政亏空,军饷往往久拖不发,军士生活极为困苦。"临巩边饷缺至五六年,数至二十余万(两),靖卤(虏)边堡缺二年、三年不等;固镇京运自万历四十七年(1619)至天启六年(1626),共欠银十五万九千余两。各军始犹典衣卖箭,今则鬻子出妻;始犹沿街乞食,今则离伍潜逃;始犹沙中偶语,今则公然噪喊矣。"②崇祯二年(1629)三月,陕西户部侍郎南居益上奏:"延绥、宁、固三镇,额粮缺至三十六月矣。"③更把广大边兵的生活逼入绝境。陕西既是边防重镇,又是京城通往西北及西南交通孔道的必经之地,成为西北驿站的总枢纽,在驿站供驿的驿卒数量较多。明中期以来,由于吏治的腐败,驿递制度弊窦丛生,不仅大小官吏任意使用驿递,而且地方官还任意克扣驿站经费,贪污肥己,驿卒的报酬不断减少,既填不饱肚子,也养不起驿马。崇祯二年(1629)四月,刑科给事中刘懋上疏建议整顿驿递,以减少驿站的经费开支。明思宗即任命刘懋为兵科左给事中,专职负责驿递的整顿工作。第二年,在他的主持下,全国裁减了十分之一的驿站,裁减驿站经费 65.572 万多两,解部移作军用,使大批驿卒失业,失去了生活来源。潜逃的士兵和失业的驿卒便结伙行动,待到农民大起义爆发后,也都纷纷加入起义队伍,有的驿卒甚至当起了起义的组织者和指挥者,成为起义军的重要首领。

天启七年(1627),陕西大旱,赤地千里,"土瘠赋重"的澄城县农民,本已被官

---

① 雍正《陕西通志》卷八六,《文艺》二,清雍正十三年刻本;《明季北略》卷五题为《马懋才备陈大饥》(第 106 页),文字取舍略有不同。

② 《崇祯长编》卷一,天启七年八月丁巳。

③ 《明季北略》卷五,《南居益请发军饷》,第 104 页。

府、富豪榨干了血汗，知县张斗耀仍加紧催征钱粮。二月十五日黄昏，被逼入绝境的农民以墨涂面，手执武器，冲入县衙的公堂。正在坐堂催征的张斗耀吓得躲进私宅，被追寻而来的农民郑彦夫结果了性命。官府严令镇压，"元凶未获，乱党渐擒"。明熹宗得报，下令"严擒首恶，解散党与"①。澄城县农民起义的爆发，很快得到陕西及周边广大饥民、边兵和失业驿卒的响应。崇祯元年（1628），府谷王嘉胤与杨六、不沾泥（张存孟）聚众起义，不久与白水王二起义军会合，有众五六千人；另有王大梁起义于汉南，周大旺起义于阶州，王左挂、苗美起义于宜川，高迎祥起义于汉川，称"闯王"，王自用、混天王起义于延川，点灯子（赵胜）起义于清涧。当年十二月，从辽阳军中逃亡的神一元，也在延绥聚众起义。后来神一元战死，其弟神一魁继领其众。

就在这个风起云涌、群雄并起的年代，后来成为明末农民战争两大首领的张献忠和李自成，差不多同时登上了历史舞台。李自成，陕西米脂人，万历三十四年（1606）出生于米脂双泉堡一个贫苦农民家庭，幼年曾入寺为僧，后为地主放羊。成年后应募到本县阊川（今宁夏银川）驿充当驿卒。崇祯三年（1630）因驿站经费裁减而离开，随即率领本村饥民投奔不沾泥的农民起义军，称"闯将"。张献忠，延安柳树涧人，也出生于万历三十四年，少年时代曾受过一些教育，粗通文字。青年时代曾当过延安府的捕役，常遭同事的欺侮，于是转而投奔起义。他每战辄先登，众服其勇，很快成为一支起义队伍的首领，自称"西营八大王"。

到崇祯三年（1630），农民起义的烈火已燃遍陕西全境和甘肃东部、山西西部，大小起义队伍几十支，众达数十万人。其中，既有汉族百姓，也有许多回族和蒙古族民众。这些起义队伍，主要都以逐粮就食为目标，组织比较松散，战略战术水平也不高，遇到官军，胜则断续前进，败则退入深山穷谷中。

农民起义在陕北刚刚爆发时，地方官害怕朝廷追究责任，往往隐瞒不报。崇祯初年的陕西巡抚胡廷晏，遇到州县派人上报"盗贼"之事，就把来人痛打一顿，说：

---

① 《明熹宗实录》卷八二，天启七年三月戊子。

"此饥氓也，掠至明春后自定耳。"①意思是待到明春地上长出新的庄稼，这些流民有吃的，就不会闹事了。但是起义的烈火越烧越旺，实在隐瞒不住了，崇祯二年（1629）三月胡廷晏和延绥巡抚岳和声才不得不上报朝廷。当年二月，陕西三边（延绥、宁夏、甘肃三个边防重镇）总督武之望病死，哗变的士兵又放出谣言，说武之望不是病死，而是服毒自缢，也就是畏罪自杀。朝廷上下一片哗然，既深感陕西局势严重，不能不认真对待，但又都视陕西为畏途，谁也不肯接替武之望之职。陕西三边总督的接替人选迟迟无法解决，一拖几个月，吏部只好推举左副都御史杨鹤出任此职。

杨鹤，字修龄，湖广常德府武陵县（今湖南常德）人，万历三十二年（1604）举进士，历任洛南、长安知县，后擢为御史，因上疏直言无忌，遭到当事者的排斥而辞职。天启初年起为太仆寺少卿，擢为右佥都御史，又未改其耿直的秉性，毫无顾忌地为熊廷弼辩护而被魏忠贤除名。崇祯元年（1628）九月，明思宗起用他为左佥都御史，进左副都御史，杨鹤感激涕零。因此，当吏部会推他为陕西三边总督时，他没有推辞。明思宗在平台召见，询以平乱方略，他答曰："清慎自持，抚恤将卒而已。"②崇祯二年三月，明思宗任命他为兵部左侍郎，代武之望总督三边军务。

杨鹤虽"素有清望，然不知兵"③，他看到陕西灾情严重，单靠武力镇压不能解决问题，而且当年冬天后金军队突入长城，本地边兵多被调往京畿勤王，兵力空虚，主张对起义军采取以抚为主、以剿为辅的政策。明思宗同意这个主张，在崇祯四年（1631）正月，下诏拨出内帑银10万两，令御史吴牲携往陕西赈济灾民。随即在一次廷议中，明思宗明确对诸多大臣表示："寇亦我赤子，宜用抚。"④陕西境内的起义军，一时纷纷受抚，解散还乡。但10万两的赈灾款，不过是杯水车薪，"所救不及十

① 《怀宗皇帝实录》卷一，崇祯元年正月甲戌，台北"中央研究院历史语言研究所"1962年校勘影印本。

② 《明史》卷二六〇，《杨鹤传》，第6727页。

③ 《明史》卷二六〇，《杨鹤传》，第6727页。

④ 《国榷》卷九一，崇祯四年正月庚子，第5554页。

之一"①。一些起义首领如王左挂、苗登云(苗美之叔)等,在投降后又被阴谋杀害。受骗的群众于是纷纷再起,明廷的招抚政策宣告破产。当年九月,明思宗下诏将杨鹤革职,第二年将他谪戍江西袁州(治今江西宜春)。

明思宗将杨鹤革职后,任命延绥巡抚洪承畴为兵部右侍郎兼右金都御史,总督陕西三边军务。洪承畴,福建泉州府南安人。天启七年(1627)任陕西督粮道参议,崇祯三年(1630)升任延绥巡抚。他是个主剿派,在延绥巡抚任上,曾与延绥总兵杜文焕密谋策划,杀害已经受抚的王左挂、苗登云等98人。第二年,又指挥延绥东路副总兵曹文诏进兵山西阳城,追击王嘉胤,并于六月间用计杀害王嘉胤。王嘉胤部因此溃败,其右丞白玉柱投降,左丞紫金梁王自用率众出逃。曹文诏以功升任临洮总兵。九月,又命绥德州守备孙守法渡过黄河,在山西石楼县偷袭降而复叛的点灯子赵眸。点灯子猝不及防,被降丁贺思贤砍死。

洪承畴升任三边总督后,更是踌躇满志,与陕西巡按御史吴姓分别上疏请饷。在明思宗的催促之下,兵部尚书熊明遇答应立即筹措拨付20万两银子。此时,入侵京畿的后金军队已饱掠而去,入京勤王的陕西总兵王承恩、甘肃总兵杨嘉漠等部已先后返回陕西,可参与对农民军的征剿。手里有兵有饷,洪承畴便对留在陕西的农民军各部展开全面的出击。到崇祯五年(1632)冬,已将神一魁、不沾泥、可飞天、郝临庵、独行狼等几支势力较大的农民军基本镇压下去。

陕西农民军虽已被基本镇压,但山西的农民军越战越强。从崇祯三年(1630)二月起,在陕西起义的老回回、八金刚、王子顺、上天猴刘九思等部已渡过黄河,攻克蒲县,然后分两路南下。后来,明廷改主抚为主剿,调集大军交洪承畴指挥,加强镇压。从崇祯四年到六年,王嘉胤、八大王、闯将、曹操(指罗汝才)等部,也先后进入山西。山西大批破产农民,纷纷加入他们的队伍,或自发地举行起义。崇祯三年(1630),一个山西乡绅曾感慨地说:"始之寇晋者,秦人也,今寇晋者,半晋人矣。二

---

① [清]吴伟业:《绥寇纪略》卷一,《渑池渡》,丛书集成初编本。

三月间,从贼者十之一,六七月而从贼者十之三,至今冬而从贼者十之五六矣。"①这些农民军,以王嘉胤部势力最大,王嘉胤在崇祯四年(1631)六月在阳城遇害后,其左承紫金梁王自用率余众逃出,会合山西境内其他起义军,声势复振。这些起义军合共36营,其首领包括八大王张献忠、曹操罗汝才、闯将李自成、闯塌天刘国能、老回回马守应、蝎子块(姓张)、闯王高迎祥、点灯子赵胜、革里眼贺一龙等,共推紫金梁王自用为盟主,结成松散的联盟。后来,点灯子在石楼县惨遭杀害,但其他各部仍然发展很快。他们主要活动于晋南的平阳(今山西临汾),晋东南的泽州(今山西晋城)、潞安(今山西长治)和晋中的汾州(今山西汾阳)、太原、沁州(今山西沁县)三个地区。各支队伍分头活动,流动作战。山西巡抚许鼎臣、宣大总督张宗衡和崇祯三年(1630)接替病死的马士麟担任山西总兵的张应昌疲于奔命,穷于应付。崇祯五年(1632)八月,闯将李自成等部还从晋城南边攻入豫北,占领修武,兵锋直逼怀庆府城(今河南沁阳)。河南巡抚樊尚燝叫苦不迭,明廷急调昌平副总兵左良玉带兵前往堵截。

洪承畴见山西成为起义军活动的重心,决定精选官兵3500名,由临洮总兵曹文诏率领,入晋配合山西官兵进行征剿。崇祯六年(1633)正月,明思宗批准了他的请求,给曹文诏晋升一级,命其"节制秦、晋诸将"②,与山西总兵张应昌协谋征剿。

曹文诏率领陕西精锐官军入晋后,加紧对山西农民军的围追堵截。农民军采取避实就虚的策略,攻打官军防御薄弱的地区,并于崇祯六年正月越过太行山,向东进入畿辅,出现在顺德(今河北邢台)和真定(今河北正定)两府境内。为了阻止农民起义军进入畿南的平原地区,明廷急调通州兵、昌平兵,会同保定总兵梁甫部,配合大名兵备道卢象昇部夹剿。此后,明廷命左良玉专剿豫北农民军,考虑到他手下只有2000余名昌平兵,势孤力弱,又在崇祯六年三月命四川副总兵邓玘和石砫土司司马凤仪带兵赴援。到当年夏,因畿南、豫北农民军活动频繁,藩封于卫辉的

---

① 康熙《绛州志》卷四,王臣直:《存恤良民以辑流寇议》,清康熙九年刻本。
② 郑天挺、孙钺编:《明末农民起义史料》,开明书店1952年版,第59页。

潞王朱常淓上疏告急,劝皇上"早行剪剃,毋轻视贼"①。明思宗又令昌平副总兵汤九州率昌平兵,总兵倪宠、王朴率禁军京营兵,急赴豫北,加强对农民军的征剿。

随着官军不断向山西、豫北、畿南的聚集,这一带的战斗也益趋激烈。起初,农民军利用各地督抚互相推诿、以邻为壑的种种做法,发挥其流动作战的优势,避开敌人的重兵,在晋、冀、豫的接境地区不断转移,取得不少战果。但从总体上看,这里的农民军在数量上毕竟处于劣势,在官军的围追堵击之下力渐不支,吃了不少败仗。崇祯六年(1633)五月,农民军的盟主紫金梁王自用在济源的战斗中受伤后病死,其部众转归闯将李自成,却无人能接替他发挥协调各支农民军的作用。此后,各支农民军各自为伍,时分时合,处境更加困难。到当年冬天,十几万农民军已被挤压到黄河以北河南彰德、卫辉、怀庆三府的狭小地带,粮食的取给十分困难。集中到山西、河南、陕西三省交界地区参与围剿的官军总数达3万以上,农民军面临着被围歼的危险。

但是,明思宗此时的一个错误决策,为农民军的转危为安提供了契机。原先曹文诏由陕入晋,明思宗只授予其节制秦晋诸将之权,而无节制河南诸将的权力,更没有控驭山西、河南巡抚和宣大总督之大权,无法起到统一山西、豫北和畿南的军事指挥大权的作用。山西巡抚许鼎臣、宣大总督张宗衡与河南巡抚樊尚燝便各人自扫门前雪,不管他人瓦上霜,甚至以邻为壑,将自己境内的农民军驱赶到相邻的地区去。崇祯六年四月,农民军西路从辉县攻打清化镇(在今河南焦作南),游击越效忠战殁;东路与游击陶希谦战于武安,陶也败殁。兵部指责这是河南当局"不塞太行之险,揖贼使入"②的罪过,河南巡抚樊尚燝因此被撤职查办。其实,农民军之所以大量进入河南,是山西当局有意驱赶他们越过太行山,以邻为壑的结果。鉴于这种情况,河南乡绅于当月上书朝廷,建议由陕西三边总督提督山西、河南军务,以统一军事指挥大权。兵部同意这一主张,议决命洪承畴移驻潼关,节制陕、晋、豫三

---

① 《绥寇纪略》卷一,《渑池渡》。
② 《国榷》卷九二,崇祯六年四月辛巳,第5608页。

省军务,兼制晋、豫二省巡抚及曹文诏、邓玘、张应昌三总兵。明思宗考虑到陕西三边长城以北的形势也不乐观,不想分散洪承畴对三边重镇的注意力,更主要的是担心臣下的权力过于集中,不好驾驭,因此便在对兵部的批复中写道:"剿贼抚镇专责,别设总督,反滋诿卸,不如重两抚事权,副、总以上奏请,参、游以下军法从事,俾节制三大帅,而责以三月必殄贼,有不及期者罪之。"①从而否定了河南乡绅的建议和兵部的议决,而于五月间命太监陈大金、阎思印、谢文举、孙茂霖分别监视曹文诏、张应昌、左良玉、邓玘之军。接着,派倪宠、王朴率京营出征,又命太监杨进朝、卢九德监军。这些太监根本不懂军事,他们口衔天宪,恃势凌人,指手画脚,于武臣多所掣肘,反而进一步分散了军事指挥大权。他们又贪婪成性,不仅肆意克扣军资,中饱私囊,而且谎报军功,冒功请赏,这又给了起义军以可乘之机。

退守黄河以北河南三府之地的农民军,为摆脱困境,决定用诈降的办法,从豫北渡过黄河南下。起义军仔细分析了当时面对的官军状况,觉得最能打仗的是曹文诏及其侄子曹变蛟,其次是左良玉、汤九州,而以王朴率领(总兵倪宠已于九月调往登、莱镇守)、杨进朝、卢九德监视的京营兵数量最多,装备最为精良,但因有不少皇亲国戚在那里混差领饷,因此没有什么战斗力。而监军太监杨进朝、卢九德见到此前在张应昌军中监军的太监阎思印正在山西招降王刚所部500人,还招降别部300人,也急于招降一些起义军,以便向皇上报功请赏。于是这些农民军决计向京营总兵王朴诈降。在武安一带的张妙手(张文耀)、闯塌天(刘国能)、满天飞、邢红狼、闯将(李自成)等便以重金贿赂王朴的陕西籍家丁,请他们向王朴求情。杨进朝、卢九德觉得这是个立功的好机会,立即答应。十一月十七日,张妙手、闯塌天、满天飞、邢红狼、闯将等在武安拜会王朴,自称是"饥民头目",说:"我等良民,陕西荒旱,致犯大罪,今誓归降,押还故土复业。"十九日,贺双全等11人又在张妙手陪同下,拜会王朴及杨进朝、卢九德,"环跪泣请,惟命生死"②。杨进朝、卢九德立即向

---

① 《绥寇纪略》卷一,《渑池渡》。
② [清]戴笠、吴乔:《流寇长编》卷六,崇祯六年十一月乙巳、丁未,清刻本。

皇上报功,说有 61 名"贼首"已受招抚,准备将他们遣还陕西老家。这些诈降的起义首领则在驻地从官军士卒和当地百姓手里购买裘、靴等衣物,并偷偷向黄河岸边移动,暗中进行渡河突围的准备。

十一月二十四日,这些诈降的农民军,到达山西垣曲(在今山西垣曲东南)与河南济源之间的关阳、长泉一带。这里是黄河水面最狭窄的一段,向来水流湍急,从不结冰。但这一天天气骤寒,竟然结冰如石。十几万大军乘官军不备,用门板铺在冰面上再撒上一层土,分三路驰马而过,抵达南岸的马蹄窝、野猪鼻。河南防河中军官袁大权仓促迎战,被农民军击毙。洪承畴、曹文诏的主剿政策宣告失败,明末农民战争进入了一个新阶段。

# 二、农民军的千里转战

崇祯六年(1633)十一月二十四日,农民起义军渡过黄河进入中原大地,立即与当地穷苦农民会合起来,形成一股汹涌澎湃的起义洪流。明末农民战争进入中期阶段。

农民军渡过黄河天险之后,首先攻克渑池、伊阳(今河南汝阳)、卢氏三县,然后分兵出击。闯王高迎祥、闯将李自成、老回回马守应、八大王张献忠等部由卢氏山区的"矿盗"充当向导,穿越山区小道直达内乡,再经邓州(今河南邓州)、淅川(在今河南淅川南)南下,占领湖广的郧阳(治今湖北郧)、襄阳地区。横行狼、一斗谷、扫地王张一川、满天星高汝砺等部十几万人则西进武关(在今陕西丹凤东南),占领山阳、镇安、商南等地,再北上洛南,向西安挺进。洪承畴急檄郃阳(今陕西合阳)、韩城官军迎头堵截,起义军遂又掉头南下,进入四川,于崇祯七年(1634)二月攻克夔州(今重庆奉节)。四川官府急调当地官军和土司兵进行阻击。入川的农民军活动于川东北一带,此地山多林密,大队人马的粮食供应无法解决,于是又分道出川,一部分返回湖广,大部分则北上陕西。

农民军的凌厉攻势,把中原腹地打得乱成一团。河南是明帝国的腹地,为四战之地,但明朝的防御力量比较薄弱,地方官府根本无法对付,告急求援的奏疏不断传到京师,有时甚至一日数至。廷臣议论纷纷,部分较有识见的大臣建议在各省抚镇之上设置总督,以便统一指挥,协力征剿,改变以往"各镇、抚事权不一,互相观望"的状态。他们都把目光投向三边总督洪承畴,认为他是最合适的人选。明思宗想想也无别的计策,遂改变自己原先所说的"剿贼抚镇专责,别设总督,反滋诿卸"的看法,同意设置五省总督的建议。但考虑到洪承畴身负三边重任,不便离开,决定起用不久前在延绥巡抚任上镇压多支起义军并在延水关剿灭陕西境内最后一支起义军的陈奇瑜,于崇祯七年(1634)二月"进延绥巡抚陈奇瑜为兵部右侍郎,总督陕西、山西、河南、湖广、四川军务,视贼所向,随方剿抚"[①]。

陈奇瑜,字玉铉,山西保德州人,万历四十四年(1616)举进士,授洛阳知县。天启二年(1622)擢为礼科给事中。杨涟弹劾魏忠贤,他也抗疏力诋。天启六年(1626)春,由户科左给事中出为陕西副使,迁右参政,分守南阳。崇祯改元,加按察使职,寻历陕西左、右布政使。崇祯五年(1632),代张福臻巡抚延绥,卖力剿杀当地的农民军。就任五省总督后,他首先集中兵力围剿郧阳地区的农民军,檄调各路官军齐集河南陕州再移师南下,进剿湖广均州(今湖北丹江口市)、竹山一带农民军。陈奇瑜令陕西巡抚卢象昇驻守房县、竹山,湖广巡抚唐晖驻守南漳,从南北两个方向对农民军进行夹击。七月,他同卢象昇率军由竹溪进至平利(在今陕西平利西北)的乌林关,向农民军发起进攻,使农民军遭受重大损失。李自成、张献忠向西进入陕西境内。陈奇瑜尾追而来,农民军不慎误入汉中栈道的险地[②],又恰逢阴雨20多天,"弩解刀蚀,衣甲浸,马蹄穿,数日不能一食",处境极为险恶。陈奇瑜以为功业立就,"意轻敌"。李自成等继续使用诈降计策,下令将军中缴获的金银财宝集中起来,派人送入陈奇瑜军营,遍贿其左右将领,佯称愿意解散归农。接受贿赂的将领力主招抚,陈奇瑜表示同意,许于八月约降。陕西巡按御史傅永淳表示反对,主张乘敌之危一举歼灭,说:"贼数十万众,即就抚何以贴置?且未经大创,能必革心

---

① ［清］彭孙贻:《流寇志》卷二,明末清初史料选刊本。

② 李自成等农民军此次被困的地点,吴伟业《绥寇纪略》记为陕西兴安境内的车箱峡,而当时任陕西巡按的傅永淳之《劾总督陈奇瑜疏》(康熙二十四年《灵寿县志》卷一〇《艺文》下)则记为汉中附近。顾诚《明末农民战争史》对此作了考订,认为传说较为确当(中国社会科学出版社1984年版,第69页)。

耶？恐天晴出栈而西，虽欲成功，不可得矣。"①但陈奇瑜不听，坚持上奏朝廷，请求准予招抚。兵部尚书张凤翼表示赞同，明思宗批准了他的招抚方案。

经明思宗批准后，陈奇瑜放手施行招安，"凡降贼三万四千有奇，勒令还乡，仍归原籍，檄诸军按甲无动，每百人以一安抚官押送，所过郡邑，为具糗粮传送之"②。诈降的起义军将士，一路上与押解的官兵揖让欢饮，易马而乘，抵足而眠，盔甲朽坏的换上新盔甲，弓箭丢失的换上新弓箭。陕西巡抚练国事恐生不测，令杨麟率兵驻扎宝鸡县以为防备。当诈降的起义将士到达宝鸡请求入城时，宝鸡知县李嘉彦只准36人先行登城。待这36人登上了城，却将其全部捆绑杀死。农民军愤而尽杀安抚官，重举义旗，攻破麟游、永寿、灵台、崇信、白水、泾州、扶风七县，与从略阳来的其他起义军会合。

陈奇瑜闻讯，把罪责推到宝鸡知县李嘉彦和陕西巡抚练国事身上，指责李嘉彦杀降激变，练国事"阻挠逗留，违节度以至于败"③。明思宗大怒，即下令将他们逮捕，以陕西左布政使李乔代为陕西巡抚。未几，由于给事中顾国宝和陕西巡按御史傅永淳等人上疏指责陈奇瑜主抚误事，明思宗才于十一月下令逮捕陈奇瑜，后将其谪戍于边。

崇祯八年(1635)正月，明思宗任命洪承畴总督晋、陕、豫、川、楚五省军务，统率兵马征剿起义军。当时起义军已采取避实就虚之策，分兵冲出陕西，一路往山西，一路去湖广，一路至河南。后来，进入山西、湖广的两路起义军又都转入河南，与在河南的另一路起义军会合。三路起义军13家72营，共数十万人。在朝中担任兵科给事中的河南人常自裕对这种形势忧心如焚，对明思宗说："臣乡遍地是贼，贼舍川岩走平原，破汜水、荥阳，攻上蔡、商水，逼陈州、郾城，周(王)、崇(王)二藩皆在燎原之中，非劲兵必不能御。今止有左良玉、陈永福兵数千，其何以济？"几天后，他再次上疏，力陈中原乃天下安危所系，河南"贼势日众，大小七十二营，有二三十万，蜂屯

---

① 康熙《灵寿县志》卷一〇《艺文》下，[明]傅永淳：《劾总督陈奇瑜疏》，清康熙二十五年刻本。
② 《烈皇小识》卷四。
③ 《绥寇纪略》卷二，《车箱困》。

伊(伊阳,今河南汝阳)、嵩、宛(今河南南阳)、洛之间,有侵汝、宁、郑、宋之势"。虽然朝廷已派多位将领赶往那里,但兵不过几千,以杯水不足以救车薪之火,要求皇上另调关(山海关)、宁(宁远)、天津的精兵勇将前往解胸腹之患。① 明思宗令兵部安排。兵部尚书张凤翼经与户部尚书侯恂商量后,决定抽调西北边兵,真定、天津、关、宁铁骑及白箪子、罗坝土司兵等兵力7.5万人、马1.5万匹、饷银77万两(后增至93.6万两),命洪承畴出关节制,合力围剿。明思宗批准这个调兵增饷方案,并同意从内帑拨银20万两,令洪承畴出关会各部围剿,"限六个月内扫荡廓清"。

但是未等各路官军齐集河南,闯王高迎祥、八大王张献忠、闯将李自成、过天星及扫地王、太平王等率领的农民军已于崇祯八年(1635)正月上旬从河南进入安徽,十一日攻克颍州(今安徽阜阳),前锋直指明中都凤阳。凤阳是明朝的"龙兴"之地,明太祖父母的坟墓和他少年出家的龙兴寺都在那里。明太祖一度在此营建都城,称为"中都"。由于它是帝乡,明太祖在洪武十六年(1383)三月曾下令:"复凤阳、临淮二县民徭赋,世世无所与。"②但是,能享受这种待遇的只有原籍凤阳、临淮的人口,因犯罪而被谪、营建中都而被迁入以及大量被迁至凤阳屯田的外来人口是不包括在内的。又因为是帝乡,当地的各种营建和差役多如牛毛,加上土地贫瘠,又濒临淮河,明中期以后,水利年久失修,常遭黄、淮河水泛滥之灾,旱涝无常,贫苦农民更是苦不堪言。

当农民军进入安徽,大有直捣凤阳的势头时,南京礼部尚书吕维祺曾对兵部尚书张凤翼指出:"南都、凤、泗、承天(治今湖北钟祥),陵寝所在,乞敕淮抚杨一鹏急为预备,防贼东犯。"③但张凤翼只发文凤阳、山东两巡抚及操江御史,令其严备要害,并未采取任何具体措施。就在起义军攻打颍州之时,中都留守司发生兵变,杀死皇陵卫指挥侯定国。凤阳商民因不满守陵太监杨泽的贪虐,又齐集凤阳巡按衙署之前请愿,然后放火焚烧守陵太监的衙署,接着派人前往颍州向起义军献上图

① [明]张凤翼:《枢政录》卷九,清刻本。
② 《明史》卷三,《太祖纪》三,第40页。
③ 《明季北略》卷一一,《贼陷凤阳》,第173页。

册,指明某处富家,何处无兵。起义军于是密遣三百壮士,扮作商人、车夫、僧道、乞丐,潜入凤阳城内。崇祯八年(1635)正月十日清晨,扫地王、太平王等部起义军乘着大雾弥漫、百姓正在庆祝元宵节之时,突然进抵凤阳,与潜入城内的三百壮士里应外合,一举攻占凤阳城,击毙凤阳留守署正朱国巷及官军4000余名,并杖杀凤阳知府颜容暄。"贼渠列帜,自标'古元真龙皇帝'"①,放火焚烧皇陵享殿和龙兴寺。过了三天,听说南京官军即将赶到,起义军才拔营南下,转攻庐州(今安徽合肥)。

凤阳皇陵被焚,这在当时是一个重大的政治事件。其直接责任者巡按御史吴振缨、漕运总督兼凤阳巡抚杨一鹏怕担罪责,故意隐瞒不报,"无一以闻"。正月二十五日洪承畴赶往河南,令各省巡抚、总兵到河南集结之时,明思宗还蒙在鼓里,批准洪承畴提出的作战方案,升其为兵部尚书,赐尚方剑,许其便宜从事。直到二月初七日,明思宗才得知凤阳危急,命总兵尤世威从徐、淮往援凤阳,杨御蕃率山东兵往护皇陵,刘泽清防守曹、濮。三天后,吴振缨眼看纸包不住火,才上报凤阳之变。二月十二日,明思宗得到奏报,停免经筵,素服避殿,躬赴太庙祭告祖宗之灵,并命百官修省。第二天,下令逮杨一鹏、吴振缨和守陵太监杨泽,并任命兵部右侍郎朱大典总督漕运兼巡抚庐、凤、淮、扬四府,移镇凤阳,同洪承畴协剿。

在扫地王、太平王攻打凤阳的同时,高迎祥等部已经向西,经太和、亳州,攻打陈州(今河南淮阳)、睢州(今河南睢县)、鹿邑、太康等地,进入南阳。张献忠等部则进入巢县,攻打庐州,攻克庐江、无为,攻占和州(今安徽和县),然后折向西南,进入湖广东部的蕲(治今湖北蕲春县蕲州镇西北)、黄一带,后又挺进襄阳地区。洪承畴正月二十八日到达河南,三月初一日抵达汝宁(今河南汝南),不料农民军又杀了个回马枪,纷纷折返陕西,到四月间已悉数归秦。当时陕西已残破不堪,灾荒异常严重,饥民纷纷投奔起义队伍,"从贼者如归市",农民军的人数很快就扩增至200万以上。

四月间,明廷征调的官军大部分已到达河南。四月十二日,洪承畴在汝州召集

① 《明季北略》卷一一,《贼陷凤阳》,第173页。

诸将,商讨征剿方略。他针对农民起义军流动作战的特点,决定采取"分信地扼之,使不得流"的围剿计策①,命左良玉、汤九州以五千兵马守瓦屋(在今河南西峡西偏北)、吴村(在今河南淅川西),控扼农民军从陕西进入河南淅川、内乡之路;尤世威、徐来朝以五千五百兵马守兰草川、朱阳关(均在今河南灵宝西南),控扼农民军从陕西进入河南卢氏、永宁(今河南洛宁)、灵宝、陕州之路;陈永福以一千八百兵守卢氏、永宁隘口,以备堵截遗漏之敌;邓玘、尤翟文、张应昌、许成名各以所部分守汉江南北诸隘口,控扼农民军进入湖广郧西、竹溪等地;自己则率贺人龙、刘成功进入陕西,并令曹文诏从湖广赶来会合。洪承畴的这个计策,是想把农民军堵在陕西境内,自己带兵逐一加以剿灭。部署看似十分周密,却不切合实际。当时陕西境内的农民军人数达200万以上,分散活动于各地,洪承畴不是集中兵力围剿其中之一部,再逐一征剿其他诸部,而是采取"分信地扼之",使得本来有限的官军兵力变得非常分散,也更加单薄。况且,官军的士气十分低落,将士都不肯用命,一再哗变。先是徐来朝不愿扼守兰草川、朱阳关,士兵在卢氏县哗变;接着,邓玘由于长期克扣军饷,引起士兵的哗变。邓玘被吓坏了,登楼越墙,在慌乱中坠入火巷,被活活烧死。这样,未曾出师就先折损两支队伍,加上征调的罗坝土司兵迟迟未能赶来,更使洪承畴捉襟见肘。但迫于六个月"灭贼"的严旨,洪承畴也只好挥师上阵,孤注一掷了。

四月底,曹文诏从南阳匆匆赶到灵宝,来见洪承畴。洪承畴担心商、洛一带的农民军向汉中转移,令曹文诏率部从乡间小道直插洛南、商州,驰入汉中,迎面阻遏。曹文诏于五月初五日抵达商州,见农民军驻营城外30里处,营火满山,即于夜半率侄儿参将曹变蛟、守备曹鼎蛟及都司白广恩发起攻击,初战获胜。六月,李自成等部围攻宁州(今甘肃宁县东北),曹文诏手下的副总兵艾万年,副将刘成功、柳国镇,游击王锡命率3000人往援宁州。襄乐镇(在今甘肃宁县东北)一战,官军先获小胜,后来力渐不支,被迫撤退。行至巴家寨遭到农民军的伏击,艾万年、柳国镇

---

① 《绥寇纪略》卷三,《真宁恨》;《怀陵流寇始终录》卷八。

毙命,刘成功、王锡命负伤而逃。曹文诏闻讯,瞋目大骂,拔刀砍地,向洪承畴请战。洪承畴大喜,曰:"非将军不能灭此贼。顾吾兵已分,无可策应者。将军行,吾将由泾阳趋淳化为后劲。"①骄横狂妄的曹文诏率领3000人马向农民军发动进攻。六月二十八日,双方在真宁(治今甘肃正宁)县境的湫头镇开始交战。李自成针对曹文诏轻敌寡谋的弱点,退军30里,将其诱至自己的埋伏圈,紧紧加以围困,然后一声令下,杀声四起,飞矢猬集。曹文诏左右跳荡,转斗数里,力竭不支,拔刀自刎死。在明末官军中,曹文诏"勇毅有智略",以狠毒"敢战"著称。史载"诸将在阵,于胁从者纵令逃去,文诏必尽杀,无一存者"②。他同农民军作战七年,先后屠戮起义群众数万人,杀死起义首领数十名。他被李自成等部所围歼,"贼中为相庆"。这对明朝统治者是个沉重的打击,"(洪)承畴闻,拊膺大哭,帝(明思宗)亦痛悼"③。

湫头镇战后,农民军乘胜东进,直逼西安。洪承畴急忙调兵守御泾阳、三原,好不容易才保住西安。此时的西安,由于连年不断的天灾人祸,到处是残垣断壁,遍地蓬蒿,起义军人数激增,很难找到足够的粮食。明廷又不甘心失败,不断调兵遣将,加强对农民军的围剿。为了摆脱这种不利的处境,马守应等农民军不断冲击豫、楚两地的关隘。七月,首先冲击朱阳关,扼守此关的是徐来朝所率的天津兵,他们原本不愿入山,曾在卢氏县哗变,后被强制上山戍守,根本没有什么斗志。农民军一到,徐来朝逃窜,一军尽没。月底,农民军又破兰草川,击伤总兵尤世威和游击刘肇基、罗岱。八月,乘势进入河南,越过卢氏县,到达永宁。到十月,高迎祥、张献忠、一字王刘小山、撞天王等部几十万人都已东出潼关,进入河南。留在陕西坚持斗争的,只有李自成等部为数不多的几支农民军。洪承畴的堵剿计划宣告破产。

① 《明史》卷二六八,《曹文诏传》,第6898页。
② 《怀陵流寇始终录》卷六。
③ 《明史》卷二六八,《曹文诏传》,第6898页。

# 三、卢象昇与洪承畴的东西夹剿

崇祯八年(1635)八月,明思宗见限期六个月"灭贼"的愿望已经落空,局势越发严峻,整天愁眉苦脸,忧心如焚。八月二十一日,他在平台召见阁臣及府、部、科道官员,商讨对策。大臣个个小心谨慎,敷陈方略,但不是言不及义,便是纸上谈兵,不切实用。只有他的老师,上个月刚由少詹事擢为内阁大学士的文震孟说了些切中要害的意见。文震孟是当时较有识见也较为正直的官员,凤阳皇陵被焚后,他曾上《皇陵震动疏》,请求皇上"奋然一怒,发哀痛之诏,按失律之诛,正误国之罪,行抚绥之实政,宽闾阎之积逋。先收人心以遏寇盗,徐议浚财之源,毋徒竭泽而渔。尽斥患得患失之鄙夫,广集群策群力以定乱"①。明思宗虽优旨报之,却未能全部采纳而付诸施行。这次皇上平台召见,文震孟又直率进言:"今调官兵剿贼,本以为卫民也,乃官兵不能剿贼,反以殃民,以致民间有'贼兵如梳,官兵如栉'之谣。今惟严申号令,凡兵丁扰害民者,必杀无赦;将官能饬束兵丁,秋毫无犯,监军御史立刻奏闻,破格优擢。"明思宗连连点头称是,又将他召入门内,再进一步陈述具体意见。文震孟便就如何改善官兵与地方官府及老百姓的关系,提出了具体方案。他指出,百姓团聚村堡,是人自为守,家自为战,而非犯上作乱。官兵不能以索粮为名,到处骚

---

① 《明史》卷二五一,《文震孟传》,第 6498 页。

扰,以致"流贼"亦冒充官兵,混入村堡。他请求皇上申饬:"今后凡官丁所过,地方官预备糗粮,勿得以恶草塞责,违者参处! 兵丁亦不许入村堡,违者听民间堵御,将官不得故纵!"①但是,这次召对,还是未能商讨出一个如何剿灭起义军的具体对策,敢说几句真心话的文震孟不久还因受到首辅温体仁的排挤而离开了内阁。

到八月二十六日,明思宗只好提拔湖广巡抚卢象昇为兵部右侍郎兼右佥都御史,总理直隶、河南、山东、四川、湖广等处军务,赐予尚方剑,与总督洪承畴一道负责围剿农民军,并下达圣旨:"洪承畴督剿西北,卢象昇督剿东南,如贼入秦,卢象昇督兵进关合围扫荡。"②卢象昇接到任命,既感恩戴德,又忐忑不安,连忙上疏请辞,望皇上另简贤能。明思宗拒绝了他的请辞,一再下旨催促,他只得硬着头皮上任,指挥中原战事。当得知农民军已大半进入河南,明思宗又下令在原调的 7 万多兵力之外,再增调辽东总兵祖宽、祖大乐,龙固关参将李重镇所统关宁兵及山东、湖广等地官军两万,合共 9 万多人,以加强镇压力量。

到十月,明思宗还以"流贼"未平,皇陵震惊,颁布圣谕,宣布自己从初三日起避居武英殿,减膳撤乐,除典礼外,以青衣从事,以示与文武大臣同甘共苦之意,直至"寇"平之日为止。十月二十八日,又发布罪己诏,承担皇陵被焚的罪责,称:"今年正月,复致上干皇陵,祖恫民仇,责实在朕。"同时,稍带指责诸臣"夸诈得人,实功罕靓"的"失算"③,希望他们省察往过,重新激起斗志。

明思宗的罪己诏虽无实际内容,但它多少还是对广大将士起到了警戒的作用。洪承畴和卢象昇便分别督令各路兵马迅速出动,分路进剿。

高迎祥等部进入河南后,河南农民军声势复振。卢象昇急忙赶往河南,十一月到达汝州(治今河南临汝),部署对农民军的进剿。十一月十五日,他与辽东总兵祖宽夹击整齐王。整齐王败走,又与高迎祥等部合攻洛阳。祖宽领兵来救,败于洛阳东南的龙门、白沙。高迎祥与闯塌天、顺风王、扫地王等 13 营转战于汝州、光州(治

① 《烈皇小识》卷四。
② [明]卢象昇:《卢象昇疏牍》卷四,《辞总理五省军务疏》,明末清初史料选刊本。
③ 《国榷》卷九四,崇祯八年十月乙巳,第5717页。

今河南潢川）一带，又在确山为祖宽所败。

崇祯九年（1636）正月，高迎祥、张献忠、闯塌天、动天摇等部数十万众，东下安徽，联营百里，强攻滁州。滁州知府刘大巩、太仆寺卿李觉斯，用火球、火炮坚守滁州城，起义军连攻三日不下。卢象昇率祖宽赶来，祖宽用关宁铁骑从农民军背后突然发起攻击，农民军措手不及，动天摇在城东五里桥战死。卢象昇率军继至，与农民军激战于50里外的朱龙桥，"横尸枕藉，水为填咽不流"①。滁州之战，高迎祥损失惨重，仅精骑就战殁两千。滁州战后，高迎祥等部撤回河南境内，途中在朱仙镇、汝州杨家楼、裕州（治今河南方城）七顶山多次受挫，精骑损失殆尽。二月底，卢象昇赶到南阳，派人告知湖广巡抚王梦尹、郧阳抚治宋祖舜，要求将农民军拦截于汉水之北，以便将他们围歼于豫楚边界。但王、宋拒不遵命，未在汉水南岸设防。疲于奔命的农民军，除小部分仍留在内乡、淅川大山之中外，高迎祥、闯塌天等部便在光化县（治今湖北老河口光化镇）羊皮滩渡过汉水，进入郧、襄山区，与关中各部遥相呼应。

当高迎祥等大部分农民军东出河南之时，李自成、蝎子块、过天星张天琳（绥德人。当时另有一过天星，为惠登相，清涧人）、混天星郭汝磐、满天星等部仍在陕西坚持斗争。李自成有三四万人，过天星、混天星、满天星各有3万人。崇祯八年（1635）十一月，李自成联合满天星、混世王蔺养成、争功王、混天星等队伍计数百人，在宜昌、洛川一带活动，曾绕道韩城，想渡过黄河进入山西，因见黄河尚未封冻，又转锋南下汉中。

崇祯九年二月，洪承畴调集2万官军追击，他们又分兵两路，从汉中北上。洪承畴担心农民军攻打西安，只得分兵追击。两支农民军又会合一起，准备向西攻打兰州。洪承畴急檄固原总兵左光先和甘肃总兵柳绍宗合兵阻击。双方在干盐池（今宁夏海原西）展开激战，农民军大败，过天星张天琳求降，被安插于延安，未几复

---

① 《绥寇纪略》卷四，《朱阳溃》。

扬去。二月初十日，宁夏官军哗变，杀死巡抚王楫。李自成、满天星等部"势复振"[1]，乘机向榆林、绥德一带出击，五月与官军战于安定（治今陕西张县西安定镇），击毙延绥副总兵李成先，活捉并处死延绥总兵俞翀霄，毙敌三千人。接着，攻打米脂，遭到贺人龙部官军的伏击，又遇大雨，无定河水泛滥，李自成与刘宗敏仅以数骑脱离险境。不久，李自成部将高一功率万余人从固原赶来会合，声势复振。尔后北上攻打延川、绥德、米脂。米脂是李自成的家乡，"其亲故从乱如归"[2]，队伍得到进一步扩大。李自成等部在陕西的活动，有力地牵制了洪承畴的军队，支援了入豫农民军的斗争。

崇祯九年（1636）三月，鉴于河南的农民军大部分已进入豫楚边界的大山之中，留在河南的小部分农民军也已被挤压在内乡、淅川一带的山区，兵部尚书张凤翼上疏明思宗，建议敕谕河南、郧阳、陕西三巡抚各督将吏扼防，毋使逃入山中的"盗贼"逸出；四川、湖广两巡抚移师省境，听候援剿之命；总督、总理二臣率领大军入山围剿，并严禁商人进山贩粮，以期全歼"流贼"。明思宗批准了他的建议，下令："克期五月荡平，老师费财，督抚以下罪无赦！"[3]

接到命令的卢象昇，只得指挥各部入山围剿。内乡、淅川、郧阳、襄阳一带，多崇山峻岭。卢象昇所部祖宽、祖大乐辖下的关宁铁骑长于平原作战，却拙于山地作战，他们往往按兵不动，迟滞不前，令卢象昇叫苦不迭。他向朝廷上疏，大吐苦水。他尽管疲于奔命，一身委顿，却无法阻挡农民军的流动作战，征剿之效甚微。

看到官军全力征剿却未见效，淮安卫三科武举陈启新曾于崇祯九年（1636）正月赴阙献疏，为朝廷的三大病根开出三剂药方。其中之一是，"速蠲灾伤钱粮，以苏屡岁无告之颠连"[4]。明思宗随即采纳，下令蠲免山西受灾州县新旧二饷，蠲免畿内崇祯五年以前的欠赋。五月十日，又下诏大赦"胁从诸贼"，称"今日在豫者已困饥

---

① 《怀陵流寇始终录》卷九。

② ［明］郝景春：《郝太仆褒忠录》卷二，清刻本。

③ 《怀陵流寇始终录》卷九。

④ 《明季北略》卷一二，《陈启新疏三大病根》，第194页。

深山,在陕者零星窜伏,行将大兵加剿,必定玉石难分","为此再颁敕,遣官驰谕,各抚按大书榜示,从俗开导,如有悔罪投诚,弃邪归正,即称救回难民,……其或才力出众,愿向督理军前效用者,听其图功自现,一体叙录"①。但是,这道大赦诏书只对小部分动摇分子具有一定的诱惑作用,未能阻止农民起义的继续发展。因为诏令虽然讲了一大堆动听的话,却没有许诺诸如拨付赈贷牛种的安置经费,起义群众一旦缴械投降,还是没有活路。因此,当兵部职方司员外郎包起凤奉命前往河南招抚时,应者寥寥。有的招抚官员前往农民军营地劝降,甚至被农民军处死。

当时,在众多农民起义队伍中,以闯王高迎祥的起义军实力最为强大。早在崇祯九年(1636)正月,闯王等部攻打滁州时,兵科给事中常自裕即曾上疏指出:"贼渠九十人,闯王为最强,其下多降丁,甲杖精整,步伍不乱,非他鼠窃比。宜合天下之力,悬重购,必得其首。第获闯,余贼不足平。"②当年三月初,高迎祥与闯塌天等部进入郧阳,然后转入陕西兴安、汉中。围剿高迎祥的重任,就落在洪承畴与三月间接任陕西巡抚的孙传庭身上。当时,洪承畴主要负责围剿陕北的李自成等部农民军,孙传庭主要负责围剿陕南的高迎祥等部。

孙传庭,字伯雅,山西代州振武卫人,万历四十七年(1619)举进士,先后担任永城、商丘知县,天启初年升任吏部验封司主事、郎中,后因不满魏忠贤专权而辞官归家侍奉寡母。崇祯八年(1635)重回吏部,担任郎中,后任顺天府丞。他接任陕西巡抚之初,曾向明思宗面陈陕西兵员不足的问题,奏曰:"往者秦兵宿边镇,而秦抚治其腹,诚不烦置兵;今贼反在内,臣恐不能以徒手扑强贼。"明思宗皱着眉头说:"措兵难,措饷更难,朕给而今岁饷六万金,后则听若自行设处,不中制。"③孙传庭于是便着手整顿早已名存实亡的卫所屯田,"岁收屯课银十四万五千余两,米麦万三千五百余石"④,用此招募训练了一支劲旅。考虑到高迎祥势力强劲,孙传庭兵力不

---

① 《国榷》卷九五,崇祯九年五月癸丑,第5742页。

② 《绥寇纪略》卷五,《黑水擒》。

③ [明]孙传庭:《孙传庭疏牍》附录三,[清]李因笃撰:《孙传庭传》,明末清初史料选刊本。

④ 《明史》卷二六二,《孙传庭传》,第6786页。

足,洪承畴还抽调总兵柳绍宗前往支援,以加强对高迎祥的围堵追击。

七月中旬,高迎祥见汉中有官军重兵把守,无法通过栈道北上,决定从汉中东面的石泉北出子午谷,进袭省城西安。子午谷位于石泉北面,西临黑水峪,有小道可通西安。孙传庭对此早有预料,部署重兵控扼西安北面的黑水峪出口。高迎祥率部通过盩厔(今陕西周至)向南进入黑水峪,随后与控扼出口的孙传庭官军展开四天的激战。农民军初战获胜,后因连日大雨,粮饷断绝,接连受挫,孙传庭乘机使出招降的计策,以分化起义军。高迎祥手下的干公鸡张二、一斗谷黄龙等人暗中投降官军,并借雨后大雾之机,在高迎祥下马张弓之时,偷偷拉走了他的坐骑和身边的部卒。高迎祥只得脱下甲胄,躲进草丛,因而被官军俘获。明思宗得到孙传庭和洪承畴的报捷,大喜过望,传令将高迎祥押解至京处死。

高迎祥被俘遇害,使农民起义军遭受重大损失。有的起义首领因此对前途悲观失望,乞抚投降。如张妙手和蝎子块即分别向官府乞求招安,率部投降。但是,更多的起义首领仍率部继续坚持战斗。

就在高迎祥被俘的七月,因清[后金于崇祯九年(1636)四月改国号为清]兵再次入犯京畿,兵部急调山东、山西、大同、保定、山(海关)、永(平)及关、宁(远)、蓟镇之兵入援京师。九月,明思宗又下诏调卢象昇北上,总督宣、大、山西等处军务。五省总理的空缺由兵部左侍郎兼右佥都御史王家桢接替。但其能力大不如卢象昇,加之卢象昇辖下的关宁边兵皆随卢象昇北上,使征剿陕西农民军的官军兵力大为削弱。李自成等部在攻占绥德、米脂一带后,曾拟东渡黄河进入山西,但因山西巡抚加强了黄河渡口的防御,又复西行,活动于宁夏、甘肃一带。

活动于湖广地区的老回回、张献忠、闯塌天等部,也重新活跃起来。崇祯十年(1637)正月,张献忠联合曹操、老回回、闯塌天等部,共二十余万,浩浩荡荡地自襄阳沿江东下,很快又与江北大别山余脉英霍山区的"革左五营"中的革里眼贺一龙、左金王贺锦会合,进攻皖东地区,迭克蕲、黄、六合、怀宁(今安徽安庆)、望江、江浦等地。从此,农民军便以李自成、张献忠为主要首领,分别活动于两个不同的地域。

# 四、杨嗣昌的"十面张网"与起义的暂时沉寂

崇祯九年(1636)八月,兵部尚书张凤翼因清兵入犯而受到言官的纠弹,害怕遭到皇上的惩罚,于九月初自杀身亡。明思宗环顾周围的廷臣,觉得没有人懂得军事,于是想起杨鹤之子、丁忧在家的原宣大总督杨嗣昌。杨嗣昌,字文弱,万历三十八年(1610)举进士,历任杭州府儒学教授,南京国子监博士、户部清吏司主事、员外郎,河南按察司副使,山永巡抚,宣大总督等职。后以其父杨鹤去世,返乡守制,又遭母丧,久居不出。崇祯九年十月,明思宗不经廷推,径自下旨复起杨嗣昌为兵部尚书。

崇祯十年(1637)三月,杨嗣昌从家乡常德武陵县来到北京。明思宗平台召见,他"博涉文籍,多识先朝故事,工笔札,有口辨",侃侃而谈,颇得皇上的信爱。此后每次召见,他不断向皇上大谈振刷军政的主张,迥异于对兵事无所作为的前任兵部尚书张凤翼,明思宗更觉得他是难得的能臣,"所奏请无不听",叹曰:"恨用卿晚!"①

赴任之后,杨嗣昌面对中原农民起义军和辽东清兵的威胁,在《敬陈安内第一要务疏》中,提出了"必先安内方可攘外"的主张。早在一年之前,兵科给事中颜继

---

① 《明史》卷二五二,《杨嗣昌传》,第6510页。

祖即曾提出"灭奴(指满族建立的后金——清)先灭寇"的主张①,但未受到明廷的重视。明思宗起用杨嗣昌的圣旨谈及用兵要务时用的是"安边荡寇"四个字,似乎是"安边"第一,"荡寇"次之。杨嗣昌的这个奏疏以人身打比方来论述他的主张,说京师是头脑,宣、大、蓟、辽等边镇是肩臂,黄河以南、大江以北的中原地区是腹心,现今的边境烽火出现于肩臂之外,乘之甚急;而"流寇"则祸乱于腹心之内,中之甚深,急者固然不可缓图,而深者更不容忽视。腹心流毒,脏腑溃痈,精血日就枯干,肢骸徒有肤革,形势十分危急,所以"必先安内方可攘外"②。根据这个主张,杨嗣昌把消灭"腹心之患"的农民起义军作为用兵的主要方向,提出"四正六隅,十面张网"的围剿战略。其具体方案是,以农民军的主要活动地点陕西、河南、湖广、江北为"四正",由四地的巡抚分剿而专防;以农民军活动的非主要地区延绥、山西、山东、江南、江西、四川为"六隅",由六地巡抚分防而协剿,这就叫作张"十面之网"。另以陕西三边总督与中原的五省总理率领机动部队作为主力,随"贼"所向,专任剿杀。明思宗对此十分赞赏,说:"非卿莫能办之也!"③

为了实现"十面张网"的战略计划,杨嗣昌建议增兵12万,兵增加了,饷自然也随着增加。按杨嗣昌的计算,12万官兵中,步兵7.4万名,每名每天发给饷银5分,一年共需银133.2万两;马兵3.6万名,每名每天支饷银、草料银1钱,一年共需129.6万两,两项合计需增饷银262.8万两。后经户部尚书程国祥计算,262.8万两白银只够11万名兵员之用,还需再增18万两,总计增饷280.8万两,称为"剿饷"。明思宗召开几次御前会议,商议筹措这笔巨款的办法。在四月二十七日的会议上,他自己首先喊穷,说:"去岁谕令勋戚之家捐助,至今抗拒,全无急公体国之心。就是省直乡绅也不捐助,及至贼来,都为他有了,怎么这等愚?"接着,就责问大臣们:"贼定要大剿,定要用大兵,只是钱粮若不出于民间,就该发帑藏了。目今帑藏空

① 《明末农民起义史料》,《兵部为恭陈六要等事》,第119—122页。
② [明]杨嗣昌:《杨文弱先生集》卷一○,《敬陈安内第一要务疏》,中国科学院图书馆藏传抄本。
③ 《绥寇纪略》卷五,《黑水摘》。

虚。"①皇上带头喊穷，勋戚和乡绅自然也都不肯捐助。怎么办呢？明思宗想借用一年各省"存留的税粮"（地方的财政收入）。杨嗣昌曾在户部任过职，了解地方的财政收支，说各地存留的钱粮，除了开支官吏、师生和宗藩的俸禄，还要用于防海、防江、防倭、防矿盗，而自辽东发生战事以来，各地抽扣、搜刮、捐助又都从存留中开支，如今虽有剩余，也无济于大事。最后，杨嗣昌建议，将这笔剿饷全部加派到百姓身上，但将一年以前"因粮输饷"的加派办法改为"按亩均输"。此前实行的加派办法是根据卢象昇的建议，规定凡缴纳地亩税粮在 5 两以上者加征若干，一般农民缴纳税粮都达不到 5 两，不在加派之列，多少体现了分别贫富的精神。这次杨嗣昌借口"欲分贫富，其事甚难"，主张一律按亩均输，不管缴纳多少税粮，均按田亩一体加征，每田一亩，派米六合，每米一石，折银八钱，每年合共征银 280 万两。明思宗急于剿灭农民起义，批准了他的建议，诏曰："流寇延蔓，生民涂炭，不集兵无以平寇，不增赋无以饷兵。勉从廷议，暂累吾民一年，除此腹心大患。"②

　　实现"十面张网"战略计划的重任，落在三边总督和五省总理的身上。三边总督洪承畴能征善战，新任五省总理的王家桢却是个庸才，难以同洪承畴一起担当合力围剿的重任。因此，杨嗣昌特向明思宗推荐两广总督熊文灿来顶替王家桢。熊文灿，贵州永宁卫人，万历三十五年（1607）举进士，自诩知兵，实际上没有什么军事才能。崇祯初年，他在福建巡抚任上招抚了海寇郑芝龙，后升任两广总督，兼任广东巡抚，又借助郑芝龙的海上武装力量平定海寇锺凌秀、刘香。明思宗曾怀疑刘香未死，而且不知道熊文灿的为人，便派身边的太监以赴广西采办为名，前往广东秘密侦伺。两广物产丰饶，又是对外贸易门户，"文灿官闽、广久，积赀无算，厚以珍宝结中外权要，谋久镇岭南"。这次见到皇上派来的太监，他更是"盛有所赠遗，留饮十日"。就在招待太监饮酒时，太监谈到中原的"寇乱"，熊文灿就乘着酒兴，击案骂道："诸臣误国耳。若文灿往，讵令鼠辈至是哉！"太监起立曰："吾非往广西采办也，

---

①　《杨文弱先生集》卷四二。

②　《明史》卷二五二，《杨嗣昌传》，第 6510 页。

衔上命觇公。公信有当世才，非公不足办此贼。"熊文灿后悔失言，"随言有五难四不可"。但这个太监回朝后，还是在明思宗面前将熊文灿的胆识和才气吹嘘了一番，给皇上留下深刻的印象。杨嗣昌原先从未与熊文灿一起共事，对他并不了解。熊文灿的姻亲、礼部侍郎姚明恭，同杨嗣昌关系密切。"嗣昌握兵柄，承帝眷，以帝急平贼，冀得一人自助。明恭因荐文灿，且曰：'此有内援可引也。'嗣昌喜，遂荐之。"①明思宗欣然同意，任命熊文灿以兵部尚书衔兼右副都御史，代王家祯出任五省军务总理。

经过一番紧张的策划和筹备，到崇祯十年（1637）十月，杨嗣昌认为增兵、增饷诸事皆已就绪，上疏请求明思宗下达围剿令，说："臣计边兵到齐，整整在十二月、正月、二月为杀贼之期"，"下三个月苦工夫，了十年不结之局，是在我皇上赫然一震怒闻耳！"②明思宗急于平"贼"，毫不犹豫地批准了这个"三月平贼"计划，命从速付诸实施。

杨嗣昌的"十面张网"计划付诸实施之后，从崇祯十一年（1638）至十二年初，官军加紧对农民军的剿杀，并且取得了某些成效。

崇祯十年，活动于陕西的李自成、过天星等部，同官军在阶州（今属甘肃）、成县一带相持了七八个月之久。九月，农民军为躲避官军的追击，从秦州（今甘肃天水）地区出发，取道徽州（今甘肃徽县）、略阳，进军汉中。洪承畴急督官军由栈道星驰赴剿，在汉中府城之外击败李自成。李自成所骑马匹被射杀，便裸身涉水而逃脱。李自成汉中失利后，乃于十月南下四川，先后攻克川西 38 座州县城，进围省城成都。四川巡抚王维章及御史陈廷谟连疏乞援。明思宗下令将王维章革职，陈廷谟降三级"戴罪杀贼"，任命因小故而被夺官的蓟、辽、保定总督傅宗龙接替四川巡抚，并催促洪承畴火速统兵入川协剿。洪承畴急率固原总兵左光先，临洮总兵曹变蛟及副将马科、贺人龙、赵光远带着万名官兵入川，四川当局也调集了六七万官军加

---

① 《明史》卷二六〇，《熊文灿传》，第 6734—6735 页。

② 《杨文弱先生集》卷一九，《请旨责成剿贼第一事疏》。

紧追击剿杀。李自成、过天星见官军云集四川,又于崇祯十一年(1638)正月返回了陕西。

李自成等部返回陕西后,分成几股进行活动,兵力分散,给了官军各个击破的机会。洪承畴与孙传庭分别对农民军加紧追击。五月,大天王、混天王部在合水被孙传庭击败,接受招抚。同月,过天星等部也在三水(今属陕西)等地被孙传庭击败,于六月投降。明思宗大喜,命加孙传庭部衔,但杨嗣昌因孙传庭当初反对他的"十面张网"之策,压着不办。李自成出川后,向西转移,三月间在河州、洮州连吃两个败仗,人员和马匹遭受很大损失,便进入西羌,拟在此处补充马匹。洪承畴紧追不舍,李自成又掉头东返,进入陕、川交界地区。然后同六队祁总管会合,共三千多人,进入四川。洪承畴带领总兵曹变蛟、王洪入川,并派陕西监军道樊一蘅督促副总兵马科、贺人龙部入川追击。八月初,李自成等在南江县境战败,北奔陕西城固县境,在渡汉水时又遭左光先的袭击,队伍只剩下一千四五百人,只得退入附近的山区。祁总管支持不住,投降了左光先。李自成势力更显单薄,只得躲进深山密林,向东转战于陕西、湖广、四川三省交界地区,尽量避免同大股官军正面交锋,其踪迹因此不甚为人所知。

崇祯十年(1637)初,张献忠、闯塌天、老回回、混十万马进忠、射塌天李万庆、过天星惠登相、革里眼贺一龙等十几支农民军仍在江北地区活动。四月,张献忠率部西走,活动于河南南部、湖广北部地区。其他农民军继续活动于江北,时分时合,时而东进,时而北走,后来也逐渐向西转移。为了加强对这十几支农民军的镇压,明廷于当年九月命太监刘元斌、卢九德统率12万名禁军赶赴江北。就在这个月,熊文灿也从广东北上,赴任五省总理之职,负责指挥诸将扑灭中原及江北的农民军。

熊文灿自知指挥作战非己所长,决定采用在福建招抚"海寇"郑芝龙的办法来招抚农民军。他在路过庐山时,特地去拜访好友空隐和尚。空隐问他:"公自度所将兵足制贼死命乎?"他答曰:"不能。"又问:"诸将有可属大事、当一面、不烦指挥而定者乎?"答曰:"未知何如也。"空隐和尚语气沉重地叹息道:"二者既不能当贼,上特以名使公,厚责望,一不效,诛矣。"熊文灿站立良久,曰:"抚之何如?"空隐和尚说:"吾料公必抚。然流寇非海寇比,公其慎之。"①熊文灿告别空隐和尚,前往安庆。初抵安庆,就派人遍贴招抚告示。十二月,又派曾卷入起义的生员卢鼎至闯塌天刘国能、八大王张献忠营中进行招抚,并广发招降文书。同时,令官军将百姓和粮食都搬入城中,让农民军无法得到接济。明思宗重新起用熊文灿,是为了让他实行杨嗣昌的"十面张网"围剿农民军之策,得知他的主抚举措不禁大怒,下旨切责。杨嗣昌主剿,对熊文灿的主抚举措也心以为非,但既然推荐他来做五省总理,且又已令下三月平"贼"的海口,也只得听之任之,遇到有人对熊文灿的抚局表示异议,还站出来为之辩解几句。崇祯十一年(1638)正月,与王左挂作战失利,又担心被张献忠吞并的闯塌天刘国能,带着5000人马在湖广随州向熊文灿投降。他的部众大部分不愿投降,散归老回回马守应和革里眼贺一龙。此后,刘国能充当明廷的鹰犬,掉过头来帮助官兵剿杀农民军。

继刘国能之后,张献忠也接受招抚。崇祯十年(1637)八月,张献忠在南阳被左良玉击败负伤,转入湖广麻城、黄陂,同刘国能会合。十二月,当熊文灿派人招抚时,他表示接受,但尚犹豫不决,又转至承天(今湖北钟祥)、襄阳地区。崇祯十一年正月,他率部进占湖广谷城,赶走刘国能的士卒,张贴告示说:"本营志在匡乱,已逐闯兵(指闯塌天刘国能部)远遁。今欲解甲归朝,并不伤害百姓。"②同时,聚集当地乡绅耆老为其县结作保,请求朝廷同意招抚。张献忠派人携带大量财宝贿赂朝中权贵,并将一块一尺多长的碧玉和两颗径寸的珍珠献给熊文灿。熊文灿于是向朝廷建议招抚,并派监军道张大经代表他出席了张献忠在谷城举行的请降仪式。随后,张献忠将他的军队分屯于谷城城外15里的白沙洲,"造房数百间,买地种麦,与民间两平交易",并在谷城每个城门派兵站岗,名义上说是"备他盗出入"③,实际上是监视地方官府的行动。熊文灿命张献忠精简部卒,发给两万人的军饷,其余遣

---

① 《明史》卷二六〇,《熊文灿传》,第6735页。

② 参看[清]杨山松:《孤儿吁天录》卷三,清康熙刻本;[清]邹漪:《明季遗闻》,明季野史汇编本;[清]沈颐仙:《遗事琐谈》卷五,《寇祸本末》,清刻本。

③ 《孤儿吁天录》卷三。

散。张献忠说他手下的部卒都是壮士，愿举队跟从，如果拨给他 10 万人的军饷，可保郧阳、襄阳、荆州（治今湖北江陵）三府安宁无事。熊文灿信以为真，为之请衔开饷，拨给 6 个月军饷。熊文灿随即檄调其兵 4000 人去镇压其他农民军，张献忠却以刚刚受抚，"安集未定"①为借口，拒绝出兵。许多文武官员担心张献忠不是真心投降。杨嗣昌主张，张献忠应先杀李自成和马守应，才许招安，否则就将他杀掉。明思宗一改此前反对熊文灿主抚的态度，批驳说："岂有他来投降，便说一味剿杀之理？"兵科都给事中姚思孝上言："抚贼一事，亦难深信。"明思宗仍执意招抚，说："造房种田，正是招抚好处，又要散遣往那里去？"②

张献忠接受招抚后，拒不接受官府的改编和调遣，而是在谷城周围屯田耕作，造器练兵，以备来日再起，同刘国能的表现有着本质的区别。不过，他的受抚还是对其他起义军产生了严重的消极影响。当年十一月，罗汝才、过天星惠登相、小秦王白贵、整世王王国宁、托天王常国安、十反王杨友贤、关索王光恩、整十万黑云祥、混世王武世强等部接受招安，罗汝才同白贵、黑云祥驻屯于房县，其他诸部分驻于竹溪、保康等地，均与张献忠一样，不接受官府的改编与调遣，屯田造器，以备再起。至此，在河南、湖广地区活动的起义军，绝大部分受抚了，只有在安徽、湖广交界之处的老回回马守应、革里眼贺一龙、左金王贺锦、争世王刘希尧、乱世王蔺养成五支农民军即"革左五营"没有受抚，但势力单薄，只得退入英霍山区，活动也渐趋沉寂，明末农民战争，暂时转入了低潮。

崇祯十二年（1639）闯塌天等投降后，熊文灿扬扬自得地上奏："臣兵威震慑，降者接踵。十三家之贼，惟革、左及马光玉（即老回回马守应）三部尚稽天诛，可岁月平也。"③明思宗喜出望外，优诏褒扬。

---

① 康熙《温州府志》卷三二，[清]王瑞梅：《上理按两院书》，清康熙三十四年刻本。
② 《杨文弱先生集》卷四三，《戊寅四月十二日召对》。
③ 《明史》卷二六〇，《熊文灿传》，第 6737 页。

## 第八章

# 周延儒的复出与赐死

　　周延儒在关帝庙自缢。周延儒平日非常惜命，长期服用人参等补品，断气之后四肢仍然温润如生，监刑的锦衣卫都督骆养性怕他未死，命差役用铁钉钉入其脑门，才回宫复命。周延儒复出后的中兴之梦，对于明王朝来说，犹如人之将死的回光返照。随着周延儒的自裁，中兴之梦彻底破灭，明王朝的末日很快也就到来了。

# 一、推行温体仁路线的张至发与薛国观

　　崇祯十年(1637)六月,温体仁被罢官后,明思宗将其他辅臣中位居首位的张至发擢为首辅,同时用枚卜法点用吏部右侍郎刘宇亮、礼部右侍郎傅冠为礼部尚书,左佥都御史薛国观为礼部左侍郎,俱兼东阁大学士,入参机务。

　　张至发是明思宗为打破非翰林不入内阁的惯例,于崇祯八年(1635)六月通过考试由外僚擢入内阁的,意在扩大人才的选拔范围。无奈他缺乏识别人才的眼光,完全看走了眼。

　　张至发入阁后,一切皆听命于温体仁,很快就成为温体仁的亲信与同党。代温体仁出任首辅后,又传承温体仁的衣钵,执行没有温体仁的温体仁路线,极力排斥东林党人。福建漳浦人黄道周,字幼平,学贯古今,精通天文历数皇极诸书,天启二年(1622)中进士,授翰林院编修,担任经筵展书官。他"以文章风节高天下,严冷方刚,不谐流俗,公卿多畏而忌之"①。按照惯例,展书官进入经筵,必须双膝跪地前行,他却用双脚行走,引来魏忠贤的侧目。寻以母丧归里守制。崇祯二年(1629)起复故官,进右中允。因连上三疏营救钱龙锡,被明思宗连降三级,调任地方官。崇祯五年(1632)正月,因再次疏救钱龙锡,语刺周延儒、温体仁,被斥为民。崇祯九年

---

（1636）起复故官，翌年晋右谕德，掌管司经局。当年冬，为太子选择东宫讲官，作为首辅的张至发，将黄道周摒弃不用。黄道周同事项煜、杨廷麟为之鸣不平，请求将自己的位置让给他，张至发坚执不从。刑科左给事中冯元飚上疏指出："道周至清无徒，忠足以动人主，惟不能得执政欢。"①张至发愤极，连上两疏痛诋冯元飚，而"极颂体仁孤执不欺"②。张至发的这两个奏疏，又引来翰林院编修吴伟业的痛斥。他上疏责问，温体仁当国，有唐世济、闵洪学、蔡奕琛、吴振缨之徒参赞密谋，有陈履谦、张汉儒、陆文声之徒为之驱除异己，哪里算得上孤执？温体仁家窝藏巨盗，财产遍布湖州，幕僚中不乏亡命之徒，又怎么谈得上不欺？③

接着，翰林院检讨杨士聪上疏，揭发吏部尚书田维嘉贪赃枉法、卖官鬻爵的罪行。张至发见到奏疏，私自抄录一份偷偷送给田维嘉，让他预先做好申辩的准备。田维嘉未等明思宗将奏疏批转内阁，就抢先上疏为自己辩解。明思宗因此察觉到内阁有人给他暗通消息，下旨责其据实回奏。田维嘉眼看隐瞒不住，只得如实交代，明思宗下令罢了他的官，从此也对张至发失去信任。随后，大理寺少卿曹荃揭发内阁中书黄应恩贪污受贿事，又牵涉张至发。张至发连疏为黄应恩辩解，请求调查核实，明思宗虽对张至发拟旨褒答，但仍下令将黄应恩逮捕法办，张至发遂上疏请求辞职。崇祯十一年（1638）四月，明思宗批准了他的辞职报告，令其"回籍调理"。张至发的辞职报告"自谓当去者三，而未尝引疾"，时人因而传为笑谈，谓其"遵旨患病"云④。

张至发担任内阁首辅不到一年即被罢官，继任其职的孔贞运时间更短，为期不过两个月。继代而为首辅的是刘宇亮。

刘宇亮是四川绵竹人，万历四十七年（1619）举进士，后屡迁至礼部尚书。他身材短小精悍，善击剑，但性不嗜书，既缺乏军事谋略，也没有指挥作战的才能。崇祯

① 《明史》卷二五七，《冯元飚传》，第6640页。
② 《明史》卷二五三，《张至发传》，第6534页。
③ ［清］吴伟业：《梅村家藏稿》附录，《梅村先生年谱》；卷五七，《劾元臣疏》，四部丛刊本。
④ 《明史》卷二五三，《张至发传》，第6534页。

十一年（1638）十月，清军入掠，京师戒严，明思宗极度忧虑。刘宇亮"自请督察军情"。皇上大喜，即革除卢象昇总督宣府、大同、山西军务之职，命其代之。"宇亮自请督察，而帝忽改为总督，大惧，与（薛）国观及杨嗣昌谋，且具疏自言"①。明思宗于是更改谕旨，命杨嗣昌留任原职，而刘宇亮仍前往督察军情。刘宇亮到达保定，就得到卢象昇战殁的败报。过安平，哨探报告清兵将至，他与随行部卒皆相顾失色，急趋晋州以避之。不想，晋州知州陈弘绪却关闭城门，士民亦歃血誓不延纳一兵一卒。刘宇亮大怒，发射令箭，要求尽快打开城门，否则军法从事。陈弘绪也传出话来，曰："督师之来以御敌也，今敌且至，奈何避之？刍粮不继，责有司。欲入城，不敢闻命！"刘宇亮驰疏纠劾，明思宗下令逮治陈弘绪。州民闻讯，纷纷拥到京师，诣阙为之诉冤，"愿以身代者千计"②。明思宗还是将陈弘绪削职调用，并因此怀疑刘宇亮办事不认真，只会到处骚扰百姓。

崇祯十二年（1639）正月，刘宇亮抵达天津，见诸将消极避战，十分气愤，上疏纠劾。疏中涉及总兵刘光祚逗留不进的问题。内阁大学士薛国观正觊觎首辅之位，遂与兵部尚书杨嗣昌合谋构陷，说刘宇亮私自拟旨军前处斩刘光祚。待谕旨下达，刘光祚刚好在武清打了胜仗，刘宇亮便将刘光祚逮捕下狱，同时具疏请求宽宥，接着递上武清的捷报。薛国观觉得机会来了，乃拟严旨，斥责刘宇亮两疏前后矛盾，下九卿科道议处。议处的结果，"佥谓宇亮玩弄国宪，大不敬"。刘宇亮疏辩，部议仍将其落职闲住。给事中陈启新、沈迅又落井下石，上疏请求予以重处，于是又改拟削籍为民。二月，明思宗下旨，令其"戴罪图功，事平再议"③。当了半年多首辅的刘宇亮，就这样丢掉官职，被薛国观如愿以偿地取代了。

薛国观为陕西韩城人，万历四十七年（1619）举进士，授莱州推官。天启四年（1624）擢户科给事中，对时政颇有建策。魏忠贤专权后，大力攻击东林党，薛国观依附魏忠贤也紧跟着弹劾御史游士任、刑部尚书乔允升等东林党人，寻迁兵科右给

---

① 《明史》卷二五三，《刘宇亮传》，第6537页。

② 《明史》卷二五三，《刘宇亮传》，第6537页。

③ 《明史》卷二五三，《刘宇亮传》，第6537页。

事中,天启七年(1627)再迁刑科都给事中。崇祯改元,薛国观立即来个大转弯,坚决反对阉党余孽起用王化贞的主张。奉命往北镇祭医无闾①,返京后极言关内外营伍虚耗、将吏侵克之弊,力荐满桂,称其有御边之才,受到明思宗的褒奖。陕北农民起义爆发后,薛国观又联合陕籍的京官,力请设防速剿,并追论阉党分子陕西巡抚乔应甲纳贿纵盗之罪。南京御史袁耀然上疏揭发薛国观天启年间依附阉党攻击东林党的劣迹,薛国观生怕遭到清算,上疏力诋吏科给事中沈惟炳、兵部给事中许誉卿两位东林党人,从而得到温体仁的赏识,将其密荐给明思宗②。他的官职也步步高升,至崇祯十年(1637)八月被擢为礼部左侍郎兼东阁大学士,入参机务。

薛国观当上首辅后,"一踵体仁所为,导帝以深刻"③,全力推行没有温体仁的温体仁路线,庇护阉党余孽,仇视东林党及复社人士。不过,他的才智不及温体仁,伪装的手法更比温体仁差得远。温体仁表面上还装出不受贿赂的样子,他则公开贪污纳贿,无所不为。

当时的官场贪风炽盛,这是让明思宗深感头疼的问题。有一天,明思宗宴请薛国观,谈及朝士的贪婪之情,薛国观对曰:"使厂卫得人,安敢如是。"把责任完全推到厂卫身上。在旁侍候的东厂太监王德化吓得汗流浃背,此后便派人伺察薛国观的阴私秽行。这时候,正好薛国观重用内阁中书王陛彦而厌恶中书周国兴、杨余洪,诬告周、杨两人以泄露诏令而招权牟利,导致两人被逮下诏狱,最后被施以廷杖而毙于殿廷之上。其家人忿极,秘密搜集薛国观通贿的证据,向东厂告发。接着,周、杨两家又怂恿史𡎴的奴仆出面,状告薛国观吞没史𡎴寄存银子之事。

史𡎴是北直隶保定府清苑(今河北保定)人,身为御史却毫无德行,善于结纳宦官而成为王永光的死党。后巡按淮、扬,搜刮库存的赃罚银十几万两,装入自己的

---

① 医无闾,山名,亦作"医巫闾",在今辽宁北镇市西,人呼为"广宁山",主峰名望海山。

② [清]陆世仪《复社纪略》:"大学士温体仁再疏引疾,得旨允行……辞朝日,揭荐太常寺少卿薛国观、大理寺少卿蔡奕琛等可大用,纳之。"[明]杨士聪《玉堂荟记》:"乌程(温体仁)阴荐之,故以金宪(谏官)骤登政府。"指海本。

③ 《明史》卷二五三,《薛国观传》,第6539页。

腰包；做巡盐御史，又掩取前任官员张锡命的贮库银 20 余万两。翰林院检讨杨士聪又揭发，吏部尚书田维嘉通过史𡎴的中介，收受周汝弼的 8000 两银子，让他做了延绥巡抚；并揭发史𡎴盗取盐课的罪行。明思宗令史𡎴交代问题。他遂上疏攻讦杨士聪，并请敕命淮、扬监督中官杨显名查核上奏。不久，原巡盐御史张锡命之子张沆又上疏弹劾史𡎴，给事中张煜芳也上疏证实史𡎴侵吞盐课有据，并揭发他曾勒索富户于承祖的万两银子。史𡎴慌了手脚，忙派人携重金去买通管理盐课账册的黠吏，令其涂改账册，以掩盖其侵盗行为。明思宗极为生气，下令剥夺他的官职。史𡎴急携几万两银子入京，找到薛国观府邸，与之暗中密谋，上疏诬告张煜芳及其弟张炳芳、张炜芳。当时阁臣多数庇护史𡎴，准备拟严旨严惩张氏三兄弟。明思宗没有同意，只剥夺张煜芳的官职，令其听候审讯。稍后，淮、扬的监督宦官杨显名上报查核盐课的结果，虽极力为史𡎴辩解，但最终无法遮掩丢失 6 万两盐课的事实，史𡎴也终于被关进大牢。此时正值战争频繁，案件拖了很长时间未能了结，史𡎴最终瘐死狱中。京城百姓议论纷纷，传言史𡎴带到京城的几万两银子，都被薛国观侵吞。史𡎴的奴仆出面告发，证实了这个传言。薛国观拼命辩解，说所谓史𡎴的赃银是党人的诬陷，但明思宗又怎能相信呢？

东厂太监王化贞所掌握的周国兴、杨余洪家人告发薛国观通贿的证据，以及史𡎴奴仆告发其侵吞史𡎴赃款的事实，使明思宗对薛国观的信任开始发生动摇。接着发生的一件事，又进一步激怒了明思宗。当时明思宗正为国家财政入不敷出而发愁，薛国观建议用"借助"即向官僚、勋戚"借贷"的办法来解决，说："在外群僚，臣等任之；在内戚畹，非独断不可。"并举明神宗生母孝定太后的侄孙、武清侯李国瑞为例，说如果他带个好头，其他皇亲国戚就能慷慨解囊。于是薛国观便代皇上拟旨向武清侯家"借助"40 万两银子。戚畹们知道，所谓"借助"，其实就是捐献，谁都不肯往外掏钱。李国瑞就迫其庶兄李国臣掏钱。李国臣很生气，说："父赀四十万，臣当得其半，今请助国为军赀。"明思宗起初没有答应，但薛国观坚持必须借助 40 万两，否则将勒期严追。有的戚畹建议李国瑞装穷，他果然藏匿家财，而"拆毁居第，陈什器通衢鬻之，示无所有"。明思宗一气之下，下旨剥夺李国瑞的侯爵，年老体衰的李国瑞因此惊悸而死。有关衙门仍未停止追比，皇亲国戚惊恐不已，人人自危。恰好明思宗宠爱的田贵妃新生的皇五子朱慈焕生病，戚畹便"交通宦官、宫妾，倡言孝定太后已为九莲菩萨，空中责帝薄外家，诸皇子尽当妖，降神于皇五子"①。不久，皇五子果然病死。明思宗大为恐惧，急忙封李国瑞七岁的儿子李存善为武清侯，将李家上交的金银全部退还。明思宗因此恨透薛国观，准备伺机狠狠地整治他一顿。

机会很快就到来了。行人司的官员、复社成员吴昌时素与薛国观不和。到了考选之时，他担心薛国观从中作梗，派门人向薛国观说情。薛国观伪称考选时会将其列名第一，当得吏科给事中，但考选后却只授予礼部主事之职。吴昌时"以为卖己"，与其好友、东厂理刑官吴道正密谋，揭发在家守孝的侍郎蔡奕琛向薛国观行贿之事。明思宗闻讯，进一步加深了对薛国观的疑忌。

崇祯十三年（1640）六月，督师杨嗣昌陈奏军情，明思宗令阁臣草拟谕旨。薛国观呈上其所拟谕旨，明思宗很不满意，命五府九卿科道议处。执掌五军都督府的魏国公徐允祯、吏部尚书傅永淳等人没有摸透皇上的心思，从轻议处，请令薛国观致仕或闲住。明思宗认为这个处分太轻，科道官必定会站出来纠举。出乎他预料的是，当时的科道官只有给事中袁恺没在议决书上署名，并上疏批评傅永淳的徇私之罪，稍带指责薛国观的"貌肆妒嫉"的过错。明思宗很不高兴，将奏疏狠狠地摔在地上，大骂道："成何纠疏！"下令削夺薛国观的官职，放他回归韩城故里。

尽管明思宗按照部议，将薛国观从轻发落，但满肚子的火气并未全消。薛国观却不知收敛，离京时将多年聚敛的金银财宝装车，组成一支长长的大车队，浩浩荡荡地行进在大街之上，招摇过市。东厂侦知后，报告明思宗，并派人至薛国观府邸逮捕薛之亲信王陛彦，严加审讯。王陛彦招出薛国观招摇通贿的事实，牵连到傅永淳、蔡奕琛和通政使李梦辰、刑部主事朱永佑等11人。接着，给事中袁恺再次上疏，尽发薛国观纳贿诸事，并说傅、蔡均参与其事。薛国观连疏力辩，攻击袁恺受吴

---

① 《明史》卷二五三，《薛国观传》，第 6540 页；[清] 抱阳生：《甲申朝事小记》卷四，《丁丑以后佚事摘记》，清刻本；《明季北略》卷一七，《薛国观赐死》，第 288 页。

昌时的指使,明思宗不为所动。到十月,明思宗认为薛国观受贿证据确凿,命将王陛彦处死,遣使至韩城逮捕薛国观。薛国观一路磨磨蹭蹭,到翌年七月才到达北京。明思宗下令,命其在外邸待命。薛国观看到自己未被关进大牢,认为必定不会被处死。八月初八晚上,监刑官来到他的外邸门前,他还在鼾睡之中。被叫醒后,听说来人都穿着浅红色的衣裳,知是监刑官,这才蹶然叹曰:"吾死矣!"急忙找帽子,慌乱之中摸到一顶奴仆的帽子戴在头上,狼狈不堪地跪在地上接旨。听来人宣读赐死的诏书,连连顿首,口中竟然发不出声,半天才说出一句"吴昌时杀我!"随后遵旨悬梁自缢。第二天,使者回京还宫上报监刑的过程。又过一天,才许其家人收殓尸首。明代的辅臣被处死者,自嘉靖朝的夏言起,薛国观是第二个。随后,"法司坐其赃九千,没入田六百亩,故宅一区"[1]。

---

[1] 《明史》卷二五三,《薛国观传》,第 6541 页。

# 二、复社的崛起与周延儒的复出

在科举时代,读书应试,金榜题名,是士人踏入仕途的一条重要途径。明代的科举考试,生员应试要写八股文,不仅要熟读儒家经典"四书"与"五经",还需熟练掌握八股文的文体与写作技巧。一些士子便想方设法四处寻师访友,互相切磋学问,交流学习心得,以求登入龙门。到明代后期,此风更盛,出现了许多以文会友、切磋制艺的文人社团。当时江南地区经济最为发达,文教事业最为兴盛,文人结社的数量也最多,著名的有应社、几社和复社等。

应社是天启四年(1624)由杨廷枢在常熟商业繁荣的唐市镇设立的,而对应社起着推进作用的则是张溥、张采。张溥,字天如,号西铭,苏州太仓人,崇祯四年(1631)举进士;张采,字受先,崇祯元年(1628)举进士,与张溥同里。张溥为应社规定了入社的标准:"先与乎其人,后与乎其文。为人之道,有一不及于正者,则辞之而敢就。"①他还为应社制定社约,规定:"毋或不孝弟,犯乃黜。穷且守,守道古处,在官有名节。毋或坠,坠共谏,不听乃黜。洁清以将,日慎一日。"②要求所有成员在家尽孝悌之道,在官恪守名节,不坠落(即不与横暴的宦官之类同流合污),否则要

---

① [明]张溥:《七录斋论略》卷二,《诗经应社序》,台北伟文图书出版公司影印本。
② [明]张采:《知畏堂文存》卷二,《杨子书四节稿序》,清刻本。

劝谏,不听则除名。应社以切磋制艺为宗旨,经常评选八股文。科举考试的八股文都从"四书""五经"中命题,并以官方指定的程朱注疏为依据。要写好八股文,不仅必须掌握写作的技巧,更须准确理解"四书""五经"的义理。张溥认为,八股文风靡一时,人们专以应考学习为事,却忘掉了"君臣父子之大行"的"六经"之法,这是招致当今政治和道德颓败的主要原因。因此,"尊经复古"乃是改革政治腐败的紧急要务,"应社之始立也,所以志于尊经复古者,盖其志也"。为此,应社的一些学者还做了专门的分工,"子常(杨彝)、麟士(顾梦麟)主《诗》,维斗(杨廷枢)、彦林(钱栴)主《书》,简臣(周铨)、介生(周钟)主《春秋》,受先(张采)、惠常(王启荣)主《礼记》,(张)溥与云子(朱隗)则主《易》"①。他们集古人之学说,加以批判检讨,力求给入社的初学者以正确的指导。不久,以应社为基础,扩大联络范围,又成立了广应社。

崇祯元年(1628),张采考中进士,张溥也以明经贡入京师太学。在京期间,张溥广泛结交江南的江右、浙闽、松江及北方的燕、赵、鲁、卫等地的文社首领,与张采、杜麟征、王崇简等人,结成"燕台十子"之盟。这个同盟打出驱逐阉党余孽、复兴东林的旗号。后来几社的许多名士参加了这个同盟,因此这实际上也就是几社的前身。

几社是崇祯年间在松江设立的。参与创社的杜麟征、夏允彝、周立勋、徐孚远、彭宾、陈子龙,都是当时有名的青年才俊。他们为文社取名为"几社",寓"绝学有再兴之几"之意②。这个"绝学",指的是顾宪成在东林书院所倡导的儒家正统学脉。他们认为,由于王阳明心学的兴起,导致读书人束书不观,游谈无根,使儒家经学几乎成了绝学,因此必须再兴绝学,以承继儒家的正统学脉。这同应社致力于研讨五经之义,是不谋而合的。

崇祯元年(1628)冬,吴江知县熊开元重视文治,"进诸生而讲艺"③。当地文人

---

① 《七录斋论略》卷一,《五经征文序》。
② [清]朱彝尊:《静志居诗话》卷二一,《周立勋》,清刻本。
③ 《复社纪略》卷一。

联合吴翩、吕云孚、吴允夏、沈应瑞等，又成立了复社。

崇祯二年（1629），张溥从北京回到太仓，应熊开元之邀，来到吴江。当地巨室吴翩及沈氏的子弟皆从之游，他也因此与复社建立联系，并调停复社与应社之间的矛盾，促使复社与应社的联合，进而联合江北的匡社、南社，中州的端社，松江的几社，莱阳的邑社，浙东的超社，浙西的庄社、闻社，黄州的质社，江西的则社、历亭社、席社、昆阳社、云簪社，吴门的羽朋社，武林的读书社，山左（明清时代山东的别称）的大社等，成立规模更大的复社。在熊开元的支持下，张溥在吴江的尹山主持召开了复社的成立大会，宣布该社的宗旨、条规和课程。他在讲演中说："自世教衰，士子不通经术，但剽耳绘目，几幸弋获于有司，登名堂不能致君，长郡邑不知泽民，人材日下，吏治日偷，皆由于此。溥不渡德，不量力，期与四方多士，共兴复古学，将使异日者，务为有用，因此名曰'复社'。"①

复社立有统一的条规和比较严格的管理制度，具有较高的组织性。它以研讨八股为宗旨，网罗的大批文士又皆海内人望，文章堪称一流，经常切磋技艺，并通过各地的文社征集文章，编印选集，互相观摩，入社的士子常常金榜题名。崇祯三年（1630）乡试，就有杨廷枢、张溥、吴伟业、陈子龙、吴昌时等一批复社成员中举。崇祯四年（1631）会试，吴伟业、张溥、夏曰瑚、杨以任、马世奇、管正传、周之夔等人也都进士及第。此后，张溥又常利用自己的声望向有关官员推荐门下弟子，这些被推荐的弟子在乡试、会试中也每每名列前茅，"赖其奖擢成名者数十百人"②。因此，读书人纷纷请求入社，复社的规模迅速扩大，从初成立时的600余人扩增至3000余人，从而出现了鱼龙混杂的现象。复社除了举行定期的社集，还举办过几次大规模的集会，如崇祯二年、三年、六年的尹山大会、金陵大会、虎丘大会。其中，尤以崇祯六年的苏州虎丘大会规模最大。"癸酉（崇祯六年，1633）春，（张）溥约社长为虎丘大会。先期传单四出，至日，山左、江右、晋、楚、闽、浙以舟车至者数千余人，大雄宝

---

① 《复社纪略》卷一。

② ［清］吴伟业：《复社纪事》，昭代丛书本。

殿不能容。生公台、千人石,鳞次布席皆满。往来如织,游于市者争以复社会命名,刻之碑额。观者甚众,无不诧叹,以为三百年来,从未一有此也!武陵、苕、霅之间为泽国,士大夫家备舲艎,悬灯皆颜复社。一人用之,戚里交相借托,几遍郡邑。"①。

复社自拟的条规以研讨制艺、"兴复古学"为宗旨,但其复兴古学要求"务为实用","凡为文之不关六经、当世之务,一切不为"。他们针对现实的需要,大力弘扬"古学"中的忠臣义士思想,倡导挺身而出与邪恶势力进行坚决的斗争,同时弘扬"古学"中的经世济民思想,关注苍生的生存问题。其首领张溥公开声明,"吾以嗣东林也"②。他主张"以国事付公论",反对以"私权"来定朝政。他强调,应该重视"文人"在议政中的作用,认为"文人之称,尊贵重大,不得轻也"③。这样,复社人士便不可避免地卷入当时的门户之争。官府中与东林有瓜葛的官员,一般都对复社持支持态度;而与东林少有瓜葛的官员,则与复社作对,出现了"执政大僚由此恶之"④的局面。

温体仁出任内阁首辅后,力图为阉党翻案而排斥东林,自然站到复社的对立面。"绿牡丹"事件,就是温体仁攻击复社的开端。此后,他一直使用各种手段,持续不断地攻击复社人士。他致仕后,继任首辅的张至发、薛国观也都不喜欢复社,致使陆文声状告张溥之案迟迟不能了结。直到崇祯十四年(1641)张溥英年病逝,还未结案。

通过这一系列事件,复社人士意识到,如果没有朝中大臣特别是内阁首辅的支持,他们孤立无援,在政治上便难有作为。因此,复社首领决定物色支持本社的官员出任内阁首辅。张溥在世时,就开始着手进行这一活动,他看中的人选是崇祯六年(1633)被温体仁夺去首辅之位而引归的周延儒。复社成员、已升任礼部员外郎的吴昌时给张溥写信,劝他怂恿周延儒复出。周延儒原是东林党人陈于泰的姻亲,

① 《复社纪略》卷二。
② 《明史》卷二八八,《张溥传》,第7404页。
③ [明]张溥:《七录斋诗文合集》卷五。
④ 《明史》卷二八八,《张溥传》,第7404页。

早年在乡里与姚希孟、罗喻义等东林党人关系很密切；后来因攻击钱谦益而与东林党人结仇，下野之后颇有悔过之意，又逐渐接近东林党人，"颇从东林游"，复社人士认为他是可以争取的人选。周延儒还是张溥中进士的主考官，两人有师生之谊。张溥便出面与之谈判，对周延儒说："公若再相，易前辙，可重得贤声。"①周延儒当即表示同意。张溥于是接受礼部侍郎的建议，为此展开积极的活动，帮助周延儒复出。

经过一番策划，张溥联络涿州冯铨、河南侯恂、桐城阮大铖等人，分别出资，"共费六万金"②，贿赂曹化淳、王之心、王裕民等太监，打通关节。吴昌时也四出活动，结交皇帝身边的太监，让他们在皇上耳边吹风，施加影响。张溥则亲自给周延儒写信，要他如能复出，必须办理"救时十余事"，包括蠲逋租、举废籍、撤中使、止内操等③。周延儒慨然应允："吾当锐意行之，以谢诸公。"④但是，周延儒能否复出，关键还得看皇上的态度，自温体仁出局之后，明思宗虽然内外兼用，但不论是由翰林进入内阁的，还是由外僚擢入内阁的，没有一个首辅让他满意。许多大臣向明思宗推荐退休在家的周延儒，称他"颇有机巧，或能仰副"⑤，身边的太监也不时为他说好话。明思宗经过反复比较，觉得实在找不出合适的人选，也就表示同意了。

崇祯十四年（1641）四月，明思宗下旨，召前内阁大学士周延儒、张至发、贺逢圣入朝。张至发接到诏旨，想起当年致仕返里时，明思宗"不遣行人护行，但令乘传，赐道里费六十金、彩币二表里，视首辅去国彝典，仅得半焉"，感到寒心，再回顾崇祯朝诸多首辅的下场，特别是薛国观的赐死，更是不寒而栗，因而"四疏辞"⑥，拒不奉召。

在宜兴老家接到诏旨的周延儒，既喜又忧。喜的是终于等来了复出的机会；忧

① 《明史》卷三〇八，《周延儒传》，第7928页。
② 《烈皇小识》卷七。
③ 《复社纪事》。
④ 《明史》卷三〇八，《周延儒传》，第7928页。
⑤ 《烈皇小识》卷七。
⑥ 《明史》卷二五三，《张至发传》，第6535页。

的是这次重新出山，能否善始善终，实在心里没底。接旨当晚，周延儒梦见已经病逝十年的夫人吴氏，极力劝止他复出，说复出没有好下场，他将信将疑，夫人曰："不信吾言，可同我暂至一处。"周延儒随其前行，见一老僧，颈系一索，吓出一身冷汗而惊醒。不过首辅的权位对周延儒毕竟具有极大的诱惑力，他匆匆收拾行装，告别家人，还是怀着忐忑不安的心情启程进京了。一路上风尘仆仆，薛国观之死的阴影始终无法从脑海中抹去，接旨当晚的梦境也不时在眼前闪现。走到山东境内，门生杨士聪亲到运河岸边，登船拜谒，他不禁意味深长地对杨士聪说："自知再来必至祸及，而不敢不来！"①

　　九月，周延儒抵达北京，出任内阁首辅。明思宗寄予厚望，寻加少师兼太子太师，进吏部尚书、中极殿大学士，期望他能力挽狂澜，助其实现中兴之治。进京途中，他不停地思考着张溥所提的"救时十余事"。入京后，亢直敢言的御史张肯堂又向他面陈捐租起废、清理冤狱之类的要务，他皆一一采纳。他将这些建议逐一加以梳理，提出自己的施政纲领，在首次觐见皇上时就作了简要的陈述，曰："请释漕粮（明初的田赋通过大运河水运至京，称为'漕粮'。万历初年张居正改革，规定全国田赋折收白银，但苏、松、常、嘉、湖五府的田赋仍然征收实物，以保障京师漕粮的供应）、白粮（明代向苏、松、杭、嘉、湖五府所征供宫廷和京城官吏食用的额外漕粮）欠户，蠲民间积逋，凡兵残岁荒地，减见年两税。苏、松、常、嘉、湖诸府大水，许以明年夏麦代漕粮。宥戍罪以下，皆得还家。复诖误举人，广取士额及召还言事迁谪诸臣李清等。"②明思宗皆忻然从之，并赐宴为之洗尘。

---

① 《玉堂荟记》卷上。

② 《明史》卷三〇八，《周延儒传》，第 7928 页。

# 三、周延儒短暂的布新与败亡

周延儒得任内阁首辅之后，一改施行已久的温体仁路线，大力革除温体仁之流的弊政。计六奇有一段文字，综述当时的政局说："（周延儒）首复诖误举人，广天下取士额；次释漕欠并蠲民间积逋。会忧旱，禁狱、戍遣以下悉还家。再陈'兵残岁歉处，减现年两税；于宗室保举，格拔异才；修练储备，严核讨实'事，凡捍御、凡民生、凡用人理财，无不极其讨究、极其调剂；至望恩请恤、昭忠铭节等事，向期期不予，复核至再，以限于格、限于分、阻滞停阁者，沛然弗吝，天下仰望风采。考选四十六位，悉登台省以示宠，人亦归之，诵太师者无间口。使天意向平，安在非救时之宰相！"[1]

周延儒还对明思宗建议："老成名德，不可轻弃。"于是重新起用先前被罢废的郑三俊主持吏部，刘宗周主持都察院，范景文主持工部，倪元璐主持兵部。其他如李邦华、张国维、徐石麒、张玮、金光辰等也都被提拔上来，担任重要职务。并将被关押的傅宗龙释放出狱，为已故的文震孟、姚希孟追赠官衔。与此同时，周延儒还奏请皇上停止中官的内操，罢黜厂卫的侦伺缉捕之权，除谋逆乱伦，其他作奸犯科案件一律移交刑部审理。这一系列举措，受到朝廷内外的普遍赞誉，咸称善政。

周延儒还设法为张溥恢复名誉。崇祯十四年（1641）五月，在周延儒已接到复

---

出的诏旨但尚未抵京到任之际，年仅 40 岁的张溥暴病而殁，但一些人对复社的攻击仍持续不断。不知道张溥已死的刑部侍郎蔡奕琛因坐薛国观党而下狱，还攻讦张溥"遥握朝柄"，声称自己的罪名是张溥捏造的，并攻击张采"结党乱政"。明思宗下诏，要求张溥、张采做出回答。张采回奏说："复社非臣事，然臣与溥生平相淬砺，死避网罗，负义图全，谊不出此。念溥日夜解经论文，矢心报称，曾未一日服官，怀忠入地。即今严纶之下，并不得泣血自明，良足哀悼。"①当时温体仁已被罢斥，继为首辅的张至发、薛国观皆不喜东林，奏疏递上之后，有关衙门不敢报告明思宗。周延儒抵京就任首辅后，才将张采的奏疏呈递给明思宗，并极力为张溥美言。明思宗这才放弃对张溥的追究，并让进呈张溥的著作以备御览。

　　面对难得一见的新局面，明思宗感到十分高兴，因而对周延儒等辅臣颇为感激，特地举行了一场拜师礼，以表达他对周延儒等辅臣的崇敬与寄予厚望的急切心情。崇祯十五年（1642）正月初一日，他在御殿接受群臣朝贺后，便召见辅臣周延儒、贺逢圣、张四知、魏炤乘、谢陞、陈演，谦恭地对他们说："古来圣帝明王，皆崇师道。今日讲犹称先生，尚存遗意。卿等即朕师也，敬于元旦端冕而求。"然后恭恭敬敬地向他们作了个长揖，说："经言：'尊贤也，敬大臣也。'朕之此礼，原不为过。今而后，道德惟诸先生训诲之；政务惟诸先生匡赞之。调和燮理，奠安宗社民生，惟诸先生是赖！"②必须指出的是，明思宗的这场拜师礼，拜揖的虽然是六辅臣，其实他心中所要拜揖的是周延儒。因此《明史·周延儒传》说："帝尊礼延儒特重，尝于岁首日东向揖之，曰：'朕以天下听先生。'因遍及诸阁臣。"③

　　此时的明思宗，对周延儒可谓是眷顾殊深，尊礼备至。因此，周延儒有时也敢于请求明思宗纠正自己钦定的冤案。崇祯十五年（1642）八月二十四日，明思宗在文华殿听完日讲后，召集周延儒、陈演、蒋德璟、黄景昉、吴牲到文华殿后殿议事，拿出一本奏章问道："张溥、张采何如人？"周延儒答："读书的好秀才。"明思宗又问：

① 《明史》卷二八八，《张溥传》，第 7405 页。
② 《三朝野记》卷七，《崇祯朝纪事》，中国历史研究资料丛书本。
③ 《明史》卷三〇八，《周延儒传》，第 7929 页。

"张溥已死,张采小官,科道官如何尚说他好?"周延儒答:"他颇有胸中书,亦会做文章,科道官做秀才时见其文章,又以其用未竟惜之。不然,张溥已死,说他亦无用。"明思宗不以为然地说:"亦不免偏。"周延儒借机把话题转到持有不同意见的黄道周身上,说:"张溥、黄道周皆有些偏,只是会读书,所以人人惜他。"明思宗听后默然不语,因为直言无忌的黄道周,早年授翰林院编修,为经筵展书官,由于得罪魏忠贤而归家赋闲。崇祯二年(1629)起复后又两次遭到明思宗的贬斥;崇祯九年(1636)再度起复,后进右谕德。崇祯十一年(1638)六月廷推阁臣,黄道周名列其中,但明思宗不用黄道周而用杨嗣昌等五人。黄道周连上三疏,弹劾杨嗣昌及兵部左侍郎陈新甲、辽东巡抚方一藻,接着又在文华殿召对时与明思宗发生争吵。明思宗以"朋党"的罪名贬其六秩,降为江西按察司照磨,寻又下旨将他和推荐他的江西巡抚解学龙逮至刑部,一并廷杖八十,然后下令将黄道周谪戍广西。蒋德璟、黄景昉见明思宗默不表态,又站出来为黄道周求情,周延儒还说:"道周在狱中尚写许多书,即向前章奏,皆系亲手写的。"①明思宗只是面带微笑地听着,沉默良久,忽然想起岳飞,问道:"撼山易,撼岳家军难,何以能至此?"周延儒答:"飞在当时,固是忠勇,然亦未必尽如所云,但因秦桧谗构,飞不得其死,后世怜之,所以说得飞更好,就是古今所无。即如黄道周,皇上罪之甚当,但此人素有浮名,亦只是做得时文好,故一时文士多称其美。今在瘴疠之乡,一旦不保,则后世只知怜他,就与岳飞相类。"皇上微笑不答。蒋德璟看出皇上有些心动,接着说:"道周在狱逾年,只是读书,及感戴圣恩,曾手书《孝经》百卷,各有题跋。此人大要,还在忠孝一边,还望皇上赦他。"明思宗最后说:"既是卿这等说,岂止赦他,就用他也不难!"②八月二十六日,便特准黄道周赦罪复用。但黄道周已看透明思宗猜忌多疑、刻薄寡恩的性格特点,虽进京泣谢皇上让他重见天日,却表示自己有犬马之疾,乞请离京调养。明思宗也不挽留,放他回乡养病。

---

① 《春明梦余录》卷三三,《詹事府》;《三朝野记》卷七。

② 《玉堂荟记》。

周延儒复出后采取的这些措施,基本上是治标而不治本,无法解决百姓穷困这个根本问题。农民起义的烈火很快复燃,张献忠转战于四川、湖广,李自成更是挺进河南,攻克洛阳,进围开封,把农民起义推向高潮。清军则乘机再度越过长城,入犯京畿。面对危急的形势,周延儒束手无策,不仅在军事上无所谋划,而且由其推荐派出的两员督师,都因缺乏军事才能而偾事,从而暴露其庸驽无才略的致命弱点。

崇祯十四年(1641)年底,李自成第二次进围开封。明廷调集各路兵马驰援开封守军,在朱仙镇与李自成展开激战,其中力量最强的左良玉"见贼势盛,一夕拔营遁"①,最后退守湖广襄阳。崇祯十五年(1642)五月,李自成再再围开封。六月,以周延儒为首的大臣廷议,主张起用侯恂,令督左良玉部再援开封。左良玉年轻时曾因犯下抢劫军装罪被削去官职,屈身走卒之列,后被侯恂看中,授以兵权,才在援辽战役中崭露头角,从此步步高升而成大将。廷议认为,由于有这层关系,如果令侯恂前往督师,"目不知书"、骁勇善战而又"骄亢自恣"的左良玉当能听其调遣。但侯恂因"徇私养奸"之罪,已于崇祯十二年(1639)被关进监狱。明思宗于是特旨将他释放,命为兵部右侍郎兼右佥都御史,总督保定、山东、河北军务,并辖"平贼"(指挂"平贼"将军印的左良玉)等援剿官军,进行南北合击,以解开封之围。侯恂认为此时的官军已处于劣势,不宜主动寻求与农民军作战,只能扼险据守,等待时机。但朝廷否定了他的意见,坚持要他先解开封之围,严令其调左良玉向开封靠拢,侯恂只好命左良玉率部北上。左良玉部按编制只有 2.5 万名,由官府发给粮饷,他用招降纳叛的办法自行扩充至 30 余万,靠就地打粮自行筹饷。左良玉深知自己不是农民军的对手,全军北上可能会有被歼的危险。他派部将金声桓先率 5000 士卒前行,充当侯恂的护卫军,同时捎信给侯恂,说他统率 30 万大军随后前来会合。侯恂一听说是 30 万人马,就回信说:"若悉以来而自谋食,咫尺畿辅,将安求之?"②请他

---

① 《明史》卷二七三,《左良玉传》,第 6994 页。
② [明]张岱:《石匮书后集》,《左良玉列传》。

不必北上。明廷令侯恂督师以解开封之围的愿望,也随之化为泡影。当年九月,河南的官僚眼看救援无望,挖开黄河大堤,水淹开封。闰十一月,侯恂也被罢官,重新投入大牢。

周延儒的门生范志完,也以督师而偾事。崇祯十四年(1641)冬周延儒主政,将范志完由分巡关内佥事超擢为右佥都御史,巡抚山西,不久又擢为兵部右侍郎兼右佥都御史,总督蓟州、永平、山海、通州、天津诸镇军务。翌年正月,督师关外的辽东总督杨绳武病死,命范志完为兵部左侍郎,督师关外,而以张福臻督蓟镇,驻关内。六月,又易范志完头衔为钦命督师,总督蓟、辽、昌、通等处军务,节制登、津抚镇。十一月,言官弹劾张福臻昏庸无能,建议移督师于关内,裁撤蓟辽总督。朝廷于是调回张福臻,令范志完兼督关内,移驻关门。范志完深知责任重大,再三推辞,未获批准,又请求致仕,也不准许,不得已上疏请求仍设蓟辽总督,明思宗命赵光抃赴任。就在此时,清兵已越过墙子岭(在今北京密云东)、青山口(在今河北迁西北)等处入侵,大举南下。“兵部劾志完疏防,廷臣亦言志完贪懦。帝以敌兵未退,责令戴罪立功。然志完无谋略,恇怯甚,不敢一战,所在州县覆没,惟尾而呵噪,兵所到剽房。至德州,佥事雷缙祚劾之,自是论列者益众。帝犹责志完后效,志完终不敢战。明年,大清兵攻下海州、赣榆、沭阳、丰县,已而北旋。志完、光抃卒观望,皆不进。”①事定议罪,遂命逮范志完下狱,于十一月处斩。

周延儒还有一个致命的弱点,就是贪婪成性。他复出之后,大肆招权纳贿,拉帮结派。名列逆案的冯铨对周延儒的复出捐资出力,周延儒许诺让他到户部任职。消息一传开,舆论哗然。冯元飙劝说周延儒将兵部左侍郎吴甡引入内阁,共同掌握人事的任用权。周延儒暗中活动,促使明思宗于崇祯十五年(1642)六月擢其为礼部尚书兼东阁大学士,入参机务。当周延儒向吴甡提起任用冯铨的事时,吴甡却不置可否,回头召见户部尚书傅淑训,告以逆案不可翻。周延儒这才发现吴甡骗了他,从此与之结仇。周延儒想起用张捷为南京右都御史,拟引用锦衣卫都督骆养

---

① 《明史》卷二五九,《赵光抃传附范志完传》,第6722页。

性,吴甡都加以阻挡。此后,两人各自拉起自己的小帮派,因吴甡是江北扬州府兴化人,周延儒是江南常州府宜兴人,这两个小帮派便分别被称为"北党"与"南党"。两派互相倾轧,制造谣言,混淆视听,使政局更加混乱。

就在南党与北党互相争斗时,在北京出现了一份匿名的所谓"二十四气"的诽谤传单。传单列出当时活跃于政坛的 24 个人物,每个人名的前头冠以"杀气""戾气""妖气"之类的形容词,后面加上"两头蛇""灰地蛇""桃树精"等绰号,带有人身攻击的味道①。名单攻击的对象,既有北党,也有南党,说明它是出自温体仁路线的获益者之手,旨在挑起事端,引发新的党争,既借以发泄对周延儒等一批阁臣终止温体仁路线的不满,又达到破坏其革旧布新的目的。

这份匿名的"二十四气"名单出现之时,明思宗正下诏"戒谕百官,责言路尤至"。礼科给事中姜埰怀疑皇上是受了这份名单的影响,慷慨激昂地上疏:"陛下视言官重,故责之严。如圣谕云'代人规卸、为人出缺'者,臣敢谓无其事。然陛下何所见而云?倘如二十四气蜚语,此必大奸巨憝,恐言者不利己,而思以中之,激至尊之怒,箝言官之口,人皆暗默,谁与陛下言天下事者?"此时明思宗正被内忧外患搞得焦头烂额,姜埰竟敢诘难他的谕旨,更使他火冒三丈,下旨将其逮下诏狱,严加拷讯。锦衣卫镇抚官经严刑拷打,献上狱词。明思宗很不满意,曰:"埰情罪特重。且二十四气之说,类匿名文书,见即当毁,何故累腾奏牍。其速按实以闻。"②

恰在此时,又发生了行人司副熊开元准备状告周延儒未成而下狱的事。

熊开元原先在吴江担任知县时,仰慕张溥的学问名声,大力支持张溥在吴江县的尹山召开复社成立大会,颇受江南名士的赞赏。周延儒复出后,他升任京官,任行人司副。他见别人升迁很快,希望升任更高官职。"会光禄丞缺,开元诣首辅周延儒述己困顿状。延儒适以他事辄命驾出,开元大愠"③。清军入塞骚扰京畿地区,明思宗下诏求言,凡官民陈言者,可至会极门报名,即日召见。第二天他赶到会极

---

① 《甲申朝事小纪》三编卷三,《二十四气》;《三垣笔记·附识中·崇祯》,第 204 页。
② 《明史》卷二五八,《姜埰传》,第 6666—6667 页。
③ 《明史》卷二五八,《熊开元传》,第 6669 页。

门报名,准备对皇上论劾周延儒。不料,待他进入文昭阁,却见周延儒站在明思宗的旁边,他不敢当面弹劾周延儒,只敷衍了事地谈了一些军事方面的意见就退了出去。

过了十来天,熊开元再次请求明思宗召见。没想到他在夜间跟随辅臣走进德政殿,只见皇上秉烛而坐,他奏道:"《易》称'君不密则失臣,臣不密则失身',请辅臣暂退。"周延儒等辅臣要求退避,明思宗不许。熊开元无可奈何,只得奏道:"陛下求治十五年,天下日以乱,必有其故。"明思宗问:"其故安在?"熊开元说:"今所谋画,惟兵食寇贼。不揣其本,而末是图,虽终日夜不寝食,求天下治无益也。陛下临御以来,辅臣至数十人,不过陛下曰贤,左右曰贤而已,未必诸大夫国人皆曰贤也。天子心膂股肱,而任之易如此。庸人在高位,相继为奸,人祸天殃,迄无衰止。迨言官发其罪状,诛之斥之,已败坏不可复救矣。"明思宗听出他话中有话,再三诘问:"尔意有人欲用乎?"熊开元一再辩称没有,只是边奏边睥睨周延儒。周延儒听出他的话中话,赶忙向明思宗表示谢罪。明思宗却说:"天下不治皆朕过,于卿何与?"熊开元这才把话挑明,说:"陛下令大小臣工不时面奏,而辅臣在左右,谁敢为异同之论以速祸?且昔日辅臣,繁刑厚敛,屏弃忠良,贤人君子攻之。今辅臣奉行德意,释累囚,蠲逋赋,起废籍,贤人君子皆其所引用,偶有不平,私慨叹而已。"明思宗责备熊开元藏有私心,说话吞吞吐吐。熊开元忙为自己辩解,接着又要求皇上召集廷臣,问问他们对辅臣的看法,说:"辅臣心事明,诸臣流品亦别。陛下若不察,将吏狃情面贿赂,失地丧师,皆得无罪,谁复为陛下捐躯报国者?"周延儒等辅臣连忙说:"情面不尽无,贿赂则无有。"熊开元又说:"敌兵入口四十余日,未闻逮治一督、抚。"明思宗说:"督、抚初推,人以为贤,数月后即以为不贤,必欲去之而后快。边方与内地不同,使人何以展布?"[①]熊开元还就督、抚的任用提出种种责难,明思宗听得不耐烦,命他退出。临走时,周延儒等辅臣让熊开元将其未尽的意见,写成书面文字呈上。

---

① 《明史》卷二五八,《熊开元传》,第6669—6670页。

周延儒担心熊开元再上奏疏于己不利,当即吩咐亲信,进行阻挠。大理寺卿孙晋、兵部侍郎冯元飙找到熊开元,责备他说:"首辅多引贤者。首辅退,贤者且尽逐。"①大理寺丞吴履中,也责备熊开元做得太过分。礼部郎中吴昌时,是熊开元当吴江知县时提拔上来的士子,他也给熊开元写信进行劝告。熊开元接受他们的意见,决定不再状告周延儒,只是浮皮潦草地写了一份奏疏呈上。明思宗当时正宠信周延儒,而且正为清兵未退而发愁,见到这个不痛不痒的奏疏,勃然大怒,觉得形势危急之际,熊开元反复要求召见,结果谈的都是一些鸡毛蒜皮的事,这不是成心捣乱吗?于是命锦衣卫将他逮捕入狱,严加审讯。

锦衣卫都督骆养性是由周延儒的荐举而出任此职的,但他入掌锦衣卫后,结交宦官,了解到周延儒的许多阴私丑事,因此对周延儒逐渐产生不满。而熊开元又是骆养性的同乡,他不愿加以深究,第二天就草草地向皇上递交审讯报告。明思宗更加生气,说:"开元谗谮辅弼,必使朕孤立于上,乃便彼行私,必有主使者,养性不加刑,溺职甚,其再严讯以闻。"②十二月初一日,骆养性只得动用重刑,追究其背后的主谋。

熊开元实在没有主谋可交代,索性大量揭发周延儒的隐私。明思宗下令对其施行廷杖,然后关进诏狱。"帝怒两人甚,密旨下卫帅骆养性,令潜毙之狱"。骆养性大惊失色,不敢贸然行事,征求同僚的意见。同僚提醒他:"不见田尔耕、许显纯事乎?"③说魏忠贤阉党乱政时,田尔耕、许显纯滥杀无辜,结果都没有好下场。骆养性感到害怕,更不敢执行皇上的密诏,而是故意将它泄露给言官廖国遴,廖国遴再透露给同僚曹良直,曹良直遂上疏弹劾骆养性,说他"归过于君,而自以为功。陛下无此旨,不宜诬谤;即有之,不宜泄。请并诛养性、开元"④。明思宗因此十分被动,只得扣下这份奏疏,事情不了了之。

① 《明史》卷二五八,《熊开元传》,第 6670 页。
② 《明史》卷二五八,《熊开元传》,第 6671 页。
③ 《明史》卷二五八,《姜埰传》,第 6667 页。
④ 《明史》卷二五八,《姜埰传》,第 6667 页。

姜埰、熊开元因为向明思宗进谏而获罪入狱,许多大臣感到愤愤不平,纷纷站出来为之求情。崇祯十五年(1642)闰十一月二十九日,明思宗在中左门召对内阁、五府、六部、科道等部门大臣,讨论抵御清兵事宜。临近结束,吏科都给事中吴麟征作为六科之长,首先站出来为姜埰说情,说:"同官姜埰干犯天威,亦皆臣等之罪。但姜埰作令清苦,居官勤饬,身体屡弱多病,伏望圣恩宽宥。"明思宗回答道:"目今敌骑深入将及两月,既不能御之于外,又不能胜之于内。"说着说着,竟掉下眼泪,一脸悲戚,接着说:"姜埰不遵朕谕,反来诘问,安得不重处。尔言官以言为职,当言的不敢言,敢于欺藐。二十四气之说,事同匿名(文书),见者尚当焚毁,乃屡见奏章,不得不于姜埰疏上一问。"吴麟征不好反驳皇上的话,只能说:"言官只管言,即言之当否,与称职不称职,自听朝廷处分。"随后,吴麟征又把话题转到熊开元身上,说:"顷熊开元亦以奏诘辅臣周延儒,虽是出位妄言,谚曰'家贫思贤妻,国乱思贤相',封疆事败坏至此,岂得不责备首辅,此亦人情所必至。"但明思宗硬说:"熊开元假托机密,阴行防潜,小加大,贱凌贵,渐不可长!"户部尚书傅淑训也站出来为姜埰、熊开元说情,明思宗一句"面谕甚明,不必申救"①,就把他们给顶了回去。

一向耿直敢言的都察院左都御史刘宗周仍不死心,接着站出来申救姜埰、熊开元。刘宗周,字起东,浙江山阴人,万历二十九年(1601)举进士,选为行人。他安贫乐道,敢怒敢言,曾入东林书院讲学,也曾参与邹元标、冯从吾的首善书院。昆、宣诸党攻击东林,他上疏说东林党的顾宪成、高攀龙等人"有国士风","攻东林可也,党昆、宣不可"。天启年间,刘宗周屡疏指斥阉党分子,推荐东林党人,每每遭到阉党的排挤,天启四年(1624)被削籍为民。明思宗继位后,崇祯元年(1628)冬召其为顺天府尹。他推辞不许,翌年九月入京,即上疏批评皇上求治太急。不久,后金八旗兵逼近京畿,又上疏说:"国事至此,诸臣负任使,无所逃罪,陛下亦宜分任咎。"后因病辞职。崇祯八年(1635)七月,内阁缺人,吏部推举孙慎行、林釬和刘宗周三人入阁。刘宗周固辞未允,于次年正月入京。当时孙慎行已死,他与林釬一起进见皇

---

① 《春明梦余录》卷四八,《都察院》。

上,又当面批评明思宗"求治太急,用法太严,布令太烦,进退天下士太轻"。明思宗感到如芒刺背,命林钎入阁为大学士,而将刘宗周改任工部左侍郎。过了一个月,刘宗周再次上疏批评明思宗虽锐意求治,"而二帝三王治天下之道未暇讲求"。明思宗极为恼火,谕令阁臣拟严旨斥责。阁臣拟了四次,明思宗都不满意,又将他的奏疏反复看了几遍,觉得语气虽尖锐,但透着清直之情,于是降旨诘责一通,同时夸奖他的清直之情。当年十月,刘宗周又上疏,认为"朝政日隳,边防日坏"的祸根是"中官用事而外廷浸疏",也就是重用宦官而内阁无为。前者是批评明思宗,后者是批评首辅温体仁。明思宗见疏怒不可遏,温体仁又上疏力诋刘宗周,明思宗遂下旨将其罢斥为民。

崇祯十四年(1641)九月,吏部左侍郎空缺,廷推不称旨,明思宗想起刘宗周,说"刘宗周清正敢言,可用也"。刘宗周固辞不允,翌年八月被擢为左都御史。冬十月,京师被兵。闰十月,明思宗在中左门召见廷臣,刘宗周又站出来申救姜埰、熊开元,奏曰:"陛下方下诏求贤,姜埰、熊开元二臣遽以言得罪。国朝无言官下诏狱者,有之自二臣始。陛下度量卓越,妄如臣宗周,戆直如臣黄道周,尚蒙使过之典,二臣何不幸,不邀法外恩?"明思宗答道:"道周有学有守,非二臣比。"刘宗周说:"二臣诚不及道周,然朝廷待言官有体,言可用用之,不可置之。即有应得之罪,亦当付法司。今遽下诏狱,终于国体有伤。"明思宗大怒,说:"法司锦衣皆刑官,何公何私?且罪一二言官,何遽伤国体?"刘宗周回答说:"锦衣,膏粱子弟,何知礼义,听寺人役使。即陛下问贪赃坏法,欺君罔上,亦不可不付法司也。"明思宗更是火冒三丈,大声喝道:"如此偏党,岂堪宪职!"停了一会儿,又说:"开元此疏,必有主使,疑即宗周。"[1]此话一出,大臣都惊呆了。金都御史金光辰极力申辩,明思宗怒上加怒,命将其与刘宗周一并议处。第二天,下旨将金光辰贬三秩调用;将刘宗周革职,着刑部议罪。经阁臣恳救,乃免予议罪,贬斥为民。

明思宗指责锦衣卫都督骆养性"溺职太甚",把姜埰、熊开元之案移交刑部审

---

[1] 《明史》卷二五五,《刘宗周传》,第 6573—6584 页。

理。新任刑部尚书徐石麒认为骆养性并未失职,根据原告的审讯口供拟出"开元赎徒,采调戏"的处理意见,不再审讯。明思宗大怒,将经办的一名司法官员除名,"石麒落职闲住"①。姜采、熊开元便一直关在刑部狱中,直到崇祯十七年(1644)初,才将姜采流放宣州,将熊开元流放杭州。

二十四气的匿名传单与姜、熊的案件,使吴甡"北党"与周延儒"南党"的矛盾日渐凸显,一向反对臣下结党的明思宗自然不会坐视不问。崇祯十五年(1642)三月,明思宗以襄阳、荆州、承天先后落入李自成农民军之手,召对廷臣,流着眼泪请内阁大学士吴甡前往湖广督师,但是吴甡提出这个条件那个条件,商议这个方略那个方略,迟迟不肯动身。明思宗极为恼火,说:"徐之,敌退兵自集,卿独往何益?"②到了五月,吴甡才被迫动身,过了一宿,又被叫了回来。吴甡惶恐不安,连上两疏引罪,遂许退休。走到半道,又遭辅臣陈演和骆养性的弹劾,被叫回京城,交三法司议罪,于十一月被谪戍云南金齿(在今云南保山南)。

周延儒也在劫难逃。崇祯十五年(1642)六月,兵部尚书陈新甲与清议和的消息泄露,朝廷上下闹得沸沸扬扬,要求明思宗从重惩处陈新甲。周延儒作为内阁首辅,明知议和是明思宗默许的,本应站出来替皇上承担责任,却始终保持沉默,迫使极好面子的明思宗下令处死陈新甲。明思宗也因此进一步看清周延儒的庐山真面目,对亲信大臣说:"朕恨其太使乖!"③

当年十一月初,清兵越过长城墙子岭等处南下,京师戒严,周延儒拿不出御敌的方略,惊慌失措,只在石虎胡同集中几百名和尚、道士,搞了个"大道法场"念诵《法华经》的闹剧。崇祯十六年(1643)四月初,得知清兵在饱掠之后准备北撤,明思宗召集周延儒等辅臣,表示自己将挂帅亲征,周延儒及次辅陈演、蒋德璟先后跪地请求代皇上统兵出征,明思宗都大摇其头。待周延儒再次跪请督师,明思宗这才表示同意。周延儒不得不启程赶赴通州。他见清兵势大,根本不敢追击,只让明军士

---

① 《明史》卷二七五,《徐石麒传》,第7041页。
② 《明史》卷二五二,《吴甡传》,第6524页。
③ 《烈皇小识》卷八。

卒在道路两旁和清兵后面不时地鸣枪恫吓而已。当时天气逐渐转热,从小在东北山林里长大的清兵害怕炎热的天气,把抢劫来的金银财宝装载在车马之上,沿着涿鹿至天津300里的各条大道,浩浩荡荡地往北撤退。周延儒则躲在通州城里,和前来勤王的四总兵刘泽清、唐通、周遇吉、黄得功以及随征四臣方士亮、蒋拱宸、尹民兴、刘嘉绩等大摆宴席,饮酒作乐,并不时向朝廷奏捷。明思宗公然给他加封太师之衔,赐予银币、蟒袍。周延儒推辞了一番,最后许以辞去太师之衔。有山人题诗讥讽曰:"敌畏炎熇归思催,黄金红粉尽驼回。出关一月无消息,昨日元戎报捷来。"①

过了几天,骆养性和宦官派到前线的情报人员回到京城,汇报周延儒在前线消极避战的实情,明思宗大为恼怒,令五军都督府及兵部审查议罪。周延儒自知罪行深重,自请戍边。明思宗说他"报国尽忱,终始勿替",下旨:"许其驿归,赐路费百金,以彰保全优礼之意。"这样,周延儒算是免于一死,得以荣归故里了。在返里途中,他不时想起蒋德璟偷偷告诉他皇上说的一句话:"朕恨其太使乖。""太使乖",也就是太过精明、工于心计的意思。他记得蒋德璟将皇上这句话私下透露给他时,他曾对蒋德璟道出自己内心的秘密:"事如此英主,不使乖,不得也!"②侍候这样一位刚愎自用、猜忌多疑、极好面子、听不得逆耳忠言的君主,不使乖,又能怎样呢? 他左思右想,怎么也想不出面对这样的君主能有什么更好的办法。

不久,周延儒的门生范志完又遭到山东武德道兵备佥事雷缜祚的弹劾。清兵从墙子岭南下,雷缜祚驻守德州,曾上疏揭发范志完"纵兵淫掠,折除军饷,构结大党"。明思宗以淫掠事责兵部,而令雷缜祚再详细陈奏。雷缜祚看到范志完是周延儒的门生,有所顾忌,一直拖着没有再奏。到了五月,他见周延儒被五军都督府与兵部议罪,鼓起勇气呈上第二份奏疏,曰:"方德州被攻,不克去,掠临清,又五日,志完始至。闻后部破景州,则大惧,欲避入德州城。漏三下,邀臣议。臣不听,志完乃

---

① 《明季北略》卷一九,《周延儒》,第341页。
② 《烈皇小识》卷八。

偕流寓词臣(方)拱乾见臣南城古庙。臣告以督师非入城官,蓟州失事,由降丁内溃,志完不怿而去。若夫座主当朝,罔利曲庇,只手有燎原之势,片语操生死之权,称功颂德,遍于班联。"①明思宗下旨逮捕范志完。

六月,兵科给事中郝䌹又上疏,弹劾已调任吏部文选司郎中的吴昌时及礼部祠祭司郎中周仲连窃权附势、纳贿行私、充当周延儒干儿子的劣迹丑行。奏疏称:"吴昌时、周仲琏(连)窃权附势,纳贿行私,内阁票拟机密,每事先知。总之,延儒,天下之罪人,昌时、仲琏(连),又延儒之罪人。"御史蒋拱宸也上疏论劾周延儒,说:"昌时入延儒之幕,与董廷献表里为奸,无所不至,赃证累累,万目共见。即如南场一榜,非其亲戚,即以贿赂,皆昌时为之过付。伊弟肖儒、伊子奕封,公然中式,毫无顾忌。以至白丁铜臭汪庶、陈咨稷等,皆夤缘登榜。其贪横如此,尚知有朝廷法纪哉?"②奏疏最后还揭发吴昌时交通内侍李瑞、王裕民,泄露机密。

对范志完、吴昌时的弹劾,都涉及已经退休的周延儒,明思宗决定查个水落石出。他先召雷缜祚进京,于崇祯十六年(1643)七月初八日在中左门召开御前会议,令其与范志完对质。对质中,明思宗特地问雷缜祚,疏中所说"称功颂德,遍于班联"指的是谁?雷缜祚说是指周延儒,并进一步揭发其招权纳贿的罪行:"周延儒招权纳贿,如起废、清狱、蠲租,自以为功。再考选科道,收于门下。又幕客董廷献居间,凡求巡抚、总兵,先输贿于廷献,以玉带二、珍珠十三颗作暗记达之,经部推延儒揭请,则故辅冯铨子源送物回家。"③明思宗大怒,将董廷献下狱,并将范志完处死。

七月二十五日,明思宗又穿上素服,带上太子朱慈烺和定王朱慈炯,在中左门亲自审讯吴昌时。吴昌时,浙江嘉兴人,有干才,曾为复社的发展和周延儒的复出出过力,被周延儒倚为心腹。但其为人贪墨而自傲,结交厂卫,把持朝政,同朝官员皆忌恨之。廷审开始时,明思宗声色俱厉地喝令他上前,诘问其交通内侍的罪行,吴昌时矢口否认。明思宗令御史蒋拱宸当面对质,不料,蒋拱宸为廷审的森严气氛

① 《明史》卷二七四,《姜曰广传附雷缜祚传》,第7033页。
② 《烈皇小识》卷八。
③ 《国榷》卷九九,崇祯十六年七月己亥,第5984页。

所吓倒,匍匐在地,半天说不出一句话,被明思宗斥退。吴昌时更加有恃无恐,说:"皇上必欲以是坐臣,臣何敢抗违圣意,自应承受;若欲屈招,则实不能。"明思宗令锦衣卫用刑。辅臣蒋德璟、魏藻德出班奏曰:"殿陛之间,无用刑之例,伏乞将昌时付法司究问。"明思宗不听,曰:"此辈奸党,神通彻天,若离此三尺地,谁敢据法从公勘问者?"蒋、魏二阁臣又奏:"殿陛用刑,实三百年未有之事。"明思宗气愤地说:"吴昌时这厮,亦三百年未有之人!"①二阁臣无言以对,叩头而退。内侍遂对吴昌时使用夹刑,将其两条小腿夹断,昏迷不省人事。明思宗命人将吴昌时拖进锦衣卫诏狱,不久传谕以"把持朝政,奸狡百端"之罪名将其斩决。②

在廷审吴昌时之时,有的大臣议论,说吴昌时不过是幺魔,何必为此大动干戈?明思宗回应道:"昌时是幺魔,难道周某也是幺魔?"③醉翁之意不在酒,他狠整吴昌时的目的,是为了整治其后台周延儒。《明史·周延儒传》就说,明思宗"御中左门亲鞫昌时","始有意诛延儒"④。果不其然,不久他就下旨,令锦衣卫派差役把周延儒从宜兴老家押解来京候审。

周延儒在家乡得到消息,预感到此去凶多吉少,一把大火将他贮藏珍宝的三楹楼阁烧个精光;然后收拾简单的行装,由锦衣卫的差役押解进京,关押在崇文门外头条胡同的关帝庙,次日转移到正阳门内的关帝庙。周延儒上疏乞哀,明思宗坚决不答应,命三法司在三天内审议定罪。大理寺卿凌义渠主张从严,都察院左都御史李邦华和刑部尚书张忻主张从宽,后来采取折中方案,做了将周延儒发配边疆充军终身的判决。明思宗认为判罪过轻,亲自拟旨曰:"周延儒机械欺蔽,比匿容私,滥用匪人,封疆已误,前屡旨已明,这所拟岂足弊辜?姑念首辅一员大臣,著锦衣卫会同法司官,于寓所勒令自裁,准其棺殓回籍!"⑤阁臣蒋德璟等上疏申救,明思宗说这

①　《烈皇小识》卷八。

②　[清]万言辑录:《崇祯长编》卷一,崇祯十六年癸未十一月癸丑,中国历史资料研究丛书本。

③　《玉堂荟记》。

④　《明史》卷三〇八,《周延儒传》,第7930页。

⑤　《崇祯长编》卷一。

个判决还是轻的，"若律以祖宗大法，当在何条？念系首辅，姑从轻处，勒令自裁，已有旨了"。十二月，吴昌时被推出斩首，周延儒在关帝庙自缢。周延儒平日非常惜命，长期服用人参等补品，断气之后四肢仍然温润如生，监刑的锦衣卫都督骆养性怕他未死，命差役用铁钉钉入其脑门，才回宫复命。

周延儒复出后的中兴之梦，对于明王朝来说，犹如人之将死的回光返照。随着周延儒的自裁，中兴之梦彻底破灭，明王朝的末日很快也就到来了。

## 第九章

# 辽西失陷与明清议和的失败

　　清兵见劝降无望，在地上铺了一片苇席，孙承宗在苇席上向北面的京师行三叩首之礼，然后厉声吩咐清兵取来一条白绫，从容地自缢而死。全家 30 余口，除一名 6 岁的孙子躲在草丛中得以逃生外，其他都不屈而死。

# 一、皇太极迂回入犯内地

为了对付此伏彼起的农民起义军,明廷动用了宣府以西几个边防重镇的精锐之师,有时甚至动用保卫京畿的通州、昌平驻军和京营禁旅,对东北后金的防御力量相对削弱,这给了后金皇太极以可乘之机。

皇太极在大凌河之战后,继续执行其避关外、扰关内、迂回袭扰,摧残明朝腹地,削弱明朝军事实力,再伺机与之决战的作战方针。继崇祯二年(天聪三年,1629)第一次绕道内蒙古入边,突袭京师之后,又于崇祯七年(天聪八年,1634)五月,第二次绕道内蒙古,突袭宣府、大同。明思宗担心后金兵东向进击京师,宣布京师戒严,命总兵陈洪范守居庸关,保定都御史丁魁楚等守紫荆关、雁门关(在今山西代县),并调宁远总兵吴襄、山海关总兵尤世威率兵 2 万,分道往援大同,还命宣、大等地严备固守。但后金军队仍如入无人之境,深入到冀晋北部,纵深至山西中部,攻围大小 50 余座镇、台、堡,至闰八月初饱掠而去。

崇祯八年(天聪九年,1635)九月,后金大将多尔衮率兵出征察哈尔凯旋,带回林丹汗之子额哲保存的元朝传国玉玺。至此,皇太极继承汗位已届九年,朝鲜"称弟纳贡",漠南蒙古被彻底驯服,黑龙江流域也被统一,明朝屡经攻击已是奄奄一息,后金已经具备夺占中原的实力,传国玉玺的获得,更有着"天命"有归的象征意味。皇太极于是决心攻入中原,与明廷争夺全国最高统治权。同年,他下令改女真族名为"满洲",以掩盖其曾臣服明朝的历史。第二年四月,按照汉族最高统治者的传统,登基称帝,改国号为大清,改元崇德,以示其夺占中原、取代明王朝的决心。

就皇帝位的登基大典刚刚结束,为了掠取人畜财物,并试探京师附近的明军实力,皇太极决定以武英郡王阿济格为统帅,对明朝发动第三次入边袭扰的战争。崇祯九年(崇德元年,1636)四月,阿济格率10万满洲八旗精骑进至大同、宣府长城脚下,六月十六日分三路进入喜峰口(在今河北迁西县北)。明巡关御史王肇坤拒战失利,退保昌平。阿济格纵兵进击,攻占居庸关、昌平北路。大同总兵王朴急往驰援,与当地军民一道浴血奋战,取得击杀敌兵1104名、收纳降丁143名的胜利,但清兵仍于七月初分三路会师于延庆,然后突入居庸关,进围昌平。

七月初三,明思宗宣布京师戒严,并针对清兵自宣、大入侵的进军路线,命宦官李国辅守紫荆关,李进忠守倒马关,张元亨守龙泉关(在今山西五台东北),崔良用守固关。得知清兵入居庸关围攻昌平的消息,又命张元佐为兵部右侍郎镇守昌平,遣司礼太监魏国征守卫埋葬着明朝诸帝的天寿山。清兵从西山抄小道进抵昌平,利用降丁为内应,攻占昌平。阿济格令清兵放火焚烧明熹宗的德陵,然后进逼西山,攻巩华城。守将姜瑄以火炮迎击。阿济格见巩华城防御坚固,一时难以攻下,决计继续南进。临走之前,又仿效皇太极使用反间计的做法,写信给曾经降清而后脱逃而回的明副总兵黑云龙,约为内应。黑云龙将来信上交朝廷,以表自己的忠心。明思宗这次未再上当,召谕黑云龙曰:"尔第安之,朕悉虏计,对群臣焚之矣。尔且诱之入,亦一机也。"①黑云龙果然将计就计,在西山之北隅设计引诱清兵,斩杀无数。阿济格乃引兵南下,侵掠良乡。

七月初十,叛变的昌平降丁逼近西直门,驻屯清河、沙河的清兵也陆续南下。震恐不已的明思宗急命文武大臣分守京城各大门,并令兵部檄调山东总兵刘泽清率5000人,山西总兵王忠、猛如虎率4000人,山永总兵祖大寿率15 000人,大同总兵王朴、保定总兵董用文各率5000人,关、宁、蓟、密各总兵祖大乐、李重镇、马如龙

---

① 《国榷》卷九五,崇祯九年七月庚戌,第5747页。

共率 1.7 万人入援。调兵檄文发出后,明思宗见京城斗米 300 钱,物价飞涨,深感忧虑,又召见廷臣商讨防御之策。大臣们提出的却是禁止买卖、破格用人、列营城外、收养民间老弱等不着边际的建议,明思宗更主张廷臣捐俸助饷,根本解决不了什么问题。一向才鄙而怯、巧于趋利避患的兵部尚书张凤翼,只得自请总督各镇援兵出师,与宣大总督互为椅角。明思宗批准他的请求,赐尚方剑,给赏功牌 500 个,令监理关宁太监高起潜为总监,总兵祖大寿为提督,与山海关总兵张时杰皆归高起潜指挥。

当明思宗召集廷臣商议攻防之策,调兵遣将之际,阿济格采用避实就虚之策,攻占定兴、房山。八月,又下文安、永清,分兵攻漷县(今北京通州区东南漷县镇)、遂安、雄县。不久,又从雄县奔赴涿州,遭到刘泽清的阻击;又转攻香河,再返回涿州,攻占顺义;复至昌平,向东北攻至怀柔、大安口(在今河北遵化西北),分兵屯密云、平谷;又返回雄县,再向北袭扰掳掠。

清兵入塞一个多月,迭克十二城,俘获人畜十七万余,督师张凤翼和宣大总督梁廷栋只是尾随清兵,不敢出战,最后驻屯于迁安之五重安,固垒自守。九月初一,清兵出建昌冷口,携带掳掠来的大批人畜财物,趾高气扬,"俱艳饰乘骑,奏乐凯旋归,斫塞上木白而书曰:'各官免送。'凡四日乃尽。侦骑拾其遗牌,亦书'各官免送'"①。高起潜估计清兵已悉数出关,才下令追击,结果仅斩杀三名清兵而还。张凤翼想起崇祯初年己巳之变后兵部尚书王洽下狱而死,还被处以大辟之刑,自知罪责难逃,饮药自尽。梁廷栋随后也自杀身亡。后来,因言官弹劾,刑部论罪,罢免张凤翼官职;梁廷栋处大辟之刑,但梁廷栋已死,免于施行。

在京师戒严之时,明思宗担心仅从北方几个边镇抽调兵力入援,难以抵挡清兵,还下诏调正在鄂西围剿农民军的卢象昇入京。但待卢象昇抵京,清兵已经退去,明思宗遂诏擢其为兵部左侍郎,赐尚方剑,总督宣大、山西军务,整饬蓟州边备兼巡抚顺天。同时谕兵部曰:"(清兵)今年饱扬,计来年复逞。练兵买马,制器修

---

① 《国榷》卷九五,崇祯九年九月壬寅,第 5757 页。

边,刻不容缓。连年变故,帑匮民穷,令兵部司官借武清侯李成名四十万金,发关宁治备;借驸马都尉王昺、万炜、冉兴让各十万金,发大同、西宁;令工部借太监田诏金十万,治甲胄;借魏学颜金五万,治营铺。俟事平帑裕,偿之。如尚义乐助,从优奖叙。"①这些银两,名义上是借贷,实际上就是捐助。

面对关外清兵日益频繁的入犯和内地农民起义烈火越烧越旺的局面,明思宗束手无策,一筹莫展。把沿边兵力都调往内地征剿农民起义军,边防空虚,清兵的入犯将更加频繁,京师不保;从内地抽调兵力加强北方的防御,农民起义的烈火必定越烧越旺。如何兼顾安内与攘外,他苦思焦虑,也想不出一个好办法。崇祯十一年(1638)五月初三,他便借考选内阁辅臣之机,在中极殿召见大臣,就如何兼顾安内与攘外出了一道试题,让大家发表意见。接替张凤翼出任兵部尚书的杨嗣昌,在答卷中继续发挥他此前《敬陈安内第一要务疏》的观点,主张必先安内方可攘外。他列举三个历史典故,以古喻今:东汉建武年间,光武帝接受五官中郎将耿国的建议,批准呼韩邪单于的求和,实现与匈奴的和好;唐元和年间,魏博镇田兴来降,唐宪宗采纳李绛之议,遣知制诰裴度至魏博镇宣慰,以百十万缗钱犒赏军士,减免六州百姓一年赋役;北宋初年出师北伐,征讨北汉、契丹,连遭败绩,宰相齐贤上疏,强调"必先本后末,安内养外"。所举事例两正一反,皆在说明必先安内方可攘外,暗示必须与清议和,"力主市赏"②,以便集中全力剿杀农民军。中国古代传统的政治伦理,历来讲究"华夷之辨",宋朝就因对辽、金的议和而累遭后人的唾骂。五月十五日,给事中何楷、钱增和御史林兰友相继上疏,弹劾杨嗣昌。何楷的上疏指出杨嗣昌援引建武与元和两个历史典故,是"欲借以伸市赏之说""招抚之说",而援引太平兴国的历史典故,则是"欲借以伸不敢用兵之说"③,希望引起国人的警觉。明思宗对这些奏疏一概置之不理,因为与清议和的活动此前已在秘密地进行着。

原来,杨嗣昌就任兵部尚书后,为了实施围剿农民军的"十面张网"的计策,已

---

① 《国榷》卷九五,崇祯九年九月丁巳,第5758页。

② 《国榷》卷九六,崇祯十一年五月己巳,第5809—5810页。

③ 《国榷》卷九六,崇祯十一年五月丁丑,第5810页。

暗中指使辽东巡抚方一藻派一名算命先生周元忠到清方去试探口风。皇太极予以热情接待，表示"如有确议，即撤兵东归"。杨嗣昌接到方一藻、高起潜的奏报，对明思宗指出，既然对方有意议和，我方可以请他在宁远谈判，不必在宣府谈判，如此，我运用稍闲，不致频年岌岌有京辅之忧，得以其暇，尽平流"贼"，得算已多，请许方一藻、高起潜"便宜从事"①。周元忠返回宁远，带回皇太极给高起潜的信件，信中说："仍言讲款，若不许，夏秋必有举动。"方一藻给皇上的上疏委婉地提出："势危兵弱，边腹交疲，绝款（拒和）尚宜详酌。"他同时致信杨嗣昌，极力主张议和以消祸。杨嗣昌也上疏，对方一藻的上疏加以说明，末了提出自己挽回危局的主张："故臣以练兵为正道，开市（议和）为权宜，舍此而以陵京频试边锋，臣不敢知。"②这就是以议和争取北方边境无事，集中力量平定内乱。明思宗在内心深处赞成杨嗣昌的主张，觉得这是当前唯一的可行计策，但又不好明确说破，一来担心有失君主的颜面，二来担心万一将来出了问题，自己要承担责任。经过反复考虑，他模棱两可地指示方一藻、高起潜"细酌"。如果将来事情办成了，当然是自己发纵指示的功劳；如果办砸了，也可把罪责推到方一藻、高起潜身上，同自己毫无关系。杨嗣昌看透了明思宗的心思，再次上疏，请求皇上明确表态，批准"允行"，说唯有如此，"边臣乃敢从事"③。到了六月，皇太极屯兵大青山，派人向方一藻催促议和。方一藻奏报朝廷，"言敌强我弱，引隆庆封俺答故事"④，与皇太极议和。

六月十八日，明思宗不顾许多大臣的反对，提名杨嗣昌与程国祥、蔡国用、薛国观、方逢年为礼部尚书，范复粹为礼部侍郎，俱兼东阁大学士，参与机务；杨嗣昌仍兼兵部尚书，执掌兵部。杨嗣昌是在丧服未满之时由皇上下诏夺情起复为兵部尚书的，他入阁后又以丧服未满夺情起复的陈新甲为宣大总督。何楷、林兰友及少詹事黄道周立即抗疏指斥。黄道周更是连上三疏，其中一疏抨击方一藻议和，另外两

① 《流寇长编》卷一一，崇祯十一年三月甲申、壬辰。
② 《流寇长编》卷一一，崇祯十一年五月。
③ 《流寇长编》卷一一，崇祯十一年五月。
④ 《国榷》卷九六，崇祯十一年六月，第5813页。

疏弹劾陈新甲夺情起复为宣大总督、杨嗣昌夺情入阁。他力斥杨嗣昌的议和主张："无论建虏（指满洲）必不可款，款必不可成，成必不可久。即款矣成矣久矣，以视宁锦遵蓟宣大之师，何处可撤？而遽谓款建虏后可撤兵中原以讨流寇，此亦不思之甚矣！"①明思宗遂于七月初五在平台召开御前会议，参加者除按惯例应该出席的内阁、五府、六部及有关部门的官员之外，还特地召来黄道周。杨嗣昌因为遭到弹劾，为避嫌则未出席，皇上命太监去催，午时才匆匆赶到。这次会议就是专门为他和黄道周两人而开的，让他们就议和问题展开辩论。在辩论中，他们各自陈述自己的观点。辩论结束后，明思宗先做自我检讨，承认自己不才、不智、不武，"凡此皆朕之寡昧，即朕之愆尤"。接着，便毫不客气地批评"一等机械存心的，专于党同伐异、假公济私，朝廷才简用一大臣，百般诋毁"，然后恶狠狠地说："看来这贼盗却是易治，衣寇之盗甚是难除，以后再有这等的，立置重典。"②最后宣布将黄道周连降六级，贬为地方小官，弹劾杨嗣昌的何楷等人，也皆给予降级处分。

从明思宗提升杨嗣昌的职权，惩处抨击杨嗣昌的官员等举措来看，他显然是支持杨嗣昌必先安内方可攘外的主张的。但他毕竟没有对议和问题做出明确表态，方一藻、高起潜也就不敢擅自做主，贸然行动，与清的议和活动不了了之。后来，清兵入犯，明思宗曾抚膺长叹："大事几成，为几个黄口书生所误，以至于此！"③

明清议和没有结果，皇太极便将其"夏秋必有举动"的声明付诸行动，发动了第四次迂回入边的战争。崇祯十一年（1638）九月，皇太极命睿亲王多尔衮、贝勒岳托联络蒙古，分兵两路，从西协墙子岭、中协青山口突破长城要塞，至通州会合，然后大举南下。皇太极则亲统满洲、蒙古八旗向山海关进发，以牵制明军。

十月初二日，明思宗下令京师戒严，征调辽东前锋总兵祖大寿入援，命宣大总督卢象昇麾下的总兵杨国柱、虎大威进抵易州（今河北易县）作为左翼，调登、莱、天津的兵马作为右翼，檄山东总兵刘泽清遏其前锋，高起潜为应援。同时，命卢象昇

① 《国榷》卷九六，崇祯十一年七月戊辰，第5814页。

② 《春明梦余录》卷三三，《詹事府》。

③ 《三垣笔记·笔记上·崇祯》，第14页。

总督天下援兵,赐尚方剑,保卫京师。当时卢象昇正在服丧,他连上五疏乞求奔丧,明思宗不允,于七月初一日下旨加兵部尚书职衔,照旧总督天下兵马。卢象昇只好率军督师,赶赴京郊。十月初四日,明思宗在武英殿召见文武大臣及卢象昇,问卢象昇有何御敌方略,他答曰:"命臣督师,臣意主战。"这话明显是针对杨嗣昌等人先前的议和活动而说的。明思宗脸色突变,停了一会儿,才说:"朝廷原未云抚。所云抚,乃外议耳。"卢象昇便简要地讲了他的想法:"敌之所忌,着着宜防。逼陵寝以震人心,可虑也;趋神京以撼根本,可虑也;分兵畿南,剽旁郡,扼我粮道,可虑也;厚集我兵备之,则寡发而多失;分兵四应,则出而无功。兵少则不备,食少则生乱,此御之难也。"末了表示:"臣枕戈待敌,望中枢(指兵部尚书杨嗣昌)勿掣臣肘。"①明思宗激励了他几句,让他与杨嗣昌商议。卢象昇主战,杨嗣昌劝他不要浪战,两人谈不到一块儿。卢象昇只好起身拜别,赶赴昌平。

十月初五日,卢象昇以3万兵马扼守昌平。此时清兵已绕过京师北面,从京西向京南挺进。卢象昇令诸将各选劲卒,组织敢死队,于十五日夜分兵四路,袭击敌营。总监高起潜闻讯写信劝阻,说什么只听说过雪夜下蔡州,未曾听说过月夜搞突袭。他还提前把夜袭指挥官总兵陈国威调往东路。为了避免高起潜的掣肘,卢象昇要求分兵应敌,自己驻守昌平,高起潜驻守通州。明思宗于是下旨将宣大、山西的3万军队划归卢象昇统辖,关宁入卫的4万军队划归高起潜统辖。但不久,明思宗又令卢象昇赶往通州,与高起潜合剿。杨嗣昌担心引起卢象昇的误会,并怀疑他在暗中捣鬼,想用高起潜来牵制他,力劝明思宗维持原先的分兵方案,并主张卢象昇不宜赴通州,而应驻守在德胜门外。随后,他特地出城,到卢象昇军营向他解释。但卢象昇仍然认为杨嗣昌从中作梗,气愤地说:"公等坚主和议,独不思城下之盟,春秋耻之乎?长安口舌如锋,倘唯唯从议,袁崇焕之祸立至,纵不畏祸,宁不念衰衣引绅之身(指守丧之身),既不能移孝作忠,奋身报国,将忠孝胥失,何颜而立人世乎?"杨嗣昌听得脸红耳赤,浑身颤抖,气呼呼地说:"公直以尚方剑加我颈乎?"卢象

---

① 《国榷》卷九六,崇祯十一年九月辛卯,第5820页。

昇说:"尚方剑须先我颈,如不歼敌,未易加人,舍战言抚,非某所知也。"杨嗣昌说:"从未言抚。"卢象昇说:"周元忠赴彼讲款,数日往来,其事始蓟镇督监(指方一藻、高起潜),受成本兵(指兵部尚书杨嗣昌),通国共闻,谁可讳也。"①杨嗣昌一时语塞,两人不欢而散。

就在明军将帅内部发生争吵之时,清兵已于十月十二日逼近通州,随后即在通州两路会师。十五日,卢象昇仍按原定计划,于夜半向清军兵营发动突袭,先头部队开战奏捷,但因担任指挥的总兵陈国威被调走,指挥失灵,后续部队在孙堠被击败。同一天,高起潜部将刘伯禄在卢沟桥与清兵接战,也失败逃回。十九日,明思宗命诸大臣分守京师九门,同时调孙传庭出潼关,檄延绥、宁夏、甘肃、固原征剿农民军的官军入援京师。孙传庭急遣白广恩率兵万人出关,总督洪承畴以左光先、马科、贺人龙等领4万人继出潼关,合共15万兵马北上救援。

十一月初三,京师闭门自守。初五,清兵攻占良乡,进击涿州,然后分兵三路向南深入,一由涞水出易州,一由新城(在今河北新城东南)出雄县,一由定兴出安肃(今河北徐水)。在清兵四出攻略之际,明思宗再次召见文武大臣,商议如何退敌的问题。工科都给事中范淑泰说:"今敌已临城,尚无定议。不知战乎款乎?"明思宗问:"谁款?"范淑泰说:"外间皆有此议,又凡涉警报,秘不传,俱讳其事。"明思宗说:"机事不抄传,如行间塘报可禁也。"意思是,军事机密禁止传抄,这没有什么可隐讳的。翰林院编修杨廷麟也上言,曰:"始建房未犯塞,高起潜、方一藻曰当款,杨嗣昌也曰当款,吴阿衡(总督蓟辽兵部侍郎)曰款必可恃,嗣昌亦曰款必可恃,表里煽谋,宣情泄弱,大言张虏,恐喝国中,以抗圣谕。"②意在指责杨嗣昌等主张以款致敌。明思宗大怒,当场把杨廷麟降为兵部赞画主事,令赴卢象昇行营去当参谋。

内阁首辅刘宇亮对清兵入塞十分忧虑,自请出京督察军情。明思宗当即批准,将卢象昇革职听勘,命刘宇亮代行总督之职。根本不懂军事的刘宇亮,见皇上将督

---

① 《国榷》卷九六,崇祯十一年十月甲午,第5820页。
② 《国榷》卷九六,崇祯十一年十一月丙寅,第5822页。

察改为总督,自知无法胜任,急忙找薛国观与杨嗣昌帮忙。经杨嗣昌劝说,明思宗才收回成命,令刘宇亮督察各镇援兵,明思宗又剥夺卢象昇的兵部尚书衔,让他以侍郎衔总督军务,仍与高起潜一起戴罪御敌。

十一月初九,清兵进攻高阳。高阳县令雷觉民是大学士薛国观的亲信,只身悄悄逃离县城。已退休家居的少师、大学士孙承宗虽无守土之责,却率全家儿孙入城,领导高阳军民顽强抗击清兵。他们在敌众我寡、敌强我弱的情况下,英勇地击退了清兵一次又一次的进攻。握有重兵的高起潜,此时就驻守在百里之外的容城县,却按兵不动,袖手旁观。经过一天的激战,城中炮石竭尽,清兵终于攻上了城墙,俘获了在北面城墙指挥战斗的孙承宗,将他押到城南三里的圈头桥兵营。清将包括他昔日的部将、已经降清的登州参将孔有德反复劝降,他始终坚贞不屈,不为所动。清兵见劝降无望,在地上铺了一片苇席,孙承宗在苇席上向北面的京师行三叩首之礼,然后厉声吩咐清兵取来一条白绫,从容地自缢而死。全家30多口人,除一名6岁的孙子躲在草丛中得以逃生外,其他都不屈而死,表现了崇高的民族气节。

受到戴罪立功处分的卢象昇,心灰意懒。闻知清兵分道南下,他率部从涿州进扼保定,命诸将分道出击,并派兵部赞画主事杨廷麟去真定向高起潜求援。高起潜不仅不予支援,反而率部向临清移动。卢象昇所率五千士兵陷于绝粮的困境。他自知必死,一大早走出营帐,对周围的将士拜曰:"吾与汝辈并受国恩,患不得死,勿患不得生!"畿南三郡的父老,聚集军门之前,劝卢象昇移师广平、顺德(治今河北邢台),召集义师共同御敌,说:"三郡子弟喜公之来,……同心勠力,一呼而裹粮从者可十万,孰与只臂无援,立而就死哉!"他泪流满面地回答道:"感父老义。虽然,自予与贼角,经数十百战未尝衄。今者,分疲卒五千,大敌西冲,援师东隔,事由中制,食尽力穷,旦夕死矣,无徒累尔父老为也。"①群众号泣雷动,都拿出家中仅有的斗粟

---

① 《明史》卷二六一,《卢象昇传》,第6764页;《明季北略》卷一四,《卢象昇战死》,第246页;《国榷》卷九六,崇祯十一年十二月戊戌,第5825—5826页。

升枣,送给军士当口粮。十二月十一日,卢象昇率部进至巨鹿贾庄,遭到清兵的三重包围。卢象昇麾兵疾战,呼声动天地,自辰时(相当于现今上午7至9时)战至未时(相当于现今午后的1至3时),炮矢俱尽。虎大威请求突围,他未允,犹奋身力战,杀敌数十人,身中四箭三刃,从马上跌落,壮烈牺牲,一军尽没。高起潜闻讯,慌忙逃遁,又遇到清兵的伏击,一军尽溃,仅高起潜只身脱逃。刚刚赶到保定的刘宇亮,听到卢象昇战死的消息,大惊失色,急忙逃到晋州躲避。

清兵不断向前推进,深入到河北南部,抵达景州(今河北景县)。杨嗣昌急命山东巡抚颜继祖移师德州防御。清兵绕过德州,分兵两路杀向济南,于崇祯十二年(崇德四年,1639)正月初合兵攻占了济南。山东布政使张秉文,副使邓谦、周之训及知府苟好善等被杀,德王朱由枢也被俘虏,押解沈阳。济南城也被洗劫一空,城内外积尸达13万具。接着,清兵又攻下东平、莘县、馆陶、阳谷、寿张、兖州。

洪承畴与孙传庭于崇祯十一年(1638)十月奉诏率陕西精锐之师,入卫京师。十二年正月,明思宗任命洪承畴为兵部尚书兼右副都御史总督蓟辽军务,孙传庭为保定总督,不久又改为总督保定、山东、河南军务。孙传庭随即率部进入山东,杨嗣昌从登莱,祖大寿从青州赶来,安庆巡抚史可法也自徐州前往声援。清兵因此无心恋战,饱掠一番之后,退向沧州、青县、天津,拟于二月由青山口出塞。因见驻守喜峰口的明总兵陈国威戒备森严,并派出军队阻击,又于三月初五转至丰润,但还是遭到明副总兵杨德政、虎大威的阻截。初九又转至冷口,见各路明军齐集,又经迁安县青山口出塞,返归辽东。

这次清兵入塞,历时五个月,深入两千里,遍蹂京畿、河北、山东,攻下州县大小70余城,掠走大量的人畜物资。

三月十一日,京师解严。工科都给事中张缙彦上疏,请求惩处墙子岭入口、青山口续入、残破城邑、失陷藩封、饱飏出口五等罪的失职官员。明思宗命杨嗣昌主持查核工作。最后经明思宗审批,开列一批负有重大罪责者的名单,共有蓟镇总监邓希诏,分监孙茂林,顺天巡抚陈祖苞,保定巡抚张其平,山东巡抚颜继祖,蓟镇总兵吴国俊、陈国威,山东总兵倪宠,援剿总兵祖宽、李重镇,以及副将以下至州县官共 36 人，于当年五月在京处死。这是明思宗继位以来惩治封疆失事诸臣最为严厉的一次。但是，对这次清兵入塞负有重大责任的兵部尚书杨嗣昌，却没有受到任何处分。言官愤愤不平。给事中李希沆上疏说："圣明御极以来，北兵三至。己巳（崇祯二年，1629）之罪未正，致有丙子（崇祯九年，1636），丙子之罪未定，致有今日。"拐弯抹角地要求惩治杨嗣昌。御史王志举更上疏直接弹劾杨嗣昌误国四大罪，"请用丁汝夔、袁崇焕故事"①，即依照以往失事兵部尚书丁汝夔及督师袁崇焕处死的先例予以惩处。明思宗却勃然大怒，贬去李希沆的官职，并将王志举革职为民。

祖宽、李重镇过去一直统率着关宁劲旅，明思宗担心他们被处死会影响到蓟辽的防务，于是便命洪承畴率陕西精锐之师驻防蓟辽边境。但这个决定遭到了孙传庭的反对，他致信杨嗣昌，谓："是兵必不可留，留则徒强寇势，而究无益于边。且兵之妻孥蓄积皆在秦，强之在边，非哗则逃，是驱兵从贼也，天下安危之机在此。"②此前，孙传庭奉命提兵赴京，在近郊设防抵御之时曾上疏说："年来疆事决裂，由计画差谬。事竣，当面请决大计。"③杨嗣昌觉得这是冲着他来的，非常不满，两人之间产生了隔阂。现在再听到孙传庭的建议，更是心生疑忌，不仅不予采纳，而且不向明思宗报告。京师解除戒严后，孙传庭请求面见皇上，杨嗣昌更怀疑他是要向皇上揭发自己的过失，即命来人将奏疏带回，并添油加醋地奏报明思宗，以引起皇上对孙传庭的猜疑。孙传庭大为恼火，便上疏以耳聋为由辞去保定、山东、河南总督之职，乞请退休。杨嗣昌又对皇上说孙传庭的耳聋是"托疾非真"。明思宗十分生气，下令巡按御史杨一俊查明真伪。杨一俊奏报孙传庭系真聋而非托疾。明思宗一气之下派锦衣卫缇骑赶赴易州公署传达圣旨："孙传庭托疾规避，显属欺罔，有旨责令监察（巡按御史杨一俊）按明，乃挟同奏报"，"孙传庭并杨一俊俱革了职，锦衣卫拿解来京究问！"④朝野百官都知道孙传庭是冤枉的，却没人敢站出来为之申辩。

---

① 《明史》卷二五二，《杨嗣昌传》，第 6513 页。
② ［明］孙传庭：《孙忠靖公全集》卷首，［清］李因笃撰：《明督师兵部尚书孙公传》，清刻本。
③ 《明史》卷二六二，《孙传庭传》，第 6789 页。
④ 《孙忠靖公全集》卷七；同书卷首，［清］李因笃撰：《明督师兵部尚书孙公传》。

清兵在难以突破宁锦防线的情况下,先后四次迂回入塞,袭扰明朝腹地,并在崇祯六年(天聪七年,1633)攻占旅顺,进而于崇祯十年(崇德二年,1637)攻克皮岛,控制辽东沿海岛屿,打破了明朝的海上封锁线。通过这些战役,清兵不仅掳掠大量财物和军事装备充实自己,而且大大消耗了明朝的有生力量,并侦知明军的虚实,这就为其突破宁锦防线进一步与明军展开决战创造了有利条件。

# 二、松锦之战与洪承畴降清

清兵第四次迂回入塞的战役结束后，皇太极觉得发动大规模进攻，与明朝主力展开决战的时机已经成熟。但是应该从何处着手展开这场大规模进攻呢？他一时还拿不定主意。崇祯十三年(崇德五年，1640)正月，都察院参政、明朝的降将祖可法、张存仁等人联名向他上疏，奏陈"进取之计"：一是避开辽西正面战场，继续迂回入边，"直捣燕京，割据河北"，此为"刺心之着"；二是避开宁远、锦州，直抵关门，此为"断喉之着"；三是屯驻广宁，逼临宁锦门户，使明耕作自废，难以图存，撤锦州之守而回宁远，撤宁远之守而回山海关，宁锦便可不战而得，此为"剪重枝伐美树之着"。他们力主采用断喉刺心之着，认为剪枝伐树之计，"可施于勍敌之小邦，不可施于积弱之大国"①。但皇太极的看法恰恰相反，他认为过去"大军屡入塞，不得明尺寸地，皆由山海关阻隔。而欲取关，非先取关外四城不可"②。

辽西走廊是关内通往关外的咽喉要道。锦州位于走廊的东北端，长期以来一直是明朝的军事重镇，大凌河之战后更成为明军的前哨阵地。锦州的西南方向，依次是松山、杏山、塔山三个城镇，再往西南，则是另一军事重镇宁远。宁远是锦州的

---

① 《清太宗实录》卷五〇，崇德五年正月壬申，中华书局影印本。
② [清]魏源撰，韩锡铎、孙文良点校：《圣武记》卷一，《开国龙兴记三》，中华书局 1984 年版，第29 页。

依托,而锦州则是宁远的屏障。想攻破宁远,必须先拿下锦州。过去清兵几次绕道内蒙古迂回入塞时,曾经派出精骑在锦州附近几次征战,以分散明军的注意力。通过几次征战,皇太极感觉到锦州明军的防御坚固,绝不是经过几次突袭就可轻易攻破的,要想攻破锦州,就必须先建立一个可供屯兵积粮的据点作为前进的基地。经过反复比较,皇太极把这个前进基地的地点定在义州,于三月间命郑亲王济尔哈朗、贝勒多铎分任左、右翼主帅,领兵前往驻屯,耕垦筑城。义州位于锦州和广宁之间的大凌河畔,距锦州只有90里,土地肥沃,适宜耕种。清兵进驻一个多月,即已修筑城堡,并将东西40里地全都种上庄稼。同时,设置兵营,不断运来部队、粮食和武器,对锦州形成进围之势。

清兵进驻义州的动作,引起了明廷的密切关注。崇祯十三年(1640)四月十三日,明思宗召开御前会议,询问大臣对清兵进围锦州有何对策,并展示自己书写的"灭寇雪耻"条幅,以鼓舞众臣对御敌的信心。但大臣大多不轻易发表意见,只有迂腐的礼部右侍郎蒋德璟滔滔不绝地讲了一大堆套话,如加强练兵,恢复早已放弃的卫所屯田制度,团练乡勇,等等。明思宗见他离题太远,问他如何缓解义州、锦州的危局。蒋德璟的回答不得要领,其他大臣也拿不出切实可行的对策,会议不了了之。

由于众臣在御前会议上拿不出有效的对策,明思宗急命辽东督抚镇臣密筹方略,自行上奏朝廷。蓟辽总督洪承畴呈上一份密疏,他吸取以往明清交战的经验教训,提出"守而兼战"的对策。万历年间的萨尔浒之战,杨镐对后金军队的作战能力估计不足,轻举妄动,四路进兵,结果导致全军覆没。后来,熊廷弼、孙承宗和袁崇焕在战守无资的险峻形势下,采取以守为主,相机进击,稳扎稳打,逐步推进的作战方针,都曾有效地抑制后金的攻势,只是由于朝政的腐败,加上阉党分子的阻挠破坏,才未获成功。事实证明,不顾主客观条件的冒险进攻,只能导致惨重的失败,在形势不利时,符合主客观条件的积极防御,相机进击,才是克敌取胜的法宝。因此,他在密陈方略时明确指出:"今日筹辽非徒言守,必守而兼战,然后可以成其守;而战又非浪战,必正而出之于奇,然后可以成其战。"也就是说,既不能一味死守、消极防御,也不能一味浪战,而应守而兼战,一边防守,一边进攻,稳扎稳打,逐步推进。洪承畴的密疏呈上后,兵部极为赞赏,认为他"真老筹边","战守双筹,内外兼顾,切中机宜"①,要求皇上尽快批准执行。五月,明思宗即命洪承畴出山海关,北上督师,加强宁锦防线的防御。

就在洪承畴出山海关北上之前,皇太极已于四月底令多尔衮、豪格等将领留守盛京,自己亲自率师前往义州。五月,他在巡视围困锦州的情况后,决定将锦州城东、北、西三面的庄稼全部割掉,以断绝城内明朝守军的粮饷,同时令投降的汉军举炮轰毁锦州周围的明军台堡,使之成为一座孤城。皇太极还决定,用一半兵力驻屯义州,三个月一换防,轮流更戍,做长期围困的打算。

洪承畴出关后,首先令宁远团练总兵吴三桂、分练总兵刘肇基出兵杏山,驻屯锦州的前锋总兵祖大寿与副总兵祖远泽出兵松山、杏山之间,进行接应。随后,清兵连续攻破锦州城东五里台、城北晾马台等几个明军哨所,又攻克锦州城西九台与小凌河西岸二台等几个明军哨所,分兵两翼,逼围锦州城。七月,为解锦州之围,洪承畴率东协总兵曹变蛟、援剿总兵左光先、山海总兵马科,与吴三桂、刘肇基合击清兵于杏山城北的黄土台,获胜后进至松山,再次击败清兵。清兵的大部队于是退屯义州,不再出战。洪承畴乘机亲至杏山,督令明军将士将由天津海运至辽西各仓的米、豆抢运至塔山、杏山、松山和锦州。至九月初六日,运至锦州的粮饷已足够支持至明年三月,松山的粮饷可支持到明年二月,杏山、塔山的粮饷也"所积颇多"②。此后,考虑到严冬将临,前方战事较少,洪承畴才命曹变蛟、左光先、马科率所部人马入关休整,以利来年再战;刘肇基拙于调度,由王廷臣代理;左光先返回原镇,由白广恩代理;吴三桂、王廷臣率所统之兵,往来于松山、杏山之间,佯示进兵。洪承畴还奏报朝廷,请求调近旁边军,合关内外兵马共15万人,"庶可成剿",得到朝廷的批准。

---

① 中国第一历史档案馆藏《明档》153号卷,第2号。

② "中央研究院历史语言研究所"编:《明清史料》乙编,《蓟辽总督洪承畴揭帖》,商务印书馆1936年版。

皇太极对围攻锦州的失败非常不满。崇祯十四年(崇德六年,1641)三月,他亲率4万余骑至锦州,听说清兵驻营锦州城外30里之处,大为恼火,认为这样无法阻挡明军往城里运送粮草,何时才能攻克锦州？他下令将围困锦州的统帅由亲王降为郡王,派郑亲王济尔哈朗前往代之。济尔哈朗采纳张存仁的建议,在明军炮火的射程之外扎营掘壕,将锦州紧紧包围起来,并策反城里的两营蒙古军,夺占锦州外城。为了增强围城的兵力,皇太极还命朝鲜柳琳等率兵前来支援。其时,由掳掠来的汉人组成的汉军八旗已于两年前组建完成,皇太极又令降清的明将孔有德、尚可喜统率,携带几十门西洋大炮前往锦州增援。

崇祯十四年(1641)三月十四日,刚刚取代方一藻出任辽东巡抚的丘民仰向朝廷奏报,说从二月以来,清兵不断向义州输送军队、粮食和武器,其中有西洋大炮30门,小炮不计其数;明朝降将石廷柱及耿仲明、孔有德、尚可喜等,在济尔哈朗的统率下,一齐向锦州外围赶来,形势十分危急。洪承畴于是在四月下旬率大同总兵王朴、宣府总兵杨国柱、中协总兵白广恩、前屯总兵王廷臣及马科、曹变蛟、吴三桂所辖兵马13万齐集宁远,向松山挺进,在东西石门与清兵展开一场激战,杀伤不少敌人,迫使清兵向北退却。明军获胜后,在松山西北立营。六月,济尔哈朗令右翼清兵向明军发动进攻。明军奋勇反击,夺占乳峰山顶正红旗、镶红旗、镶黄旗的清兵营地,击毙清将梅勒章翁阿岱等人。据朝鲜的报告,"清人与汉兵相持,自春徂夏,清国大将三人降,二人战死"[1]。明军开始在松锦取得了主动地位。

当时,锦州"城粟足支半年"[2],援军相距不远,人心稳定。清朝虽已统一蒙古,征服朝鲜,并统一黑龙江流域,但其核心统治区却仅有辽东一隅之地,人力与物力均感不足,屡屡向蒙古征兵,并强迫朝鲜出兵5000人,运米1万包,限于崇祯十三年(崇德五年,1640)四月二十五日运至锦州南面的大、小凌河口,但朝鲜派出的舟师迟迟不肯出动,拖到六月间到达北信口,遭遇明军又故意不战,遭到明军的截击,后

① 吴晗辑:《朝鲜李朝实录中的中国史料》上编,卷五七,中华书局1980年版,第3685—3686页。
② 《国榷》卷九七,崇祯十四年五月壬辰,第5897页。

船只又被风漂没,被礁石撞坏,115 艘船只仅剩 52 艘,就将装载的粮食卸在盖州。皇太极无奈,只得将朝鲜舟师退回,仅留下 1500 名炮手参战。这些朝鲜炮手在崇祯十四年(1641)五月到达锦州后,又消极怠战,"金得平放炮不中,李士龙去丸虚发,监胡知之甚怒,斩士龙,杖得平云"①。征调来的蒙古骑兵,也常有逃奔明境的现象发生。清兵围攻锦州一年,因粮饷匮乏,"骑日二餐,步卒一餐",也产生厌战情绪,云"今秋不得锦州,议撤兵回"②。根据这种状况,洪承畴向朝廷奏报,表达他解锦州之围的决心:"大敌当前,兵凶战危,解围救锦时刻难缓,死者方埋,伤者未起,半月之内即再督决战,用纾锦州之急。"③

但是,明思宗对锦州被围已逾五个月,声援断绝的局面还是感到忧虑。五月十八日,他在中极殿召见去年刚刚接任兵部尚书的陈新甲,问他有何解锦州之围的良策。陈新甲,四川重庆府长寿县(今属重庆市)人,举人出身,曾担任过宁远前线兵备佥事,虽对辽事比较熟悉,但一时也想不出什么好计策,只好请求退而与内阁辅臣及兵部侍郎吴甡商议。而后,他向皇上呈递一份《十可忧十可议》的奏疏,对形势持悲观态度,建议派兵部职方司郎中张若麒前往宁远,当面与洪承畴商议对策。

此时,中原地区的农民起义已重新走向高潮。崇祯十二年(1639)五月,接受招抚的张献忠、罗汝才重举义旗,攻占湖广的谷城和房县,于七月间击败赶去镇压的官军。明思宗杀了主持抚局的总理军务熊文灿,命杨嗣昌出任督师,领兵围剿。张献忠西入四川,以走致敌,再于崇祯十四年正月率部东下,进入湖广,于二月间攻克襄阳,诛杀襄王朱翊铭,迫使杨嗣昌自杀身亡,然后转攻河南。躲入深山密林的李自成也于崇祯十三年(1640)六七月间由郧、均进入河南,在翌年正月攻占洛阳,诛杀福王朱常洵,然后乘胜围攻开封。面对这种局势,陈新甲坐立不安,他深知明思宗一向急功近利而又专横残暴,臣僚有功即予奖赏,稍有失误便严加惩处,"败一方

---

① 《朝鲜李朝实录中的中国史料》上编,卷五七,第 3680 页。

② 《国榷》卷九七,崇祯十四年七月庚子,第 5901 页。

③ 《明清史料》乙编,《蓟辽督师洪承畴揭帖》。

即戮一将，隳一城即杀一吏"①，如果辽西之战事不能尽快结束，明军就无法腾出手来，全力镇压农民起义，起义的烈火越烧越旺，自己作为兵部尚书便难辞其咎。因此，张若麒前往宁远与洪承畴商议对策不到一个月，他度日如年，并由对辽西形势的悲观态度逐渐滋生出急躁冒进的情绪，未等张若麒带回与洪承畴的商议结果，即于六月十一日向明思宗提出四道进攻速战速决的方案。

明思宗对陈新甲的作战方案没有立即表态，而是交给洪承畴的行营讨论。洪承畴表示坚决反对，说自己"虽总八镇兵，仅白广恩、马科、吴三桂敢战，余可合力。若分三将于三路，虑众寡不敌；若五将助之，谁为军锋？兵分势弱"，难以取胜。当时，祖大寿也派人传话，谓"宜在营逼之，毋轻战"。洪承畴乃上书朝廷，坚持自己且战且守的主张，表示要凭借松山、杏山转运粮草，做持久战的准备。况且，锦州守御坚固，清兵一时不易撼动，过了今秋，不但清兵势穷，就是朝鲜也将势穷，到时再同他们展开决战，这就是可守然后可战之策。"今本兵（兵部尚书）议战，安敢迁延？但恐转输为艰，鞭长莫及。国体攸关，不若稍等，使彼自困之为得也。"②明思宗觉得他的分析很有道理，表示同意。

但是，陈新甲仍然坚持己见。张若麒又同他一唱一和。此人素狂躁，"见小胜，谓围可立解"，也密疏支持陈新甲的主张，并毛遂自荐，自求留在关外赞画军务。七月，清兵因粮饷不足，扬言入攻三协以虚张声势。京师的明朝君臣最怕清兵从三协乘虚而入，威胁京师。陈新甲又以此为借口，写信威胁洪承畴："台台出关，用师年余，费饷数十万，而锦围未解，内地又困。斯时（即清兵入犯三协之时）台台不出山海，则三协虚单；若往辽西，则宝山空返，何以副圣明而谢朝中文武诸人之望乎？"③与此同时，陈新甲还向明思宗反复密陈速战速决与守而兼战的利弊，并推荐前任绥德知县马绍愉为兵部职方司主事，出关赞画军务，以贯彻兵部的主张。在陈新甲、

---

① 《明史》卷三〇九，《流贼传》序，第7948页。
② 《国榷》卷九七，崇祯十四年六月乙卯，第5869页。
③ 《国榷》卷九七，崇祯十四年六月乙卯，第5869—5870页。

张若麒的再三鼓动之下,明思宗的态度发生大转变,遂下密敕,要求洪承畴"刻期进兵"①,这就埋下了日后明军惨败的祸根。

君命难违,七月二十六日,洪承畴只得在宁远誓师援锦。二十八日,下令进兵,将粮草留存在宁远、杏山与塔山西北的笔架山(在今辽宁凌海市西南海中),自统6万大军出发,令余军继后,至松山集结。二月十九日,他率部抵达松山,抢占乳峰山西侧后,环松山扎营;步兵驻扎于乳峰山与松山之间,列七大营;骑兵驻扎于东、西、北三面。洪承畴还传令镇兵分别进击东西石门,以分割清兵,使其腹背受敌,并立车营,四周树木栅成城;由于所带粮草有限,决定同清兵展开一场决战,速战速决,以定胜负。部署既定,即于八月初二日向清兵发起攻击,祖大寿也从锦州城内杀出。此战共击杀清兵130人,击毙清将固山、牛录等20多人。但祖大寿冲出二重围后,至第三道重围被清兵挡回。宣府总兵杨国柱阵亡,由山西总兵李辅明代领其部。此后,连日作战,双方互有胜负。至初十日一战,明军大获胜利,"建虏自是不复出"②。此时清兵前线的统帅是六月间替代济尔哈朗的睿郡王多尔衮,他急忙派人驰赴沈阳求援,要求改变原先的半数兵力迎战,半数兵力在家休整的做法,全军出战。皇太极急得"忧愤呕血",只得按其要求"悉索沈中人丁"③,倾国出动,使参战的兵力在总数上超过明军④,并带病亲临松山督战。明军顽强抗击,二十一日一战曾"搴其大旗三"⑤,斩获敌兵首级数十颗,使皇太极大惊失色,一度准备退兵。

但是,明军的暂时胜利,并不能从根本上改变明廷的错误决策所带来的被动地位,而洪承畴临战指挥上的某些失误,又为清兵提供了可乘之机。洪承畴在被迫执行速战速决之策,合兵挺进松山之时,将13万大军集中在松山与乳峰山的狭小地

---

① 《国榷》卷九七,崇祯十四年六月乙卯,第5899页。
② 《国榷》卷九七,崇祯十四年七月壬子,第5903页。
③ 《朝鲜李朝实录中的中国史料》上编,卷五七,第3686页。
④ 计六奇《明季北略》卷一八《洪承畴降大清》记此战清兵共投入24万兵力,此数显夸大。清入关前,共有满、蒙、汉军24旗,约12万余。再加上征调的外藩蒙古和朝鲜兵马,合计兵力当超过历次进关兵力的最高数额10万和明军的13万之上。
⑤ 《国榷》卷九七,崇祯十四年八月甲子,第5903页。

带,"有前权而无后守"①,"首尾全无顾应"②,忽略了与后方杏山、塔山的联络。在皇太极亲赴松山督战之前,大同监军张斗曾建议:"宜驻一军于长岭山,防其抄我后。"洪承畴没有采纳,反说:"我十二年老督师,若书生何知!"③长岭山自塔山迤逦至锦州,延松山城之右,战略地位十分重要。皇太极一到松山,立即抢占长岭山这个战略要地,然后抓住明军缺粮而又不擅野战的弱点,采取围点打援的战术,将主力推进到塔山、松山之间,不仅夺去明军在笔架山的成堆积粟,而且掘壕设障,切断了明军与后方的一切联系和粮饷供应。当时明军锐气尚存,有的部将"请以精锐决战,而出奇夹击,分兵袭南山,可以得志。否且退保杏山,杏山去松仅一舍,徐图制胜,彼必走"④。这不失为绝处逢生之计,但洪承畴亦未予理睬。

八月二十一日晚,皇太极估计松山的明军由于缺粮可能突围南逃,将左翼清兵调至右翼,与右翼清兵比翼列阵,直抵海边,并命诸将分守杏山、塔山、小凌河口诸险要处,设伏以待。洪承畴见松山被围,城中粮储已不够食用三天,决定拼死一战。诸将议论纷纷,主张回宁远就食。一向主张速战的张若麒也致信洪承畴,支持这一主张,军心顿时涣散。洪承畴只得令曹变蛟、王廷臣率两镇兵马坚守松山,其余六总兵分左右两路突围。胆怯的大同总兵王朴,在初更时分率先逃跑,吴三桂、唐通、马科、白广恩、李辅明也各率兵马沿海岸而逃。结果,步骑兵互相践踏,不战自乱,弓箭、盔甲丢得遍地都是,又遭到清兵的伏击,损失惨重。吴三桂、王朴、白广恩、唐通、马科率部分残兵先后溃入杏山。李辅明逃至宁远,不几天,王朴、吴三桂也奔至宁远。张若麒、马绍愉得一渔船,与诸监军逃回宁远,"奏承畴失计"⑤。洪承畴急令曹变蛟、王廷臣从乳峰山西侧撤入松山城内,命三分之二军士冲围决阵,途中遭到清兵的阻击,移屯海岸又被正在涨潮的海水淹没,仅200余人脱险生还。这样,就

① 《明季北略》卷一八,《洪承畴降大清》,第330页。
② 《国榷》卷九七,崇祯十四年十月戊午,第5908页。
③ 《国榷》卷九七,崇祯十四年八月癸丑,第5903页。
④ 《国榷》卷九七,崇祯十四年八月乙丑,第5904页。
⑤ 《国榷》卷九七,崇祯十四年八月乙丑,第5904页。

只剩下总督洪承畴,总兵曹变蛟、王廷臣,巡抚丘民仰以及1万名残兵固守松山城。洪承畴派人东走小凌河,绕道漠南蒙古,向朝廷"请兵解救"①。皇太极对松山采取围而不攻之策,一面等待城中弹尽粮绝之后不攻自破,一面加紧招抚活动,期望明军将士不战自降。

明思宗得知数万大军溃于一旦,洪承畴与曹变蛟、王廷臣、丘民仰困守松山的消息,极为震惊与忧虑,询问兵部尚书陈新甲有何良谋善策。陈新甲避罪犹恐不及,哪里还能提出什么良谋善策。九月初二,明思宗下达圣谕,令洪承畴"极力死守";同时,命调刘应国水师8000人,扬帆松山、杏山海口,或乘夜偷渡松山,"以壮声援",并责成吴三桂、白广恩、李辅明收拾残兵,联络杏山、塔山,"以图再进"②。圣谕下达后,根本无人行动,"未发一兵,未通一信"③。任凭明思宗怎样催促,也无济于事。

被困在松山城中的洪承畴,曾几次组织突围,但均告失败。内无粮草,外无救兵,他只能紧闭城门,准备与城共存亡。崇祯十五年(崇德七年,1642)二月,松山副将夏承德眼看突围无望,暗中投降了清兵,派其子赴清营作为人质,约定于十八日夜配合清兵攻城。次日黎明,夏承德率部捉拿洪承畴及诸将领,献给清兵。清兵毫不费力地占领了松山。

已经返回沈阳的皇太极得到消息,下令将洪承畴及祖大寿之弟祖大乐解往沈阳,其余拒绝投降的丘民仰、曹变蛟、王廷臣及其部属200多人,连同所部3000余人全部处斩,只有夏承德的部下及家属获免。松山城则被夷为平地。接着,清兵利用祖大乐招降锦州守将祖大寿,再挟连胜之余勇,于当年四月用西洋大炮攻破塔山,城内官属兵丁7000人悉数被杀,接着迫降杏山,将其夷为平地。历时两年的松锦战役,宣告结束。明军此战的失败,不仅精锐的边兵丧失殆尽,而且丢失宁远以北的大片土地,从而大大加速其覆亡的进程;清兵此战的胜利,得到宁远以北的大片

---

① 《国榷》卷九七,崇祯十四年八月乙丑,第5906页。

② 《明清史料》乙编,《兵部题行宁前道石凤台塘报稿》。

③ 《明清史料》乙编,《兵部行御前发下兵部都给事中张晋彦稿》。

土地,进一步逼近山海关,从而为其入关夺取全国的最高统治权奠定了基础。

　　作为明廷重臣、蓟辽总督的洪承畴,在松山被俘并押解沈阳后,曾绝食七日而求死不得,后经皇太极和一些降清汉官的劝说,于崇祯十五年(崇德七年,1642)五月四日同意剃发,正式降清。但是,由于战局混乱,消息不灵,明廷上下都认为洪承畴已经"殉节"。兵部报告战况的文书塘报说,据从锦州逃出的人讲,清兵把洪承畴押往锦州城北无极王营盘内杀死,"洪总督临砍时,只求速死"。从乱军中逃回北京的洪承畴家人,向朝廷报告时,也肯定洪承畴已经"殉难"①。明思宗因此认定洪承畴"节烈弥笃"②,痛哭流涕地说"我不曾救得承畴"③,下令在朝天宫前设置祭坛,以极高的规格祭悼洪承畴等阵亡将士,寻又命在城外建造祠堂,用以祭悼洪承畴与丘民仰,从而演出了一幕将活人当作烈士祭奠的闹剧。

---

①　李光涛:《洪承畴背明始末》,《历史语言研究所集刊》第十七本,第 243 页注①。

②　《明清史料》乙编,《兵部行确察洪承畴等殉节塘报互异稿》。

③　《三垣笔记·附识上·崇祯》,第 186 页。

# 三、明清议和的失败与陈新甲被杀

崇祯十四年(崇德六年,1641)十一月,辽东上空纷纷扬扬地下起了一场大雪,大地白茫茫一片,积雪深达丈余。正在围困松山的清兵粮草俱尽,拟撤围东返,又担心明军尾随追击,便通过蒙古降丁入关表达与明朝议和的愿望。

兵部尚书陈新甲因主张速战而导致数万大军的溃败和洪承畴的被困,心想如果真能与清兵议和,既可减少明军的损失,又可集中兵力对付中原地区的农民起义,不说是立个大功,至少也可将功补过吧。于是,他便听信张若麒的意见,表示同意。与此同时,宁前道副使石凤台也探知清兵有议和的意向,他写信询问清兵守将,回复说:"此吾国素志也。"①石凤台将此事密报了朝廷。明思宗原本抱着"灭寇雪耻"的愿望,对议和毫无思想准备,接到石凤台的报告,立即以"私遣辱国"②的罪名,下令将他逮入刑部的大牢。但陈新甲仍然认为议和是目前唯一的出路,并将此意私下告诉前任兵部尚书傅宗龙,傅宗龙又转告内阁大学士谢陛。到了年底,松山、锦州的形势更加严峻,谢陛对其他辅臣说:"我力竭矣,款房(指清兵)以剿寇(指农民起义军),凤台言良是。"辅臣都表示赞同,决定由陈新甲委婉地向皇上转达他

---

① 《明史纪事本末补遗》卷五,《锦宁战守》,第1884页。

② 《国榷》卷九八,崇祯十五年正月辛未,第5913页。

们的意见。

崇祯十五年(1642)正月初一,明思宗在御殿接受群臣的朝贺,又召见内阁大学士周延儒、贺逢圣、张四知、谢陞、魏炤乘、陈演等,以拜师之礼,向他们恭恭敬敬地作了个长揖,说:"古来圣帝明王,皆崇师道,今日讲犹称先生,尚存遗意,卿等即朕师也。"礼毕,举行例行的御前会议。陈新甲见明思宗心情不错,便按事先与几个辅臣的约定,委婉地对皇上奏道:"两城(指锦州、松山)久困,兵不足援,非用间不可。"所谓"用间",本意是使用离间之计,但这里的"用间"是"款房"的一种委婉的表达方式,也就是与清议和。陈新甲唯恐触怒皇上,不敢直言"款房",只好用"用间"一词来代替了。明思宗这次倒没有发火,因为他深知,松锦之战失败后,明廷已无法抽调更多的兵力与清兵再战,更严重的是内地农民起义蓬勃发展,已成为明廷的最大威胁。如果真能与清议和,暂停辽西的战事,则可把主要的战略方向转向西线,集中主要兵力镇压农民起义,从而萌生东和西战的战略意图。因此,他平心静气地问道:"城围且半载,一耗不达,何间之乘?可款则款,不妨便宜行事。"说完,他问辅臣有什么意见。周延儒等辅臣没有摸清皇上的心思,沉默不语,只有谢陞答道:"彼果许款,款亦可恃。"①无人对此发表不同意见,与清议和之事就这样确定下来。明思宗遂令陈新甲负责操办此事,并先后给他发去数十道手谕,"皆戒以勿泄"②。陈新甲推荐赞画军务主事马绍愉执行谈判任务,明思宗批准他以兵部职方郎中身份赐二品官衔,作为谈判代表,与清方进行秘密谈判。

正月初七日,马绍愉带着参将李御兰、周维墉驰往宁远,立即与清将济尔哈朗进行接洽。清将要求提供明朝皇帝同意议和的敕书,作为谈判的凭信。马绍愉急忙请命于朝廷,一来一往耗费不少时间,直到三月中旬才收到明思宗的一道"谕兵部陈新甲"的敕书。此时松山、锦州都已失陷,马绍愉忙把敕书交给清方,再转递沈阳交给皇太极。皇太极一看敕书是写给明朝兵部尚书,而不是直接写给他的,觉得

---

① 《国榷》卷九八,崇祯十五年正月辛未,第5913页。
② 《明史》卷二五七,《陈新甲传》,第6639页。

是对自己的蔑视,心里老大不高兴。再看敕书的内容,竟是以对兵部尚书训谕的形式,间接地表示愿意接受对方的请求进行议和谈判:"据卿部(兵部)奏,辽沈有休兵息民之意,中朝未轻信者,亦因以前督抚各官未曾从实奏明。今卿部累次代陈,力保其出于真心。我国家开诚怀远,似亦不难听从,以仰体上天好生之仁,以复还我祖宗恩义联络之旧。今特谕卿便宜行事,取有的确信音回奏。"①通篇充斥天朝大国君主居高临下的倨傲之气。皇太极阅后十分生气,再看敕书的格式,却又感到纳闷疑惑。按照惯例,明朝君主给大臣的敕书是不必盖印的,这道敕书却盖有"皇帝之宝"的大印,类似天朝上国颁给属国的敕谕;而历代天朝上国的敕书,使用的都是龙边黄色笺,可是这道敕书的用笺却是中横一龙;往时盖的是正方形的大印,上刻"敕命之宝",而此笺盖的却是长方形之印,上刻"皇帝之宝"四个大字。他怀疑此笺是明朝边吏的伪作,特地拿给洪承畴鉴别。洪承畴经仔细辨认,一口咬定"此宝札果真",并回顾了明朝历次议和的过程,对皇太极说:"此次请和,决非虚语。"②皇太极这才解除疑心。于是,他以其人之道还治其人之身,以敕谕英郡王阿济格等大臣的形式,间接地对明朝做出答复,说大清本无意起兵,全系明廷逼迫所致,相信"有德者受命,无德者废弃"之理,愿意修好③。他将这道敕谕交给明朝来使。马绍愉接到这道敕谕,立即奏报朝廷。

明思宗接到马绍愉的奏报时,杏山、塔山危在旦夕。他再次以敕谕兵部尚书陈新甲的形式,准其便宜行事,并派兵部司务朱济赍敕书同马绍愉一道前往沈阳与清方谈判。马绍愉当时正在塔山等候朝命,不料四月底清兵袭击塔山,他遣使让清兵停止进攻。清兵不听,但在破城之前派兵护送他安全出城。五月,马绍愉同朱济等人前往沈阳。待他们到达沈阳时,皇太极不在此地,由派出的大臣在20里以外迎

① 《清太宗实录》卷五九,崇德七年三月乙酉。《国榷》卷九八,崇祯十五年正月丁丑条的文字略有出入:"朕闻沈阳有罢兵息民美意,向来沿边督抚未经奏闻……朕不难开诚怀远,如我祖宗朝恩义联络之旧约……"

② 《清太宗实录》卷六一,崇德七年六月癸亥。

③ 《清太宗实录》卷五九,崇德七年三月乙酉。

接，把他们迎入沈阳，设宴款待，并宣布暂停对宁远的进攻，令清兵后撤30里。

马绍愉等人在沈阳空等了十多天，待皇太极返回沈阳，谈判才正式开始。经过激烈的争吵和讨价还价，最终达成协议，由皇太极写成国书，交给马绍愉带回宁远。皇太极的国书首先回顾了其起兵的缘由，把所有的责任都推给明朝，谓："向来构兵，盖因尔国无故害我二祖，乃尔国反肆凭陵，夺我土地。我皇考太祖皇帝（努尔哈赤）于是昭告天地，亲征尔国。其后每欲致书修好，而尔国不从，事遂滋蔓，以至于今。"接着叙述其起兵以来统一女真、蒙古，征服朝鲜，建立清朝以及屡次入明破城陷阵的胜势，然后开出几个具体的议和条件："每岁贵国馈黄金万两、白金百万两，我国馈人参千斤、貂皮千张。若我国满洲、蒙古、汉人及朝鲜人等，有逃叛至贵国者，当遣还我国；贵国人有逃叛至我国者，亦遣还贵国。以宁远双树堡中间土岭为贵国界，以塔山为我国界，以连山为适中之地，两国俱于此互市。自宁远双树堡土岭以北，至宁远北台，直抵山海关长城一带，若我国人有越入，及贵国人有越出者，俱加稽察，按律处分。或两国人有乘船捕鱼海中往来者，尔国自宁远双树堡土岭，沿海至黄城岛（即今山东长岛县南、北皇城岛）以西为界，我国于黄城岛以东为界。若两国有越界妄行者，亦俱察出处死。倘愿如书中所言，以成和好，则我两人，或亲誓天地，或各遣大臣代誓。尔速遣使赍和书及誓书以来，予亦遣使赍和书及誓书以往。若不愿和好，再弗遣使致书。其亿兆死亡之孽，于予无与矣。"[1]最后以通牒的口吻威胁道："约九月不至则治兵。"[2]

马绍愉返回宁远后，即派人将谈判结果报告陈新甲，并递交皇太极国书的副本。陈新甲赶忙禀报明思宗。六月初三，明思宗召见内阁辅臣周延儒，征询他对此事的意见。周延儒是知道与清进行秘密议和谈判的几个重臣之一，正如给事中李清所记："宁锦之溃，北边精锐几尽，而中州寇祸正张，上意欲以金币姑缓北兵，专力平寇，谢辅陛与陈司马新甲主之。周辅延儒亦欲安享其成，成则分功，败不及祸。"[3]

---

① 《清太宗实录》卷六一，崇德七年六月辛丑。

② 《国榷》卷九八，崇祯十五年五月庚辰，第5926页。

③ 《三垣笔记·附识上·崇祯》，第185页。

老奸巨猾的周延儒,凡事都想坐享其成而又不愿承担责任,因此当皇上将与清议和的决定征求其意见时,他却沉默不语,经再三追问,仍拒不表态。明思宗深感失望,愤然而起,拂袖而去。他准备找其他重臣商议,再行拍板。不料,议和的消息却不慎泄露,在朝廷内外引起了一场轩然大波。

这次议和谈判是秘密进行的,只有极少的几位重臣知道。谈判在沈阳秘密举行,在沈阳的朝鲜官员也只是风闻而无法得到确证。但是,世上没有不透风的墙,议和毕竟是一个极为敏感的问题,只要稍微显露出一点蛛丝马迹,就会引起人们的注意而迅速传播开来,从而引发众多的议论。马绍愉一行尚未从沈阳返回,有一天上朝之前,有个言官在朝房遇到辅臣谢陞,谈到当前局势,谢陞偷偷告诉他:"上意主和,诸君幸勿多言。"①这话很快传开,言官纷纷上疏弹劾谢陞妄言。明思宗只好将谢陞革职以平息舆论,议和风波也因缺乏实证而渐趋沉寂。不料,有一天陈新甲收到马绍愉禀报议和谈判的密疏,看过后顺手放到几案上,就匆匆入宫上朝视事,他的仆人打扫书房时以为是一份普通的塘报稿,随手交给塘官传抄,发表在官府的新闻公报邸报上,一时舆论哗然。给事中方士亮首先上疏,指责"陈新甲主和辱国"。明思宗非常恼火,将奏疏压下不发。但是,弹劾的奏疏仍如雪片似的飞来,舆论鼎沸。给事中廖国遴、杨枝起、光时亨、倪仁祯更"倡议必杀之"②。此时,一向刚愎自用的明思宗,不是果断地站出来承担责任,向臣民陈述议和的理由与东和西战的战略意图,求得大家的理解,而是屈于舆论的压力,"严旨切责新甲,令自陈"③。陈新甲自以为与清议和是按照皇上"可款则款"的指示进行的,和谈代表也是皇上钦命的,不仅不引罪,"反自诩其功"。他的自辩书细述与清议和的过程,多次援引明思宗的圣谕,暗示此举是奉皇上之命而行事,而非擅自行动。一向死要面子的明思宗更加恼怒,于七月二十九日下令将他逮入狱中。陈新甲在狱中上疏,请求皇上宽宥,未获准许,陈新甲这才感到大祸临头,急忙叫家人拿出其受贿积存的金银财

① 《明史》卷二五七,《陈新甲传》,第 6639 页。
② 《三垣笔记·附识上·崇祯》,第 191 页。
③ 《明史》卷二五七,《陈新甲传》,第 6639 页。

宝，去贿赂主张"必杀"陈新甲的廖、杨、光、倪四位给事中。这四位给事中便去找刑部侍郎徐石麒，"言必不可杀"陈新甲。[①]

徐石麒深知，在君主专制的时代，"君要臣死，臣不得不死"是条铁定的法则。徐石麒根本不顾廖国遴等人的游说，而是迎合明思宗的旨意，上疏历数陈新甲的罪状，认为非杀不可。他在奏疏中说："俺答阑入，而丁汝夔伏诛；沈惟敬盟败，而石星论死，国法柄如。如此纲纪陵夷，沦开（原）、陷沈（阳）、覆辽（阳）、覆广（宁），仅诛一二督抚以应故事，中枢率置不问。故陈新甲一则曰有例，再则曰有例者，此也……春秋之义，人臣无境外之交，战款二策，古来通用，然未有身在朝廷，不告君父而专擅便宜者，辱国启悔，莫此为甚。"[②]这个奏疏先举嘉靖年间俺答阑入，兵部尚书丁汝夔不敢战，事后伏诛；万历年间的援朝战争，兵部尚书石星指使沈惟敬同意封贡，事败后被处以极刑，以此说明由于国法严明，故人不敢犯。接着再说此后纲纪陵夷，开原、沈阳陷落，辽阳、广宁倾覆，只诛杀一二督抚了结，兵部尚书却未曾受到惩处。陈新甲反复强调有例可循，循的就是纲纪陵夷之后的例。但是，这种例并不可循，因为这样做必然使纪纲更加陵夷而致不可收拾。然后奏疏再说到陈新甲"不告君父而专擅便宜"，径自与清进行议和，认为应以"专擅议款"罪处死。但是，徐石麒的这个马屁并没有拍到点子上，因为陈新甲与清议和是奉明思宗"可款则款"的指示行事的，所以明思宗在这个奏疏上批示："陈新甲失事重大，法无可宽，但引律尚属未确，可另行复拟即奏。"徐石麒于是再上一疏，指责陈新甲"陷边城四，陷腹城七十二，陷亲藩七，此从来失事未有之奇祸，亦从来刑书所不忍载之条例者也。当临敌缺乏，不依期进兵策应，因而失误军机者斩"[③]。首辅周延儒和次辅陈演向明思宗求情，说："国法、敌兵不薄城，不杀大司马（兵部尚书）。"明思宗铁了心要杀陈

① 《三垣笔记·附识上·崇祯》，第191—192页。

② ［清］黄宗羲：《南雷文定》前集卷五，《吏部尚书忠襄徐公神道碑铭》，梨洲遗著汇刊本。

③ 《石匮书后集》卷三二，《徐石麒传》，第185页；《国榷》卷九八，崇祯十五年九月己丑，第5942页；《三朝野记》卷七。

新甲,反驳道:"他且勿论,戮辱我亲藩七,不甚于薄城耶?"①九月二十二日,陈新甲被押赴西市斩首。

与清议和失败后,明思宗不得不放弃东和西战的战略意图,在调兵遣将镇压农民起义的同时,也设法加强对皇太极的防御。辽西四城陷落之后,明思宗下令在关内、关外并设两总督,关外总督加督师衔,地望尤为尊崇,又在昌平、保定设置二督,还在宁远、永平、顺天、密云、天津、保定六处设置巡抚,在宁远、山海、中协、西协、昌平、通州、天津、保定八处设置总兵,可谓星罗棋布,无地不防。宁远总兵吴三桂在松锦决战中逃跑,明思宗将他连降三级,命其继续驻守宁远,选将练兵,加强防御,阻止清兵向山海关逼近。吴三桂受命之后,收集松锦战败后的零散队伍,并抽调骨干训练辽民,很快又组织起一支拥有精兵4万、夷丁突骑数千的精锐部队,还有七八万经过训练、善耐搏战的辽民。吴三桂还不时巡视宁远中右所(在今辽宁绥中东北)、中后所(今辽宁绥中)、前屯卫(在今辽宁绥中西南)、中前所(在今山海关东北)等辽西四城,督促当地军民加固防御工事。宁远等城的军民逐渐走出松锦战败的阴影,重新振作起来,决心坚守阵地。

皇太极有言在先,"约九月不至则治兵"。但是,在崇祯十五年(崇德七年,1642)四月,汉官张存仁建议对吴三桂实行招抚,说:"今松锦既破,明督臣洪承畴就擒,镇臣祖大寿归降,凡明之将帅就(孰)不惶惧?惟总兵吴三桂尚在观望,宜颁御札于宁远城中,详示逆者必杀,顺者必生,有不动其心者乎?"②皇太极于是决定暂不出动大军,而向吴三桂发动招抚攻势。他"以敕谕明宁远总兵吴三桂、白广恩等。又令张存仁、祖可法、裴国珍、吴三凤、胡宏先等,各遗三桂书一函"③,对吴三桂进行招降,但吴三桂不为所动,继续效忠于明朝。

对吴三桂的招降失败后,皇太极决定诉诸武力,再次迂回入关袭扰明朝腹地。崇祯十五年(崇德七年,1642)十月,命贝勒阿贝泰和内大臣图尔格率满洲和蒙古八

---

① 《明史》卷二五七,《陈新甲传》,第6639页。
② 《贰臣传》卷二,《张存仁传》,民国二十五年铅印本。
③ [清]蒋良骐撰:《东华录》卷四,崇德七年四月丁未,第54页。

旗兵十几万人,乘松锦战胜之锐气大举征明。

当时,明廷在关内与关外千里之地设置四位总督、六位巡抚、八位总兵,防御兵力虽众,但指挥事权不一,难以形成合力。蓟辽总督张福臻尤其昏庸,给事中方士亮上疏弹劾之,因言"移督师关内,则蓟督可裁,福臻可罢"①。明思宗接受这个建议,召回张福臻,撤销蓟辽总督,令辽东总督范志完移驻关门,兼制关内。范志完深知其责任重大,再三推辞,明思宗不允;范志完要求辞职,也不批准,便上疏主张仍设蓟辽总督。逾月,明思宗始命赵光抃赴任蓟辽总督。就在诸将互相推诿之时,清兵于十一月初分兵两路,从墙子岭和青山口入犯,京师再度戒严。明思宗命勋臣分守九门,由宦官王承恩督察城守,并征调各镇兵入援。不久,两路清兵在蓟州会师,沿京郊南下。各路援军观望不战,从辽东入援的范志完更为胆怯,未敢一战。清兵如入无人之境,分趋真定、河间,再从河间东趋山东,攻克临清、兖州。鲁王朱寿镛被俘自杀。清兵分兵连下山东州县,直抵苏北的海州(今江苏连云港海州区)。赣榆、沐阳、丰、沛所在将吏,多望风而逃,或献金帛迎降。崇祯十六年(崇德八年,1643)四月初,清兵转道畿内,经宝坻,准备北返。四月初五日下午,明思宗在平台召见内阁辅臣,"辞色俱厉,云:'朕欲亲征!'"周延儒赶紧跪下,说:"臣愿代皇上。"明思宗只是抬头仰视,大摇其头。次辅陈演和另一辅臣蒋德璟又相继跪地表示愿意代征,明思宗仍是大摇其头。周延儒再次跪请视师,明思宗这才冷笑道:"先生既果愿去,朕在宫中看过奇门(道家的一种占卜),正在此刻,一出朝门,即向东行,慎勿西转(周延儒的寓所在西城,意即不要回家,马上出发)。"②周延儒便以阁部督师的身份,与随征四臣方士亮、林拱宸、尹民兴、刘嘉绩及至京勤王的四镇总兵刘泽清、唐通、周遇吉、黄得功一起出发,赶赴通州。但是,到达通州后,周延儒整天就是和随征诸臣及四镇总兵宴饮娱乐,听任清兵从容退去。

清兵此次入边征战,历时 8 个月,攻克 3 府、18 州、67 县,计 88 座城镇,俘掠人

---

① 《明史》卷二五九,《范志完传》,第 6722 页。

② 《明季北略》卷一九,《周延儒续记》,第 345 页。

口 26.9 万、牲畜 32.1 万头、黄金 1.2 万两、白银 22.5 万余两、珍珠 444 两、彩缎 5.223 万匹,给明朝的统治以沉重的打击,也给当地人民带来深重的灾难。

皇太极派兵入犯明朝腹地后,还在寻求打通宁远、山海关通道的良策。崇祯十六年(崇德八年,1643)正月,清兵尚在山东、苏北一带征战时,祖大寿就向皇太极献计:"以臣目击机会,先取山海关五城最为上策。明文武官之能否,城之虚实,兵之强弱,臣所洞悉。宜乘此时攻取中后所,收吴三桂家属,彼必为之心动。其余中右所、中前所、前屯卫,一鼓可平也。破山海关更易于破宁远,山海军士皆四方乌合之众,不谙阵战,绝其咽喉,撤其藩篱,海运不通,长城不守,彼京师难保,三桂安能固守宁远也。"①皇太极采纳他的部分建议,准备军事进攻与政治招抚并用,扫除入关的最后一道障碍。但未及取得进展,他就在当年八月病死于沈阳清宁宫。之后经过激烈的皇位之争,皇太极年仅 6 岁的第九子福临继位,改明年为顺治元年,由皇叔多尔衮和济尔哈朗辅政,称"摄政王"。多尔衮掌控实权,沿用皇太极的计策,武力进攻与政治招降并举,但吴三桂仍然拒降,继续坚守宁远。清兵虽一度击溃中左所、前屯卫、中前所的明军,但始终无法攻破吴三桂坚守的宁远,只得撤军。

---

① 《贰臣传》甲下,《祖大寿传》,清刻本。

## 第十章
# 起义高潮的再起与
# 明王朝的覆灭

　　逼令张皇后自杀后，已是深夜时分。明思宗召来提督京营的司礼监秉笔太监王承恩，换上他的轻便靴子，手持三眼枪，由王承恩领着持斧的数十名太监陪同，企图出城逃跑。他们出了东华门，走到齐化门（今朝阳门），想夹杂在百姓中混出城外，没有成功。又到安定门，同样碰壁而回。十九日，天刚破晓，大顺军已攻入内城。明思宗走投无路，与王承恩来到煤山，在衣襟前书写一段文字："虽朕薄德匪躬，上干天咎，然皆诸臣之误朕也。朕死无面目见祖宗于地下，故自去冠冕，以发覆面，任贼分裂，无伤百姓。"

# 一、起义高潮的再起

　　崇祯十一年(1638)下半年到第二年五月,许多农民起义首领接受明廷的招抚,不肯受抚的少数起义首领也连遭挫折,躲进深山老林,起义暂时进入低潮,呈现沉寂的状态,"十年不结之局"似乎可以了结了。主持抚局的五省总理熊文灿是内阁大学士兼兵部尚书杨嗣昌推荐的,杨嗣昌便以知人善任而得意扬扬,喜形于色。满朝公卿都认为困扰多年的"流寇"问题已经解决,"天下无贼",从此太平。正是基于这种盲目乐观的情绪,崇祯十一年冬,明思宗因清兵入塞,急调洪承畴、孙传庭率部入卫京师,清兵饱掠出塞之后,也未将这些边兵遣回原地。

　　但是,社会矛盾在继续激化。崇祯十年(1637)三月,杨嗣昌就任兵部尚书,提出对付农民军的"十面张网"的征剿方略,请求征派"剿饷"280多万两。明思宗批准了他的请求,说是"累吾民一年"①,即仅征收一年。不过,到了第二年,又打着"勉从廷议"的幌子继续征收,此后剿饷就成为固定的税收项目,直至崇祯十二年(1639)才停止征收。崇祯十一年(1638)冬,因清兵入塞,京师戒严,一些大臣建议多练边兵。翌年,在杨嗣昌的主持下,又做出抽练各镇精兵73万多名的决定。接着,根据总兵杨德政的建议,又决定在全国各地训练民兵,"府千,州七百,县五百,

---

①　《明史》卷二五二,《杨嗣昌传》,第6510页。

捍乡土,不他调"①,先在畿辅、山东、河南、山西实行,而后推行全国。要练兵,就得增加饷银,于是又决定增派"练饷"730多万两,明思宗照样批准执行。加上崇祯三年(1630)十二月为对付清兵的进攻,在每亩加征辽饷9厘的基础上增派3厘,于翌年开征,使辽饷额增至667.9万多两。辽饷、剿饷、练饷三项摊派共计1670多万两,超过常年国家财政收入一倍,人民因此怨声载道,"呼崇祯为重征"②。百姓负担不起,弃田逃亡的现象与日俱增,"饷加而田日荒,征急而民日少"③。崇祯十二、十三年,山东、河南、河北等地又接连发生旱灾、蝗灾,赤地千里,流民遍野,饿殍载道,更把贫苦农民逼入绝境。社会矛盾因而迅速激化,为农民起义高潮的再起提供了深厚的社会基础。

在熊文灿对农民起义军展开招抚攻势的时候,不仅李自成和革左五营的起义首领拒不投降,而且就是接受招安的张献忠和罗汝才等起义首领,也只是把"受抚"作为一种权宜之计,暗中做着再举义旗的准备。在谷城受抚的张献忠,不但拒不解散队伍,"人不散众,械不去身"④,也不服从熊文灿的调遣,而且制造战船,"买马制器"⑤,用屯田和征税的办法筹集粮饷,还招揽生员潘独鳌、徐以显,举人王秉真等下层知识分子,充当军师,教授《孙子兵法》,操练团营方阵及左右营诸法。他还暗中联络李自成、罗汝才,拨出部分骑兵及衣食、鞍马支援李自成。罗汝才在房县受抚后,不愿"受官领粮"⑥,也"不从解散之令"⑦,而是将部众分插于上庸(今湖北竹山)、房县、竹溪、保康等地,"带力以耘"⑧,屯粮积草。很显然,只要时机成熟,他们就将重举义旗,再度造反。

① 《明史》卷二五二,《杨嗣昌传》,第6515页。
② 《三垣笔记·笔记上·崇祯》,第3页。
③ 《春明梦余录》卷三五,《赋役》。
④ [明]范景文:《文忠集》卷四,《抚剿未可轻信叛形业已渐张疏》,四库全书本。
⑤ 康熙《温州府志》卷三二,王瑞栴《上理按两院书》,清康熙二十四年刻本。
⑥ 《怀陵流寇始终录》卷一一。
⑦ [清]彭孙贻:《平寇志》卷三,崇祯十一年十一月丁卯,第63页。
⑧ 《绥寇纪略》卷六,《谷房变》。

　　不少明朝官员看出张献忠、罗汝才的受抚是伪降，必欲除之而后快。崇祯十二年（1639）春，湖广巡抚余应桂致信熊文灿，亟"言献忠必反，可先未发图之"①。书信被张献忠的巡逻哨兵截获，张献忠将其誊抄，发给郧阳巡抚戴东旻转告熊文灿。熊文灿上疏弹劾余应桂破坏抚局，余应桂被逮捕遣戍。此事既使张献忠加强警惕，也促使杨嗣昌加快进剿张献忠的步伐。当年三月，清兵北撤出塞后，杨嗣昌就把目光投向张献忠。四月初，他和熊文灿都上书明思宗，指出张献忠必反。四月下旬，杨嗣昌经与熊文灿密谋，决定趁北方边境暂时安静的时机，抽调大批官军秘密向郧阳、襄阳地区集中，力图一举歼灭张献忠起义军。他一面派人刺探张献忠营内兵力的数量、强弱以及人心的向背；一面檄调随洪承畴入援的甘肃总兵柴时华、宁夏总兵祖大弼所率的部队前往湖广，归熊文灿指挥，但柴、祖皆以各种借口不肯就道。杨嗣昌又奏请明思宗下令，命陕西总督郑崇俭出师关洛，向郧阳、襄阳移动；四川巡抚傅宗龙统川军入郧，配合熊文灿麾下的左良玉、张任学、陈洪范、龙在田等部，分路并进，包围谷城，拟出其不意地偷袭张献忠。张献忠密切注意官军的行动，决定先发制人，重新举起义旗。

　　就在明廷调兵筹饷之时，张献忠于崇祯十二年五月初九日，率部再举义旗。他轻而易举地占领谷城县城，在通衢大道上张贴告示，宣布"自己之叛，总理使然"②，并公布熊文灿和其他官员向他索贿的数量、日期，既揭露明朝统治的黑暗，也申明自己重新起义的正义性。为了避免官军的包围，张献忠决定向西挺进，同罗汝才等部会合。五月二十三日，张献忠部到达房县，罗汝才、白贵、黑云祥等三部起而响应，于二十八日联合攻占房县。均州一带"受抚"的农民军除王光恩外，也群起响应，但他们后来又投降了官军。

　　谷城、房县起义的再起，宣告了明廷的招抚与偷袭的失败。熊文灿感到大祸临头，立即向朝廷密疏自辩，遭到言官的弹劾。明思宗悔不当初，下令革去熊文灿的

---

① 《明史》卷二六〇，《余应桂传》，第 6751 页。
② 《流寇长编》卷一二，崇祯十二年五月辛酉；《国榷》卷九七，崇祯十二年五月己丑，第 5840 页。

所有官职,令其立功自赎。熊文灿接到圣旨,不及审时度势,就强令总兵左良玉率部进剿张献忠。左良玉认为房县一带尽是大山,路途险阻,运粮不易,不应匆忙前去追击。熊文灿为了赎罪,仍坚持要他进兵。左良玉只好让副将罗岱打前锋,自己率部继后。走了两天,粮食就接济不上,只得采集野果、树叶,甚至宰杀马匹充饥。张献忠、罗汝才以逸待劳,在房县西80里的罗猴山(又名"罗猴山")埋下伏兵,故意先败二阵,诱敌深入,待官军进入埋伏圈,即奋起冲杀,一举毙敌数百人,俘斩了罗岱。左良玉带着百余名残兵败将突围逃出,军符印信尽失。明思宗闻讯,异常恼怒,下诏逮捕熊文灿治罪,令左良玉降三级,随军戴罪立功。

　　杨嗣昌是熊文灿的举荐人,熊文灿遭皇上治罪,使他惶恐不安。崇祯十二年(1639)八月,新任兵部尚书傅宗龙抵京,杨嗣昌向他移交部务后,上疏请罪。明思宗批示,着杨嗣昌"还内阁",继续留任大学士。杨嗣昌再次上疏请罪,尽管疏中并未自请督师,明思宗却命他以礼部兼兵部尚书、东阁大学士的官衔就任督师,"仍赐尚方剑,督师各省兵马,自督、抚、镇以下俱听节制,副、参以下即以赐剑(军法)从事"①。九月初四日,明思宗特在平台召开御前会议,讨论有关进剿农民军的各种问题。会议结束,诸大臣退出后,明思宗独留杨嗣昌进行密谈,强调"张献忠曾惊祖陵,决不可赦,其余剿抚并用"②。随后赐给杨嗣昌精美黄金100锭、大红纻丝衣料4套、斗牛服1袭、赏功银4万两、银牌1500副。过了两天,杨嗣昌入宫向明思宗辞行,明思宗还特地设宴为之饯行,并赐给亲题的御制诗一首,曰:"盐梅今暂作干城,上将威严细柳营。一扫寇氛从此靖,还期教养遂生民。"③盐味咸,梅味酸,均为调味所需,亦喻指国家所需的贤才。此诗把杨嗣昌比作周代征伐玁狁有功之方叔、汉代平定八王之乱之周亚夫,期望他马到成功。杨嗣昌感激涕零,便于九月初六离京,二十九日到达襄阳,进入熊文灿行营。未几,熊文灿被逮捕,并押解赴京,坐以大辟。十月初一,杨嗣昌召集诸路将领,研究进剿方略。其时,李自成隐匿于湖广、四

①　《流寇长编》卷一二,崇祯十二年八月己酉;《杨文弱先生集》卷三五,《请罪疏》。
②　《杨文弱先生集》卷四四,《戊寅九月初四日召对》。
③　《绥寇纪略》卷七,《开县败》。

川、陕西三省交界的山区,比较活跃的农民军主要有张献忠部、罗汝才部和革左五营,以张献忠部势力最大。杨嗣昌根据明思宗的密谕,决定首先围剿张献忠部,而对罗汝才等部尽可能采取招抚政策。他意识到,为了集中兵力打垮张献忠部,必须改变以往各路官军进山不一的战法。考虑到自己虽然位居高位,但毕竟是文官,为了防止武将跋扈,不听调遣,需要有一位实力强劲的将领来充当自己的助手。于是,他在十月初五上疏,请求任命左良玉为大将,挂平贼将军印,赋予指挥其他参与进剿的各镇总兵的权力,得到明思宗的批准。崇祯十三年(1640)闰正月,杨嗣昌命令诸道进兵,并派人到湖北、河南、陕西、四川等地张贴榜文,悬赏通缉张献忠,许诺"能擒张献忠赏万金,爵通侯"。张献忠针锋相对,命人散发传单,上写"有斩阁部来者,赏银三钱"①。

罗猴山大捷后,张献忠、罗汝才于崇祯十二年(1639)九月分别行动。张献忠由湖广西进,转入川陕交界地区。杨嗣昌估计实行追剿后,张献忠会折入陕西,因而命令左良玉以主力进驻陕西兴安(今陕西安康)、平利,而遣偏师3000入蜀,并命陕西总督郑崇俭率副总兵贺人龙、李国安从汉中入川,参与追剿。但左良玉不同意这个部署,认为只让自己遣偏师参与追剿,未必能够奏效,而张献忠也未必北上陕西,万一向西进入成都平原,就难以控制。因此,他拒绝执行杨嗣昌的命令,而于崇祯十三年二月初一日率部入川。二月初七日,左良玉与郑崇俭部合兵,在太平(今四川万源)玛瑙山同张献忠展开一场大战,大败张献忠,"斩首千三百余级,擒献忠妻妾"②,俘获潘独鳌等人。左良玉虽然没有执行杨嗣昌的命令,令杨嗣昌感到不快,但能大败张献忠,他还是飞章向朝廷报捷,明思宗颁赐白银5万两(后又追加内帑银1万两)、锦帛1000匹犒赏三军,并加左良玉太子少保衔。三月初五,明思宗还给杨嗣昌发去一道手谕,曰:"卿自昨年九月初六日辞朝至今,半载有余矣,无日不悬朕念,与行间将士劳苦备尝,而须发尽白,深轸朕怀。又闻卿调度周密,赏罚严

---

① [清]李馥荣:《滟滪囊》卷一,清刻本。
② 《明史》卷三〇九,《张献忠传》,第7972页。

明,深慰朕平寇安民之意。"①乃赐给斗牛服 1 袭、鞍马 2 副。

张献忠败走玛瑙山之后,左良玉紧追不舍。情急之中,张献忠心生一计,派亲信马元利携礼物去见左良玉,对他说:"献忠在,故公见重,公独不思之乎? 公听所部多杀掠,而阁部(杨嗣昌)独专,无献忠,即灭不久矣!"②此前,杨嗣昌因不满左良玉未按自己的部署行事,曾写信同新任兵部尚书陈新甲商量,拟用陕西总兵贺人龙取代左良玉挂平贼将军印。陈新甲将此议上报后,得到明思宗的批准。朝命下达后,陈新甲又请求朝廷收回成命,以免影响左良玉与自己的关系。这种出尔反尔的做法,既得罪左良玉,又得罪贺人龙,遂"失二帅之心"③。这件事在左良玉心中留下浓重的阴影,现在听马元利一说,不觉心动,便佯称有病在身,在竹山一带按兵不动,听任张献忠率领残部逃逸。杨嗣昌无可奈何,只得去信好言相劝,并谎称以贺人龙取代左良玉挂平贼将军印系出兵部的主意,他曾出面加以制止。但贺人龙因恨杨嗣昌出尔反尔,早已把事情的真相告诉了左良玉。因此,不管杨嗣昌如何催促,左良玉就是安卧不动。

张献忠在玛瑙山败退后,又接连失利,遂折返湖广兴山、房县山中休整。罗汝才与张献忠分手后,曾在崇祯十二年(1639)十一至十二月在兴山香油坪,与李自成部联合,围攻并击杀杨世恩、潘安邦。杨嗣昌派人招抚,遭到罗汝才的拒绝。随后罗汝才转战川东,再于次年七月出川,返回兴山、房县,与张献忠重新会合。两部会合后,有众数千人,于是决定再度入川,当月就到达巴雾河。

崇祯十三年(1640)八月,四川巡抚邵捷春调兵防守巫山一带的险要,控扼张献忠、罗汝才的入川之路。与此同时,监军万元吉调陕西将领贺人龙、李国奇,左良玉手下的总兵张应元、汪云凤和四川将领张奏凯,令他们各率所部合击农民军。但是,此时不仅左良玉、贺人龙对征剿持消极观望的态度,各省的督抚、总兵也不用命,甚至想办法从征剿中脱身。陕西总督郑崇俭在围堵农民军入川之前,竟在川北

---

① 《流寇长编》卷一三,崇祯十三年三月丙戌;《明史》卷二七三,《左良玉传》,第6993页。

② 《绥寇纪略》卷七,《开县败》。

③ 《烈皇小识》卷六。

太平称病，不久干脆折返陕西。张应元、汪云凤自达州到达夔州，在土地岭扎营，而贺人龙、李国奇到达开县后，却借口缺粮按兵不动。张应元、汪云凤虽是京营总兵，但所率部卒都是从湖广招募来的新兵，既未经过严格的训练，更缺实战的经验。在大昌县(在今重庆巫山北)附近的土地岭，张献忠指挥农民军，对张应元、汪云凤的5000楚兵发起强攻，从早晨战至傍晚，击毙副将潘应奎，张应元负伤突围，汪云凤死于逃跑路上，而楚兵则"多溃亡"①。

杨嗣昌见张献忠、罗汝才复入四川，楚地稍靖，于崇祯十三年(1640)九月赶往巫山。张献忠、罗汝才采取"以走致敌"的战术，在攻破巫山东北的观音岩及上、中、下马渡，击败邵捷春部将邵仲光后，绕过大昌，奔向开县。官军只是跟在农民军后面尾追，不敢截击。杨嗣昌因丢失观音岩斩杀邵仲光。农民军自开县西走达州，杨嗣昌又下令逮捕川督邵捷春，命廖大亨代之，并罢免陕督郑崇俭，令贺人龙、李国奇等"戴罪讨贼"。

张献忠继续采用"以走致敌"的战术，与杨嗣昌周旋。从崇祯十三年八月在土地岭击败张应元、汪云凤起，在半年之内，几乎跑遍大半个四川，北抵广元、昭化，南到泸州、南溪，东到巫山、夔门，西逼成都。杨嗣昌原是一介书生，对行军打仗完全外行，主张采取尾随战术，"蹑贼疾追"②。监军万元吉见左良玉、贺人龙与杨嗣昌有隙，互相制肘，主张采用稳扎稳打的战法，对杨嗣昌说："军心不一，未可以战。盍令前军蹑贼，后军为继，中军从间道出梓潼，扼归路，以徐俟济师，此万全策也。"杨嗣昌却说："贼易与耳，焉用分军示弱耶？"③不予采纳。不仅如此，杨嗣昌还"好自用"，凡事皆必自躬亲，"军行皆必自裁进止"，所辖部队的进退都由他亲自决断，"千里待报，坐失机会"④。更可笑的是，他还将《南华经》当作克敌的法宝，不光自己念诵，还让地方官员如法炮制。朝中大臣感慨地说："文弱其将败乎？拥百万之众，戎

---

① 《平寇志》卷三，崇祯十三年八月己巳，第77页；《国榷》卷九七，崇祯十三年八月己巳，第5874页。
② 《明史》卷二五二，《杨嗣昌传》，第6519页。
③ 《绥寇纪略》卷七，《开县败》。
④ 《明史》卷二五二，《杨嗣昌传》，第6518—6519页。

服讲经,其衰已甚,将何以哉?"①结果,他指挥官军跟在农民军后面苦苦追赶,累得上气不接下气,却往往被农民军落下三天的路程。张献忠有次在军营里唱酒,就挖苦杨嗣昌说:"前有邵巡抚,常来团转舞。后有廖参军,不战随我行。好个杨阁部,离我三天路!"②

张献忠、罗汝才再举义旗,拖住官军的主力,为其他农民军的复起创造了条件。李自成从崇祯十一年(1638)到十三年的两年时间里,往来活动于湖广、四川、陕西三省的交界地区。崇祯十三年夏,明廷调动大批官军向此地集中,李自成便在六七月间,由湖广房县地区取道陕西平利、洵阳(今陕西旬阳),到商州的商洛地区,十一月再进入河南,游哨突至淅川。杨嗣昌坐立不安,对郧阳抚治袁继咸说:"闯贼(李自成)若出中原,定奔于左革(左金王、革里眼),而襄阳、南阳降人所在抢夺勾引,二俱可忧。"③杨嗣昌命左良玉进行堵截。李自成利用左良玉与杨嗣昌的矛盾,突破武关(在今陕西丹凤县东南),进入淅川、内乡;十二月从南阳地区北上,攻破宜阳,再克永宁,杀万安王朱采𨮁,而后又迭克新安、偃师、宝丰等地。河南土地原本就高度集中,此时旱蝗灾害又特别严重,加之不堪辽饷、剿饷、练饷的重负,民间藏蓄罄尽,"人相食,有父食子、妻食夫者,道路无独行之客,虽东西村不敢往来"④。李自成一进入河南,大批饥民前来投奔,一些小股起义军也纷纷加入李自成队伍,李自成的部众由初入豫时的不足千人很快就发展到几十万人。一些下层知识分子,也加入了李自成队伍。其中,比较有名的有牛金星和宋献策。牛金星是河南宝丰人,天启七年(1627)中举,为人慷慨不羁,在统治阶级内部的倾轧中,被革去功名,遣戍充军。崇祯十三年(1640)冬李自成到达河南时,他"谒见于牙门"⑤,被委为重要谋士,对李自成制定规章制度、网罗人才和创建政权方面发挥了较大的作用。宋献策

---

① [清]彭遵泗:《蜀碧》卷一,指海本。
② 《滟滪囊》卷一。
③ 《流寇长编》卷一三,崇祯十三年十一月甲午。
④ [清]郑廉:《豫变纪略》卷三,栾星辑校《甲申史籍三种校本》,中州古籍出版社 2002 年版,第103 页。
⑤ 《绥寇纪略》卷九,《通城击》。

的籍贯有河南永城等说法,他"善河洛数"①,以卖卜为生,由牛金星举荐加入李自成队伍,进献"十八子主神器"的谶语,被尊为军师。这些下层知识分子的加入,对李自成队伍的发展产生了积极的推动作用。史称"闯'贼'在陕西时为饥民,在山西时为碌碌'贼',出车箱峡(应为出汉中栈道)后为大'贼',至是(牛金星、宋献策等参加李自成起义军后)群策群力,居然以英雄自命"②。

崇祯十四年(1641)正月,李自成率部兵临洛阳城下。洛阳为豫西重镇,也是福王的封藩地。福王朱常洵是明神宗最宠爱的郑贵妃之子,明神宗原拟立他为太子,因违背明太祖制定的立嫡长子和兄终弟及的皇位继承制度而遭到群臣的反对,只得封其为福王;但在福王就藩之时,却赐给大量的财物和庄田。福王视财如命,就藩之后大肆搜刮民财。当地人说:"先帝(明神宗)耗天下以肥王,洛阳富于大内(指皇宫)!"③此人又特别吝啬,河南大旱,出现人食人的现象,他就是不肯拿出一个铜钱去赈济灾民。李自成农民军攻打洛阳周边的县城,侨居此地的原南京兵部尚书吕维琪给福王写信,建议他敦促河南巡抚李凤仙急派军队来洛阳加强防守,让他出钱助饷,他就是不肯。正月十九日,农民军开始攻城,守城士卒知道福王府里金银财宝堆积如山,而自己却饿着肚子,满腹怨气,都不愿积极防守。二十日晚,总兵王绍禹的部卒更是在城头起义,打开北城门迎接农民军。次日凌晨,农民军占领全城,活捉福王朱常洵,福王世子朱由崧脱逃。李自成亲自审讯福王,训斥他道:"汝为亲王,当如此饥荒,不肯发分毫帑藏赈济百姓,汝奴才也!"④立即下令将他斩首示众,并没收王府财产,打开仓库,赈济灾民,赢得了广大群众的拥护。

同样在李自成攻打洛阳的崇祯十四年正月,张献忠、罗汝才趁四川东路官军防御空虚之机,率部从陆路出川,奔袭杨嗣昌督师衙门的驻地襄阳。二月初,张、罗兵临城下,拦截督师衙门的差官,用 28 名骑兵伪装成官军,拿着差官的调兵军符,骗

---

① 《明史纪事本末》卷七八,《李自成之乱》,第 1342 页。
② 《怀陵流寇始终录》卷一三。
③ 《明史》卷一二〇,《福王常洵传》,第 3650 页。
④ [清]吴伟业:《鹿樵纪闻》卷下,《闯献发难》,中国内乱外祸历史丛书本。

过守门官军,进入城里。四月初四日夜半,他们放火焚毁承天寺和襄王府等建筑。城中顿时大乱,负责守城的监军佥事被杀。天明,张献忠所部大队人马赶到,里应外合,一举攻破襄阳城。农民军打开监狱,救出被俘的张献忠妻妾和潘独鳌等人;收降守城官军数千人,缴获杨嗣昌所积存的五省饷银及大批弓刀、火药;活捉襄王朱翊铭及其子贵阳王朱常发。年逾七旬、须发尽白的襄王被押到西门城楼上,张献忠递给他一杯酒说:"吾欲断杨嗣昌头,而嗣昌远在蜀。今当借王头,使嗣昌以陷藩伏法。王其努力尽此酒。"①随即将襄王和贵阳王一并斩首。张献忠还下令没收王府的全部财产,并打开王府仓库,取出 15 万两银子,救济灾民。

杨嗣昌在四川听说张献忠出川东下,拖着重病之躯由水路顺江而下。早在崇祯十三年底十四年初,他即已患上绝症。到十四年正月初六日,病情已经相当严重。初八日,他向皇上奏报军情时,就顺便提到自己的身体,忧心忡忡地说:"臣忧劳病瘁,奄奄垂毙,襄库罄尽,心益忧煎,不知死所。"②二月十八日,赶到夷陵(今湖北宜昌),得知襄阳失陷,襄王被杀,更是惊悸,上疏请死。接着,来到荆州沙市之徐家园,收到洛阳已被李自成攻克、福王被杀的消息,更是忧惧异常,遂不进饮食,卧床不起,将所有的军政事务都交给监军佥事万元吉代理,并派人叫其家属前来会面。万元吉问他,为何不将病情报告皇上,他回答说:"不敢!"这位显赫一时的阁部,此时已经完全绝望,心如死灰,正如他致广东巡抚宋一鹤的信中所透露的:"天降奇祸,突中襄藩,仆呕血伤心,束身俟死,无他说矣。"③三月初一日,他在徐家园咽下最后一口气,终年 54 岁,宣告他围剿农民军的作战计划彻底破产。

明思宗接到杨嗣昌的死讯,对他是又恨又怜,对身边的大臣叹道:"督师功虽不成,志也堪悯,宜用辅臣礼归葬。"并亲自为他写了一篇祭文。此时,他对诸臣提及此事,还连声哀叹说:"杨嗣昌死后,廷臣无能剿贼者!"④

---

① 《绥寇纪略》卷七,《开县败》。
② 《流寇长编》卷一四,崇祯十四年正月甲申。
③ 《杨文弱先生集》卷五三,《与宋楚抚一鹤》。
④ 《流寇长编》卷一四,崇祯十四年三月丙子。

　　不过，杨嗣昌毕竟负有失职之罪，如果不加追究，今后群臣便难以驾驭。因此明思宗在隆重祭葬杨嗣昌的同时，也不得不颁发诏旨："嗣昌二载亲劳，一朝尽瘁，虽有玛瑙山功，不能掩其闯献鸱张、两藩罹祸之罪。"①责令有关部门会勘议罪上报。有关部门的官员深知皇上偏爱杨嗣昌的态度，便根据传统法律中对勋臣的"议功"（即将功抵罪）原则，为其解脱罪责，免予惩处。但是，许多大臣并不买账。在杨嗣昌去世前几天，户科给事中左懋第就曾弹劾杨嗣昌"拥兵自卫，迄无成功"之罪②。杨嗣昌死后，弹劾者更是陆续不绝，要求追究其罪责。刑部主事雷缜祚疏论杨嗣昌"六罪可斩"③，礼部侍郎蒋德璟甚至认为杨嗣昌"奸欺误国，请用嘉靖中仇鸾例，斫棺戮尸"④。明思宗一概不予理睬，后来在乾清宫召见六部、九卿、科道等官，训斥说"杨嗣昌系朕特简，用兵不效，朕自鉴裁，况尚才有可取，各官见朕有议罪之旨，大家排击，纷纭不已……姑不深究，各疏皆留中，谕尔等知之"⑤，才将舆论平息下去。

---

① 《流寇长编》卷一四，崇祯十四年二月乙亥。

② 《流寇长编》卷一四，崇祯十四年二月己亥。

③ 《明史》卷二六〇，《丁启睿传》，第 6740 页。

④ 《明季北略》卷一七，《杨嗣昌自经》，第 301 页。

⑤ 《三垣笔记·附识中·崇祯》，第 198 页。

## 二、频换主帅，难挽狂澜

崇祯十四年（1641）三月杨嗣昌死后，明思宗一时找不到合适的督师人选，四月经兵部尚书陈新甲的推荐，才任命陕西三边总督丁启睿为兵部尚书，改称"督师"，代杨嗣昌总督陕西、湖广、河南、四川、山西及大江南北诸军，仍兼陕西三边总督，赐给尚方剑和督师印。丁启睿，河南归德府永城人，万历四十七年（1619）举进士，崇祯初年开始踏入政坛，初为文职官员，崇祯十一年（1638）代孙传庭任陕西巡抚，两年后得杨嗣昌之荐升任兵部右侍郎兼右佥都御史，代替郑崇俭总督陕西三边军务。丁启睿原本是个庸才，"为督、抚，奉督师期会，谨慎无功过，及督师任重专制，即莫知为计"①，拿不出对付农民军的计策。

李自成率部攻入河南后，在几位谋士的帮助下，针对当时土地高度集中、赋役征敛苛重的状况，提出了"均田免粮"②的口号。所谓"均田"，就是反对地主阶级的土地兼并，含有反对封建土地所有制的内容。不过，由于当时的战争环境，贵族官僚和地主或被杀，或逃亡，荒废的土地较多，农民可以随时随地耕垦，农民军没有采

---

① 《明史》卷二六〇，《丁启睿传》，第 6740 页。
② 《罪惟录》列传卷三一，《李自成传》，第 2709 页。

取过具体的土地分配举措。所谓"免粮"，就是实行"蠲免钱粮"①"三年免征"②的政策。当时的民谣唱道："迎闯王，不纳粮！"③农民军还针对明朝官府对城镇商人的横征暴敛，提出"平买平卖"④的政策。这些口号和政策的颁布，赢得了广大群众的热烈拥护，李自成的队伍也就像滚雪球一样越滚越大。

　　攻占洛阳后，李自成得知开封城守副将陈永福率兵前来支援洛阳守军，开封的防御力量因此大为削弱，遂于崇祯十四年（1641）二月率部南下，佯攻汝州，然后掉头向东北方向挺进，准备奇袭开封城。开封的地理位置极为重要，正如当时的汜水知县周腾蛟所指出的："汴城（开封，五代晋、汉、周与北宋皆定都东京开封府，此地隋、唐时为汴州，故又称为汴京）不守是无河南，河南不保是无中原，中原不保则河北之咽喉断，而天下大势甚可忧危也。"⑤二月十二日，李自成农民军进抵开封城下，立即攻城。河南巡抚高名衡急忙调动能够动员的力量上城防守，封在此地的周王朱恭枵也拿出50万两银子犒赏士卒，并悬赏格："有能出城斩贼一级者赏银五十两，能射杀一贼者赏三十两，射伤一贼或砖石击伤者赏十两。"⑥开封城内一批亡命之徒纷纷上城同农民军对抗。前往洛阳赴援的陈永福，又于十六日回师，进入开封城里。十七日，李自成亲至城下观察形势，不慎被城上官军射中左眼，加上传闻左良玉和保定总督所统官军正向开封赶来，农民军只得在围攻七昼夜之后撤围，转移到密县、登封、嵩县一带。

　　七月，因与张献忠发生意见分歧，罗汝才率部到达河南淅川，与李自成部会合。"自成善攻，汝才善战，两人相须若左右手。"⑦李、罗的联合，使活跃于中原大地的农民军力量大增，对明王朝的统治构成最大的威胁。

---

① 《明季北略》卷二〇，《四月三十日自成西奔》，第490页。

② 《明季北略》卷二〇，《彭琯奏》，第423页。

③ 《明史》卷三〇九，《李自成传》，第7956页。

④ 《明季北略》卷二〇，《四月三十日自成西奔》，第490页。

⑤ 康熙《香河县志》卷一一，《艺文志·奏疏》，清康熙十七年刻本。

⑥ ［清］李光壂：《守汴日志》，崇正丛书本；《豫变纪略》卷四，《甲申史籍三种校本》，第128页。

⑦ 《明史》卷三〇九，《李自成传》，第7960页。

新上任的督师丁启睿也是胆小如鼠。他出潼关后,不敢进入河南,去同李自成对垒。听说张献忠在光山、固始一带活动,力量较为单薄,遂传檄左良玉对其发动进攻,与之激战于麻城。开封守军每天向丁启睿告急,明思宗催他往援。他却回答说:"我方有事于献忠,不赴矣。"①明思宗无奈,只得接受兵部尚书陈新甲的建议,在崇祯十四年(1641)五月将关在狱中的前任兵部尚书傅宗龙释放出狱,命为陕西三边总督,"专办自成"②。

傅宗龙,字仲纶,云南昆明人,万历三十八年(1610)成进士,除铜梁(今属重庆市)知县。久之,授为御史。天启年间,因在贵州参与平定安邦彦叛乱而威名大震。崇祯三年(1630)由孙承宗推荐,被擢为兵部右侍郎兼右佥都御史,总督蓟、辽、保定军务,后因小故被夺官。崇祯十年(1637),当农民军连陷四川 30 多个州县时,明思宗拊髀而思念傅宗龙,伤感地叹道:"使宗龙抚蜀,贼安至是哉!"遂重新起用之,命入川征剿农民军。两年后,经杨嗣昌推荐,召为兵部尚书。他性朴忠,陛见时滔滔不绝地力言民穷财尽,惹得明思宗不高兴。杨嗣昌出任督师后,傅宗龙又批评他"徒耗敝国家,不能报效,以气凌廷臣"。不久,明思宗即以"戏视封疆下吏"③的罪名,将其逮捕下狱,坐了两年大牢。

崇祯十四年(1641)六月,傅宗龙到达陕西,与陕西巡抚汪乔年共谋"平贼"之计,决定尽括关中饷银以供征剿之用。但属郡皆遭旱蝗之灾,已无法提供所需的饷银。尽管如此,九月初四,傅宗龙还是率总兵贺人龙、李国奇所部秦兵 2 万出关,至新蔡与保定总督杨文岳率虎大威所部保兵 2 万会合。次日渡过洪河到达龙口,准备北上项城。此时李自成与罗汝才在洪河上游,拟渡河西攻汝宁(今河南汝南),侦知官军的动向,即将精锐埋伏于新蔡通往项城的要道孟家庄附近的树林里,而以部分兵力架浮桥西渡,佯装进击汝宁。贺人龙、虎大威派骑卒侦知农民军的动向,于九月初六日从龙口挥师追击 30 里,进至孟家庄人困马乏,停下歇息,却被李自成的

---

① 《绥寇纪略》卷九,《通城击》。
② 《明史》卷二六二,《傅宗龙传》,第 6779 页。
③ 《明史》卷二六二,《杨嗣昌传》,第 6778 页。

伏兵打个措手不及。贺人龙、虎大威、杨文岳纷纷卷甲而逃，傅宗龙抵挡一阵，也在九月十八日夜半突围而逃，次日中午，尚未逃到项城，即被农民军追及俘杀。

项城之战后，李自成、罗汝才转向西北，于十月攻破叶县，杀死叛徒刘国能，又攻舞阳，在北舞渡杀死叛徒李国庆。十一月，包围南阳，击杀守将猛如虎，俘杀唐王朱聿钊。十二月，乘胜挥师北上，迭克开封属县十几座城镇，再次进围开封。开封城在金代经海陵王重新修整，城高墙厚，城基深入地下数尺，非常坚固。农民军见城墙坚固难攻，采取挖地洞用地雷爆破的方法，想炸开城墙，但未获成功，反使自己的一些骑兵受到损伤。听说左良玉正率部赶来，李自成、罗汝才乃于崇祯十五年（1642）正月十五日撤离开封，回师迎击左良玉，将其包围于郾城（今河南漯河郾城区）。但因新任陕西三边总督汪乔年又率兵赶来，农民军未能攻破郾城。

汪乔年，字岁星，浙江遂安（1959 年没入新安江水库）人。天启二年（1622）成进士，"自负才武""习弓刀击刺"①，崇祯十四年（1641）出任陕西巡抚，曾奉诏掘毁李自成的祖坟。傅宗龙死后，明思宗命其为兵部侍郎，总督三边军务，要他火速出关，与左良玉夹剿李自成。当时关中精锐已尽没于项城，他收散亡、集边卒，勉强凑集马步兵 3 万人。崇祯十五年（1642）正月率总兵贺人龙、郑嘉栋、牛成虎出潼关，二月到达洛阳。汪乔年认为农民军锐气正盛，如果直赴郾城，难与争锋，不如直扑农民军的后方基地襄城（今河南襄城县），李自成势必回救，郾城之围即可解除。于是，他将步兵和火器留在洛阳，亲率 2 万骑兵，于二月十二日进占襄城，命总兵贺人龙、郑嘉栋各为一路，进驻城东 40 里之处，以声援左良玉。李自成因汪乔年掘其祖坟而恨之入骨，得知其进占襄城，即率数十万主力前往，准备与之决一死战。汪乔年的部队根本不堪一击，贺人龙、郑嘉栋、牛成虎不及接火就掉头逃窜，左良玉在郾城解围后，也不派兵前来支援。汪乔年仅率千余步兵卒守城，兵败城陷，被农民军割去舌头，寸磔而死。

李自成攻占襄城两天后，迭克豫东大批城镇，三月又克睢州（今河南睢县）、归

---

① 《明史》卷二六二，《汪乔年传》，第 6781 页。

德(今河南虞城)。四月中旬,李自成、罗汝才部同河南另一支以袁时中为首的小袁营会合,于十六日占领杞县,从而扫清开封的外围。五月初二,农民军的先头部队进抵开封,次日大部队到达,第三天包围了开封。他们吸取前两次攻城受挫的教训,没有贸然攻城,而是采取"围而勿攻,持久示必克"①的战法,围而不攻,长围久困。

明思宗得知农民军再围开封,斥责督师丁启睿,令其从速往援。丁启睿乃于五月中旬,与保定总督杨文岳,总兵左良玉、虎大威、杨德政、方国安等率18万官军,号称40万,会集于开封南面朱仙镇(今河南开封西南)以东的水波集,与农民军遥遥相望。李自成撤开封之围,亲率数十万大军南下迎击。农民军先在朱仙镇东南要道上,挖掘一条深、广各两寻(一寻为八尺)的长堑,以截断官军的退路,然后与官军展开激战。丁启睿辖下的四镇兵马矛盾重重,他令诸路军发起攻击,左良玉却说:"贼气方锐,未可击。"②丁启睿要其他将领出击,他们个个面露难色。五月二十二日,农民军筑起三座土山,据高用大炮轰击左良玉阵地。左良玉急忙率部拔营撤退,狂奔80里,来到长堑之前,弃马过堑,被农民军追及掩杀。左良玉逃入襄阳,丁启睿、杨文岳在总兵杨德政、虎大威的护卫下逃往汝宁。农民军追击400里,俘获数万官军、7000匹马骡。丁启睿的督师敕书、官印和尚方剑全部丢失。明思宗得报,下令将丁启睿逮捕下狱,杨文岳革职,充为事官,戴罪自赎。三个总兵中,左良玉率先逃跑,但因其兵多势大,却未受到惩处,虎大威后中炮死亡而免诛,只有杨德政被处斩。

明思宗眼看李自成、罗汝才联军在河南境内所向披靡,剩下周王的封藩之地孤零零地处于农民军的包围之中,心中异常着急。回顾这些年官军的种种表现,不禁感到十分的失望与愤愤。几年来,许多武将拥兵自重,不听调动,一遇劲敌,便率先逃命,特别是驻屯河南、湖北的左良玉和统率陕兵的援剿总兵贺人龙,尤其骄横跋

---

① [明]白愚:《汴围湿襟录》,荆驼逸史本。
② 《流寇长编》卷一五,崇祯十五年七月己巳。

扈。左良玉在杨嗣昌督师时就不服调遣,继任的督师丁启睿对他更是无可奈何。崇祯十五年(1642)六月,明思宗下旨:"赦原任户部尚书侯恂罪,改兵部右侍郎兼右佥都御史,总督保定、山东、河北、湖北军务,并辖平贼、援剿等镇官兵。"①侯恂是在崇祯十年(1637)十二月以"徇私养奸"之罪被捕入狱的,他曾有恩于左良玉,明思宗将他赦罪出狱,是想让他调动左良玉向开封靠拢,以解开封之围;但左良玉对侯恂仍然阳奉阴违,侯恂的援汴计划也以失败告终。

崇祯十五年六月,就在令侯恂督师的同时,明思宗还命新任陕西总督孙传庭迅速出关,救援开封。孙传庭是明廷的一员悍将,在陕西巡抚任上,曾残酷镇压陕西多支农民军,并设伏俘获高迎祥。崇祯十一年(1638)十月,因清兵入塞,与洪承畴一起奉诏入卫京师,翌年清兵出塞后,杨嗣昌用洪承畴为蓟辽总督,想留入援的陕西精锐部队守御蓟、辽。孙传庭表示反对,说:"秦军不可留也。留则贼势张,无益于边,是代贼撤兵也。"②杨嗣昌不听,孙传庭遂以耳聋为由辞去保定总督之职,因而被逮捕下狱。崇祯十五年(1642)正月,见李自成、张献忠雄视河洛,无人能够抵挡,明思宗不禁想起孙传庭,便将他释放出狱,命为兵部右侍郎兼右佥都御史,并在文华殿召见,询以"剿贼安民"之策,问他需要多少兵马才能"破贼"。孙传庭坐了三年大牢,根本不了解外面的变化,以为农民军的力量还同他坐牢前一样,顿首答道:"陛下幸赉臣死,臣星驰入关,得精锐五千人足矣!"③明思宗非常高兴,命他统率禁军往援开封。但未等他出关,开封之围已解,汪乔年在襄城兵败身死。明思宗遂令孙传庭代为三边总督。

孙传庭就任三边总督后,明思宗即密令他处斩援剿总兵贺人龙。贺人龙比左良玉更加跋扈,崇祯九年(1636)随洪承畴入川追剿农民军,翌年"噪归"陕西。后来两次随陕西三边总督出关皆不战而逃,致使傅宗龙、汪乔年皆遭农民军俘杀。崇祯十五年(1642)四月,孙传庭檄调各总兵会集西安,斩杀不服调遣的贺人龙,将其兵

---

① 《平寇志》卷五,崇祯十五年六月癸丑,第 110 页。
② 《明史》卷二六二,《孙传庭传》,第 6789 页。
③ 《绥寇纪略》卷九,《通城击》。

马分隶诸将,擢升贺人龙手下的农民军降将、副总兵高杰为总兵,以稳定军心。

就任陕西三边总督后,孙传庭才觉察到时局的重大变化,于六月间上疏曰:"以时势料之,非练兵二万,饷百万不可。"明思宗认为他出尔反尔,大怒曰:"努力练所发兵,足饷一月,即卷甲出关,毋逗挠取咎也。"①随着开封形势的日趋危急,明思宗又下诏以巡按御史苏京监延绥、宁夏、甘肃、固原四镇兵,催促孙传庭出关。孙传庭推说:"兵新募,不堪用。"②但明思宗不听,孙传庭只得于九月以高杰为中军,另调总兵左勷、白广恩、牛成虎等部,东出潼关。

崇祯十五年(1642)九月,河南巡抚高名衡眼看开封被围三个多月,外援断绝,粮饷罄尽,遂下令搜刮居民的粮食以供军饷,弄得十室九空,"城中白骨纵横,断发满地,巷陌无复人行。兵、民饿死者日数百计。城头寥寥,时闻鬼哭"③。有人向高名衡建议:"贼营附大堤,决河灌之,尽为鱼鳖矣,然城中可无恙。"④高名衡经与推官黄澍及巡按御史严云京商议,决定付诸实施。九月十五日夜半三更,命士卒凿开朱家寨口大堤,企图水淹农民军,同时募民筑羊马墙,以挡水保城。李自成闻讯,立即将部队转移至高地。第二天,河水漫过河堤,直冲开封城,从北门入,穿东西门出,流入涡水。全城淹没在一片黄水之中,只剩下钟楼、鼓楼、相国寺、周王府等高大建筑物的屋顶露出水面。周王朱恭枵及其家属、侍卫、巡抚、巡按、总兵等官员以及城中豪绅乘船逃出,数十万百姓被淹死,农民军也有万余人溺水而亡。李自成只得率部西走,准备入关夺取关中。

孙传庭东出潼关后,得到开封已遭水淹的消息,转兵南下。十月初,进至郏县,侦知李自成正领兵西进,遂于郏县之东设置三道防线并设下埋伏,令"牛成虎将前军,左勷将左,郑嘉栋将右,高杰将中军"。李自成率部到达后,牛成虎一交战即佯装败逃,引诱农民军进入埋伏地点加以截击。农民军被杀千余,李自成随即下令撤退,至郏县

① 《绥寇纪略》卷九,《通城击》。
② 《明史》卷二六二,《孙传庭传》,第6790页。
③ 《豫变纪略》卷六,《甲申史籍三种校本》,第212页。
④ 《平寇志》卷五,崇祯十五年九月辛未,第115页。

东北30里的冢头,故意"弃甲仗军资于道"。官军追到这里,纷纷争抢甲仗军资,乱作一团。农民军"反兵乘之,左勷、萧慎鼎之师溃,诸军皆溃",数千官军被杀。孙传庭率残兵败卒经巩县逃回陕西。此战进行之时,因天降大雨,官府运送粮食的车队无法按时到达,官军"士卒采青柿以食,冻且馁"①,此战因而被称为"柿园之役"。

当年十一月,清兵再度入塞,京城再度告急。明思宗不得不调兵遣将去对付清兵,再也无力进攻农民军。李自成农民军在郏县战后,再破当阳,而后驻屯上蔡、舞阳一带。十一月末到闰十一月初,以老回回马守应、革里眼贺一龙、左金王贺锦、争世王刘希尧、乱世王蔺养成为首的革左五营来到河南,与李自成、罗汝才部会合,农民起义军的势力更加壮大。

李自成原拟进入潼关,攻取关中,通过郏县之战,知道孙传庭尚有一定实力,遂准备南下先取襄阳,消灭左良玉,但有部下建议先攻汝宁,说:"杨督(杨文岳)以真(定)、保(定)之兵在汝宁,若蹑吾后,非良策也。良玉新败,必不敢救汝(宁),盍行取之?"②李自成、罗汝才与革左五营于是决定联军攻取汝宁。杨文岳因援汴不力而戴罪防守汝宁,他令监军佥事孔贞会所率川兵屯守城东,自己率领保兵屯守城西,东西呼应,背城死守。李自成在闰十一月十三日率部进抵汝宁附近,采取各个击破的战术,先集中兵力攻击城东,击溃孔贞会的川兵,再转攻城西,击毙虎大威及守备蔡浩父子等人。杨文岳退守城中,农民军四面环攻,"矢石云梯堵墙而立,城头矢炮擂石雨集"③,终于破城而入,全歼守敌,生擒杨文岳和崇王朱由樻等。杨文岳拒不投降,还大骂农民军,被农民军用炮轰毙。

通过项城、襄城、朱仙镇、郏县、汝宁五大战役,李自成农民军消灭官军十几万人,据有河南全境。在汝宁之战后,李自成率军西向,直趋湖广重镇襄阳。左良玉在朱仙镇大败后,撤退到襄阳,招兵买马,拼凑起一支20万人的部队,号称30万,但明廷只按其编制供给2.5万人的军饷,其余军饷全靠自行搜刮和掳掠来解决,从而

① 《明史》卷二六二,《孙传庭传》,第6790页;《豫变纪略》卷六,《甲申史籍三种校本》,第222—224页。
② 《怀陵流寇始终录》卷一五。
③ 《明史》卷二六二,《杨文岳传》,第6784页。

激起百姓的强烈不满和仇恨。左良玉自知人心丧尽，难以抵挡农民军的攻势，便在樊城(今属湖北)大造战舰，拟沿汉水顺流而下逃跑。"襄人怨其淫掠，纵火焚之。良玉怒，掠荆、襄巨估舟"①以备用。十二月初二日，农民军抵达樊城，左良玉即搭船顺流而下，先逃至承天，又经武昌再逃到九江。十二月初四日，农民军在百姓的热烈欢迎下，进占襄阳。接着分兵四出，攻下枣阳、宜城、谷城、光化、均州、荆门等地。十二月十六日，又进至荆州，擒杀湘阴王朱俨铔父子祖孙五人。十二月底，再进至承天，攻打显陵卫，放火焚烧兴献陵(明世宗生父兴献王陵墓)之享殿。崇祯十六年(1643)正月初二日攻克承天，湖广巡抚宋一鹤畏罪自缢。到崇祯十六年正月，农民军的势力已南跨长江，到达松滋、枝江(今湖北枝江西南)至澧州，北滨黄河，东有归德、汝宁、德安，西至潼关、远安，据有黄河以南和湖广的广大地区。

随着农民军在豫、鄂的不断胜利，除张献忠外，各支起义军纷纷与李自成部队联合作战，这一方面壮大了李自成的实力，同时也产生了一些新的矛盾。与李自成联合作战的罗汝才、革左五营的马守应和贺一龙虽然都听从李自成的军令，却不愿归属李自成，希望保持自己相对的独立性。官军的将帅又利用农民军内部的矛盾，进行挑拨离间，终于导致了农民军内部的火并。崇祯十六年(1643)三月初七日，李自成杀死贺一龙，次日晨又杀死罗汝才。罗汝才的部将有的倒向孙传庭，有的降于左良玉，同罗汝才关系较好的马守应则不再听从李自成的号令而独立行动，在崇祯十七年(1644)春病逝于夷陵。李自成因此实现了组织上的统一，这有利于其势力的进一步壮大并最后推翻明朝的统治。

随着战争的不断胜利和占领区的日益扩大，李自成开始从流动作战转入守土不流的阶段，着手进行政权的建设。早在崇祯十四年(1641)春攻占洛阳后，李自成曾"置官留银，妄意作开国始基"②，尝试建设地方政权。不过，当时李自成的实力还很有限，虽已拥有几万的兵力，但骨干也只有几千人，不可能拨出主力部队担任地

---

① 《明史纪事本末》卷七八，《李自成之乱》，第1349页。
② 顺治《河南府志》卷三，《灾异》，清康熙增刻本。

方的防守。所以，直至崇祯十五年(1642)冬其地方政权的建设才开始大规模地展开，在占领区部署诸将镇守，并派官治理。第二年春，又改襄阳为襄京，建立各级农民政权。在中央，建立起奉天倡义大元帅府，简称"倡义府"，李自成以"奉天倡义文武大元帅"的名义充当最高掌权者，并设丞相一名，由牛金星担任，下设吏、户、礼、兵、刑、工"六政府"，各置侍郎一名，分理政务。在地方，由于当时的占领区只有河南省大部和湖北省的一部，故暂未设立省一级的机构，只设府、州、县，分置府尹、州牧、县令等官。并开科取士，选拔一批文化人充当行政官员。在设立行政机构的同时，李自成还对统辖的百万军队进行整顿，统一军制。他将军队分作两大部分：中央直属部队，主要负责机动作战，分为标营(中权亲军)和左、右、前、后五大营，标营下辖五营，其他四营各下辖二营，营下辖队；地方部队沿袭明朝卫的名称，负责镇守重要城市和战略要地。各级将领皆授予正式职称。大元帅之下，五大营分别设立22将，依次为权将军、制将军、果毅将军、威武将军等。其中，以田见秀、刘宗敏两位权将军职权最重，田见秀负责提督诸营事，刘宗敏负责指挥中权亲军。

承天兴献陵的失守，令明思宗痛心疾首，他声泪俱下地说："朕不德，忧及陵寝！"[①]决定让内阁大学士到湖广督师。崇祯十六年(1643)二月上旬，明思宗召见廷臣，对吴甡说："自嗣昌死后，督师无人，致有今日。卿曩历岩疆，可往湖广督师，以图恢复。"[②]三月十日，正式命其以内阁大学士兼兵部尚书的身份，前往湖广督师。吴甡自知此去凶多吉少，提出先往南京，用精兵挟制骄横跋扈的左良玉，促之西入湖广，并令陕西三边总督孙传庭东出潼关，对农民军实行东西夹剿。明思宗没有同意。吴甡又提请拨给3万精兵。明思宗请兵部速议发兵，兵部尚书张国维同意拨给1万军队，但就是这1万军队也迟迟未能调来，吴甡也就迟迟不肯出京，明思宗遂于当年五月罢撤吴甡的督师之职，后下令将其逮捕治罪。

孙传庭自郏县惨败之后，退到陕西大肆扩充军队，并制造2万辆所谓新式武器

---

① ［明］吴甡著，秦晖点校：《忆记》卷四，上海古籍出版社1989年版，第430页。
② 《忆记》卷四，第430页。

"火车"，车上装备火炮、弓弩、粮食，谓"战则驱之以拒马，止则环之以自卫"①。在罢撤吴甡督师之职时，明思宗任命孙传庭以兵部尚书衔佩戴七省督师之印，总督陕西、山西、河南、四川、湖广、贵州以及江南、江北军务，赐尚方剑，全权指挥中原战事。当时明廷的主力部队，除了辽东的边军与湖广的左良玉部，只剩下孙传庭的陕兵。辽东的边兵虽较精锐，但抵御清兵已难胜任，无法移调；左良玉部号称兵多将广，但怯敌惧战，跋扈难用。但是调孙传庭出关到中原作战，却带有很大的冒险性，一旦失利，不仅豫楚不保，秦晋也将无法守御，明王朝的命运也将危矣。因此，许多大臣对明思宗的决定都不赞同，兵部尚书张凤翼说得最为恳切："孙传庭所有皆天下精兵良将，皇上只此一付家当，不可轻动！"②但明思宗顾不了许多，决心孤注一掷，一再催促孙传庭从速出关。君命难违，孙传庭决定出关时，无可奈何地叹道："奈何乎！吾固知往而不返也，然大丈夫岂能再对狱吏乎？"③他坐过一次牢，总不能再违君命而入狱，明知出关作战必败无疑，也只有捐躯疆场以明心迹了。他率白广恩、高杰、牛成虎等部10万大军，于八月初十日出潼关，向李自成发动最后一次大规模进攻。李自成采取诱敌深入、聚而歼之的方略，主动从潼关至郏县一带撤退，将主力部署在郏县以南地区，并派轻骑绕出敌后，进至白河（在今河南伊川东南），切断官军的粮道。孙传庭为解决粮食供应问题，于九月十三日攻占郏县，但仅得骡、羊200余只，"顷刻间分脔食尽，不足给"④。九月十七日，汝州的官军因乏食而哗变。孙传庭不得已，遂留小部分队伍守郏县，自己与白广恩、高杰回迎粮草。李自成率领大军跟随后头猛追，官军阵势大乱，被歼4万余人，九边精锐、良将劲兵丧失过半，从此气衰而不复振。

官军在郏县战败后，大臣一致要求固守关门，急复秦疆。明思宗下旨削去孙传

① 《流寇长编》卷一六，崇祯十六年七月甲午。

② 《国榷》卷九九，崇祯十六年九月甲辰，第5990页。

③ 《明史》卷二六二，《孙传庭传》，第6790页；《流寇志》卷八，崇祯十六年七月庚子，浙江人民出版社1983年版，第116页。

④ 《国榷》卷九九，崇祯十六年九月甲辰，第5990页。

庭督师尚书衔，"仍以秦督充为事官，戴罪收拾余兵，扼守关隘，相机援剿，图功自赎"①。不久，又下令提升总兵白广恩为援剿副总兵，挂荡寇将军印，拨给 3 万精兵，命其与孙传庭共守潼关，希望保守陕西。李自成在官军喘息未定之时，即亲率大军自洛阳西进，另派一支部队抄小道攀越山险，前后夹击，于十月初六日攻破潼关。孙传庭部将高杰、白广恩、高汝利纷纷逃窜，孙传庭知道已经无法挽救，率领数百亲丁冲向农民军，当阵死亡。李自成乘胜于十月十一日攻克西安，占领陕西全境，并分兵攻取银川、兰州、张掖、西宁等地，控制了整个西北地区。

崇祯十七年(1644)正月初一日，李自成改西安为西京，正式建国，国号大顺，年号永昌。更定官制，设天佑殿，以牛金星为大学士平章军国大事，宋献策为军国大军师。中央行政机构仍称"六政府"，襄阳时期只设侍郎各一名，此时增设尚书、侍郎。地方机构因占领区的扩大增设省一级，置节度使掌之。封授功臣爵位，分为五个等级。明末农民战争进入了推翻明朝统治的关键时期。

崇祯十四年(1641)二月，张献忠、罗汝才攻克襄阳后，因对西据郧阳、兴安一带的左良玉部还有顾忌，便越过汉水向东转移，活动于河南、湖广交界一带。明廷急调左良玉回师征剿。七月间，张献忠乘虚攻克郧西。罗汝才留在河南，即同李自成联合作战。张献忠的力量顿显单薄，八月间在信阳被左良玉打败，遂转战安徽，再回湖广，于崇祯十六年(1643)五月攻占武昌，擒获楚王朱华奎，将之装入竹笼，沉入江中，并没收楚王府的财产，赈济饥民。他改武昌为天授府，自称"大西王"，建立农民政权。在中央设立六部、五军都督府，在京城设立五城兵马司等机构，在地方设立巡抚、守道、巡道、知府、知州、知县等官。然后率兵南下，攻占湖广大部分地区。当年冬，张献忠得知李自成攻占陕西全境，判断明朝统治的覆灭已是指日可待，为了避免同李自成发生摩擦，决定向明朝统治力量较为薄弱的西南地区发展，于崇祯十七年(1644)正月率部由荆州西渡夔州(今重庆奉节)，进入四川。

---

① 《崇祯长编》卷一，崇祯十六年十月戊辰。

# 三、李建泰代帝出征与调吴三桂入晋之议

崇祯十六年(1643)十月初六潼关失守的消息,直到十一月初八才由兵科给事中曾应遴奏报明思宗,但具体细节不明。明思宗急忙下旨"贼闯西,秦、晋、蜀、淮、扬等处,均宜毖备,在廷大小臣工,凡可强兵定饷用人灭贼者,各抒所见以闻"①,并命从速查明孙传庭、白广恩的下落。十一月初,明思宗任命新任兵部右侍郎余应桂接替孙传庭为三边总督。余应桂以无兵无饷,向皇上哭诉了一场。明思宗也只能派京军千人护行,并发给内帑银1万两作为军前犒赏之用。余应桂出京之后,"日夜悲疑",行至山西见当地有不少大顺农民政权委派的官员,更是"逡巡不得前"②。

十二月二十二日,吏部尚书李遇知上疏,报告陕西方面派人传话,说"潼关十月初六日失守,抚臣冯师孔战殁,孙传庭不知下落,自初六至初九,贼骑结队西行"。又传华阴、华州(今陕西华县)、渭南、潼关俱已失守,而临潼距省城西安只有50里之遥,一马可至,西安恐难守住。"为今之计,怨天尤人,总属无济,惟有急复秦督,急补秦将,急发堪战之兵,急措饷接济。四事之外,无别策也。"明思宗接到这个奏疏,得知陕西形势危急,又接连向余应桂发出谕旨,并再拨给内帑银1万两,催促他

---

① 《崇祯长编》卷一,崇祯十六年癸未十一月戊戌,上海书店1982年版,第26页。
② 《明史》卷二六〇,《余应桂传》,第6751页。

"作速驰往,不得稽迟"①,但谕旨发出后,陕西全境早已落入李自成大顺军之手。

得知李自成大顺军攻占潼关的消息后,廷臣对李自成的下一步行动议论纷纷。内阁首辅陈演认为:"贼入关中,必恋于子女玉帛,犹虎入陷阱。"②吏部尚书李遇知则认为:"三秦砺山带水,四塞称险,屯兵函谷,可以号召天下,从来劲兵大将,咸出其中。蜀、黔转赋,实以秦为咽喉地,贼垂涎久,欲据此为家。"③他们都低估了这位杰出的农民领袖,他不仅不恋子女玉帛而入陷阱,而且也不只是据三秦以为家,而是要推翻明王朝的统治,夺取全国的最高统治权!

李自成在西安建国,标志着大顺与明廷双方力量的对比已发生根本性的变化,明末农民战争已进入彻底推翻明朝统治的关键时期。崇祯十六年(1643)十二月,在西北地区的军事行动基本结束之后,李自成即派先头部队渡过黄河,攻占山西荣河(在今山西万荣西南)等县,为大军的东征做准备。

转眼到了崇祯十六年(1643)年底除旧更新的日子。按照惯例,每年这个时节,宫廷里都要热热闹闹地庆祝一番。但今年有些异常,整个宫廷笼罩着一片阴郁、晦暗、沉闷的气氛。正为内忧外患搞得焦头烂额的明思宗,怎么也提不起兴致。此前,礼部大臣问皇上需要做些什么,他想到由于连年战争,民穷财尽,国库亏空,军饷难筹,不能再像往昔过年时那样大搞排场,奢靡浪费,于是便命礼部发去一道谕旨:"迩来兵革频仍,灾祲叠见,内外大小臣工士庶等,全无省惕,奢侈相高,僭越王章,暴殄天物,朕甚恶之!向屡经严饬,未见遵行。崇俭去奢,宜自朕始。朕于冬至、正旦、寿节、端阳、中秋及遇诸大典,升殿行礼,方许作乐,其余皆免。至浣衣减膳,已有谕旨。今用铜锡木器,以仿古风。其金银各器,关系典礼者,留用;余尽贮库,以备赏赉。内外文武诸臣,俱宜省约,专力办贼。……其官绅擅用黄蓝绸盖,士子擅用红紫衣履,并用青绢盖者,庶民男女僭用锦绣绉绮及金玉珠翠衣饰者,俱以违制论。"但是,这个谕旨却引起一些臣子的议论,说:"黄钟大吕,清庙明堂之器,文

---

① 《崇祯长编》卷一,崇祯十六年十一月壬子,第37—39页。
② 《明史》卷二六〇,《余应桂传》,第6751页。
③ 《崇祯长编》卷一,崇祯十六年十一月丙辰,第42页。

质彬彬,斯为美矣,儳极则鬼,君子病之。今以玉食万方之主,而降为污尊怀饮之事,是貉道也,何以能久?"①

崇祯十七年(1644)正月初一日,正当西安城欢天喜地庆祝大顺建国之时,北京却刮起了一场强大的沙尘暴,"大风震屋,飞沙咫尺不见,日无光"。迷信的官员占了一卦,说是"风从乾起,主暴兵到,城破,臣民无福"②。预示着将有不祥,更使人感到惶恐不安。

明思宗照例在当天早朝时举行接受群臣朝贺的仪式。他一大早来到皇极殿,上朝的钟声响过后,迟迟未见朝臣到来,一名值班的官员说,因为大风扬沙,群臣或许未听见钟鼓之声,以为圣驾未出,所以姗姗来迟。请皇上再下令鸣钟,打开东西长安门,这样远近的大臣都听得见,自然都会急速赶来。明思宗只得下令再度鸣钟,不准停歇,并打开东西长安门,不准关闭。等了一阵,还是不见大臣到来。明思宗提出先谒太庙,再接受朝贺。在旁侍候的太监呼唤"驾銮舆",又不见驾舆马与立仗马,只好叫人将长安门外朝官所乘的马匹悉数赶入端门以顶替之。但司礼太监担心这些马匹没有受过相关的训练,容易出事,明思宗只得改变主意,决定先受朝贺再谒太庙。又等了些时候,廷臣才陆续来到。当时京城的文臣都住在西城,上朝时候列于东班;武臣都住在东城,上朝时都列于西班。由于迟到,见皇上正在大殿上注视着殿下大臣的行动,他们都不敢迈过中门。文臣便直入武班,从螭头下伛偻而入东班;武臣也直入文班,从螭头下蹲俯而入西班,演出了一幕幕奇特的景象。庆贺仪式结束后,六品以下的官员不参加陪祀太庙的活动,由于所乘的马匹受惊而无法骑行,只得步行回家。所有这些,都被认为是不祥的预兆。

大年初一出现的沙尘暴,再加上上述种种异样的景象,使明思宗深感焦虑和不安。草草行过朝贺礼,与阁臣议论几句国家大事后,他便请道士前来扶乩,占卦王朝的命运。他沐浴焚香,向上天跪拜默祷曰:"方今天下大乱,欲求真仙下降,直言

① 《烈皇小识》卷八。
② 《国榷》卷一〇〇,崇祯十七年正月庚寅,第6012页。

朕之江山得失,不必隐秘。""天仙"通过道士之手,在沙盘上写下这样的乩语:"帝问天下事,官贪吏要钱。八方七处乱,十爨九无烟。黎民苦中苦,乾坤颠倒颠。干戈从此起,休想太平年。"明思宗见到此诗,自觉没趣,"默然不悦"①。

种种不祥的预兆,固然使明思宗心中不快,但作为一国之君,他又不得不面对严酷的危局,考虑应付的对策。正月初三日,他在德政殿召见其所信任的左允中李明睿,征询"御寇急策"。李明睿请屏退左右侍臣,趋近御案,小声地说:"(臣)自蒙召,道闻贼氛颇恶,今近逼畿甸,诚危急存亡之秋,可不长虑却顾!惟有南迁,可缓目前之急,徐图征剿之功。"②其实,明思宗心中早有此意。早在崇祯十六年四月,清兵第五次入塞侵略行将撤退之前,明思宗见各路官军不是胆怯不战,便是望风而逃,召见周延儒等大臣,表示要亲自出征,周延儒只得请求代替皇上前往前线督师。临出都门之前,明思宗就曾同他"议南迁,命无泄"。明思宗的兄嫂懿安皇后张氏,不知从什么渠道得知这个消息,找到明思宗的皇后周氏,表示坚决反对,说:"此周延儒误皇叔(明思宗)也。宗庙陵寝在此,迁安往?"周皇后将此话转告明思宗,明思宗大怒,"遣宦者往询索传语者,懿安坚讳,上坚请,迫欲自缢"③,此事只好不了了之。不过,明思宗还是在暗中做着南迁的准备。先是命给事中左懋第"往南中,察沿江舟师士马之数"④。继而在崇祯十六年(1643)十月,天津巡抚冯元飙"密陈南北机宜,谓道路将梗,当疏通海道,防患于未来",为来日南迁做准备。明思宗即"俞之",冯元飙"乃具海舟二百艘以备缓急"⑤。明思宗一听李明睿说到南迁,连忙阻止道:"此事重大,未可易言,亦未知天意若何?"李明睿说:"惟命不于常,善则得之,不善则失之,天命几危,人定则胜天,事势至此,讵可因循不决,至有噬脐之忧。皇上内断圣心,外度时势,不可一刻迟延,若筑室道旁,后悔何及。"明思宗见四顾无

① 《明季北略》卷二〇,《降乩》,第415页。

② 《流寇志》卷九,崇祯十七年正月壬辰,第136页。

③ 《三垣笔记·笔记中·崇祯》,第58页。

④ 《绥寇纪略》补遗中,《虞渊沉》。

⑤ 沈善洪主编:《黄宗羲全集》第十册,《南雷诗文集》上,《巡抚天津右佥都御史留仙冯公神道碑铭》,浙江古籍出版社1985年版,第226页。

人，这才轻声细语地道出自己内心深处的真实想法，曰："朕有此志久矣，无人赞襄，故迟至今。汝意与朕合，朕志决矣，诸臣不从奈何？尔且密之。"接着，明思宗又问起如果南迁，该怎么走，途中如何接应。李明睿对此早有考虑，回答说，不如四路设兵，东走山东，或西走河南，这是陆路；也可从登莱上船，或从通州走运河，这是水路。但皇上还是须走小路，轻车南行，20日可抵淮上，距离南京也就不远了。明思宗点头称是。李明睿见皇上同意他的意见，又请求皇上当机立断，说："臣谋不敢泄，但求圣断。皇上但出门一步，龙腾虎跃，不旋踵而天下运之掌上。若兀坐北京，坚守危城，无益也。"①

午间，明思宗命近侍在文昭阁宴请李明睿，然后又在内殿与之商议一些政事，包括军饷的筹措问题。李明睿指出："兵饷缺乏，民穷财尽，惟发内帑，足济燃眉。"明思宗却说："内帑如洗，一毫无措。"晚上在内殿召见李明睿，问："所奏事，即欲行之，谁可接济？途间用何等官领兵措饷？驻扎何地？"李明睿答道："济宁、淮安俱要地，不可不设官，须择重臣领兵，预为之防。"又问何等官衔，李明睿奏："须户、兵二部堂上官。"又问："此时兵在关门，大将俱在各边，调遣甚难，奈何？"李明睿答道："近京八府尚可募。皇上此行，京师须人料理。关门兵不可尽撤，各边大将不可轻调，惟在公侯伯及阁部文武大臣，试其能才，推毂而遣之。"明思宗点头称是。李明睿又重申下午曾经谈及的拨发内帑的问题，说："内帑不可不发，除皇上服御外，一毫俱是长物，当发出犒军。若于中途不足，区处甚难。留之大内，不过朽蠹。"明思宗说："然，户部亦该措置。"李明睿回说："今三空四尽，户部决难措手。皇上为宗庙社稷计，决而行之。"②这次密谈，直至深夜二更时分方告结束，明思宗深感满意。

将都城南迁，这在当时未尝不是一种可行的选择。当初明太祖创建明王朝，就把南京定为首都。后来，明成祖迁都北京，但南京仍然保留着陪都的政治地位，保存着一套形式上与北京相同的中央机构，只是任职的官员多为虚衔，握有实权的只

---

① 《流寇志》卷九，崇祯十七年正月壬辰，第136—137页。

② 《流寇志》卷九，崇祯十七年正月壬辰，第137页。

有南京参赞机务兵部尚书、南京守备太监和提督南京军务勋臣。此时长江中游驻扎着左良玉号称数十万的军队,下游又有江北四镇的重兵把守,南京比北京要安全得多。南京所在的江南地区,又是当时全国经济最发达、人口最密集的财赋之区,受到的战争破坏也比北方小得多。如果退守南方,即使丢了北方,也可划江而治,凭借南方充裕的人力、物力和财力与北方相抗衡,最后鹿死谁手尚难预料。但是,将政治中心南迁,涉及放弃宗庙陵寝的敏感问题,这就需要手握全国最高统治权的皇帝敢于做出决断,并将南迁的理由对臣民做出明确的说明。明思宗的为人刚愎自用,又优柔寡断,死要面子又缺乏担当,他想等大臣出面陈请再付之施行,结果便将此事暂时搁置。

李自成派先头部队渡河东征时,就决定兵分两路,对明王朝的政治中心北京采取南北两面包抄的钳形作战方略:北路为主力,由李自成和权将军刘宗敏率领,渡黄河入晋,占领平阳,攻取太原、宁武、大同、阳和(今山西阳高),再入冀攻占宣府、居庸关等战略要地,歼敌重兵,断绝京师的援兵,最后攻占北京;南路为偏师,由制将军刘芳亮统率,渡河后沿黄河北岸东进,进入畿辅南部,防止明思宗南逃,阻击南来援兵,而后北上,助攻北京。崇祯十七年(1644)正月初八日,李自成亲统大顺军主力从西安出发,开始了东征的进程。

正月初九日,兵部收到李自成亲率大军东征之前派人送来的通牒,"署文以大顺永昌年号,约战,三月十日至"①。明思宗得报,寝食难安,几天里粒米未进,忧愤交加,疲惫不堪。正月十一日上朝,当着阁部、九卿、科道等官叹道:"朕非亡国之君,事事乃亡国之象,祖宗栉风沐雨之天下,一朝失之,将何面目见于地下? 朕愿督师,以决一战,即身死沙场亦所不顾,但死不瞑目!"说罢痛哭流涕,责问群臣道:"贼势如此,阃外(指统兵在外)无人承任,府库殚竭,将如之何? 卿等无为朕分忧哉?"一听这话,内阁首辅陈演急忙表态,说愿代帝出征,明思宗说:"南人不可。"②意思是

---

① 《甲申传信录》卷一;《国榷》卷一〇〇,崇祯十七年正月庚子,第6016页。

② 《三垣笔记·附识中·崇祯》,第221页。

陈演是南方人,不熟悉北方的山川形势,无法承担此行。次辅魏藻德、蒋德璟、邱愉、范景文、方岳贡俱请往代,也皆不允。去年十一月与方岳贡一起入阁的曲沃人、大学士李建泰跪奏道:"主忧如此,臣敢不竭驽力?臣晋人,颇知贼中事,愿以家财佐军,可资万人数月之粮。臣请提兵西行。"①明思宗即破涕为笑,说:"卿以西人平西贼,朕愿也。"②并表示:"卿若行,朕当仿古推毂礼,亲饯之郊,不敢轻也。"③正月二十六日,举行特别隆重的遣将礼,赐予尚方剑、斗牛服,然后在正阳门城楼上大摆宴席,为李建泰饯行。饯行之后,李建泰率领三千京营禁军出宣武门,向涿州进发。

李建泰出京后,经涿州取道保定南下。行前,明思宗与左右大臣都认为,在大同、宣府一带有朝廷派驻的重兵,大顺军如想攻打京城,必定会避开朝廷重兵把守之处,故而"朝廷之忧,则在保定,不在宣大"④。但是,他们高估了自己的力量,也没有料到大顺军竟会实施南北两面包抄的作战方略,以致完全陷于被动的境地。

李建泰一出京城,立即感到举步维艰。他走到畿辅的一个县城,"县人漫视不为礼。李从者饥,求食。县人曰:'汝官为大明乎?为大顺乎?'诡对曰:'大顺。'乃为设食甚丰,饱餐而去"⑤。李建泰继续领着禁军前行,走到距京师200里的河北定兴县,地方官竟然拒绝这位大学士入城。他发兵攻打后才得以进入定兴城,将那个地方官狠揍了一顿;往南走到邯郸,听说大顺军左营刘芳亮正统兵沿着黄河北岸东进,"心怖,北向鼠窜,兵遂溃,所过恣意劫杀"⑥。走到广宗县,知县李弘基率领县民登城设守,拒绝他入城。李建泰又下令攻城,城破后乡绅王佐责问他:"阁部受命南征逆闯,赐尚方剑、斗牛服,推毂目送,圣眷至渥。今贼从西南来,正宜迎敌一战,灭此朝食,上报国恩。奈何望风披靡,避贼北遁,陷城焚劫耶?"⑦恼羞成怒的李建泰下

① 《明季北略》卷二〇,《李建泰督师》,第420页。

② 《三垣笔记·附识中·崇祯》,第222页。

③ 《明季北略》卷二〇,《李建泰督师》,第420页。

④ [明]李长祥:《天问阁集》卷中,《宣府巡抚朱公庙碑》,丛书集成初编本。

⑤ [清]刘尚友:《定思小纪》,明季史料丛书本。

⑥ 康熙《广宗县志》卷一〇,《人物列传》,清康熙三十二年刻本。

⑦ 乾隆《顺德府志》卷一二,《人物》下,清乾隆十五年刻本。

令将他处斩,然后纵兵将官库民舍洗劫一空,继续北逃。后来,听说他的家乡曲沃被农民军占领,财产被没收,更是像泄了气的皮球,吓出一场大病,逗留畿南,不敢前进。

二月初九,明思宗得知李建泰家乡被大顺军攻占并逗留不前的消息,又给他送去一道亲笔敕谕:"今卿代朕亲征,鼓励忠勇,选拔雄杰。其骄怯逗玩之将,贪酷倡逃之吏,当以尚方剑从事。行间一切调度赏罚,俱不中制。卿宜临事而惧,好谋而成,真剿真抚,扫荡妖氛,旋师奏凯,勒铭鼎钟。"①但是,他万万没有想到,所谓"骄怯逗玩之将,贪酷倡逃之吏"不是别人,正是自己委以重任的督师大学士!李建泰根本没有将这道敕谕放在心上,继续徘徊观望。他手下的士卒仍然继续逃亡,最后只剩下几百名亲兵簇拥着饷银,跟随他逃到保定。二月下旬,刘芳亮统率的大顺军从南路攻到保定,李建泰派中军郭中杰投降。一场代帝亲征的闹剧,就这样草草收场了。

在大顺农民军的凌厉攻势下,晋豫官军的败报和求救奏疏,如雪片般传到京师。自孙传庭统率的陕西三边精锐覆灭之后,李建泰督师出征又带走三千京营禁军,明思宗手里已经没有多少兵力,除了驻守宁远的辽东总兵吴三桂部,已无兵可调。因此,在命李建泰督师出征之后,他在崇祯十七年(1644)正月十九日召对廷臣时,表示了想抽调吴三桂入关前往山西征剿农民军的意向,但又不愿承担决策的责任,要求大臣就此事进行讨论,发表意见。大臣当然知道,吴三桂的五千精兵内调,辽东就只剩下一些滥竽充数的官军,根本抵挡不住满洲八旗军的进攻,等于将山海关外的大片土地和辽民拱手送给了满洲贵族,谁也不愿出头来承担"弃地"的罪名,故意拖延不决。过了两天,明思宗又给陈演等阁臣发去一道谕旨,强调抽调辽东五千精兵随吴三桂助剿,关外"余兵尚多",未尝不可支撑局面,并要他们就此事表态,并承担责任,说:"此等重大军机应行与否,原应先生每主持担任,未可推诿延缓误事。"但陈演等大臣回奏说:"第关宁迫切神京,所系尤重。三桂兵五千为奴(指满洲

---

① 《烈皇小识》卷八。

贵族)所畏,不独宁远恃之,关门亦恃之。……倘一旦调去,其余皆分守各城堡之兵,未必可用也。……此真安危大机,臣等促膝密商,意皆如此,实未敢轻议也。"兵部尚书张缙彦更将问题直接挑明:"三桂调不调,视宁远之弃不弃,两言而决耳。"明思宗见无人肯站出来承担责任,只好自己决策放弃宁远,说:"收守关(退守山海关)之效,成荡寇之功,虽属下策,诚亦不得已之思。"①他谕令陈演等阁臣代为拟旨施行,陈演为了推卸责任,再次召集大臣会议,通过之后,又与督、抚、镇进行协商,拖了一个多月,也未能将调吴三桂之议付诸施行。调吴三桂入晋助剿的计划,也告彻底流产。

---

① [明]蒋德璟:《悫书》卷一一,清刻本。

# 四、"大数已终",煤山断魂

崇祯十七年(永昌元年,1644)正月,李自成亲率大顺军主力渡过黄河到达山西平阳,明知府张璘然投降。二月初八攻占太原,然后北上,经过两天的激战,于二月二十二日攻占宁武,俘杀明总兵周遇吉。刘芳亮率领的南路军也于二月从蒲坂(在今山西永济西南蒲州镇)渡河,沿黄河北岸东进,进入河南怀庆地区。农民军的攻势如涨潮的怒涛,汹涌澎湃,迅猛地向畿辅地区逼近。明思宗不甘心明王朝的大厦在自己的手里崩塌,相继采取一系列措施,力图挽狂澜于既倒。

首先,诏令天下兵马勤王,以增强北京及周边地区的防御力量。明朝建立之初,就确立重京师、守冲要、实边防的国防思想,京师的防御是其重中之重。然而由于长期以来军政败坏,武备废弛,到崇祯末年京师的防务也是七零八落,百孔千疮。一方面是由于在崇祯之前的很长一段时间京师不曾发生战事,戈矛等武器装备长久不用,朽蚀严重,破损不堪;另一方面是兵员严重不足,京营禁军有相当部分被派往南方镇压农民起义未归,留在京师的又多系羸弱之卒。其中,稍微强壮一些的京营禁军只有5万,驻扎在城外;老弱残兵约五六万,负责城墙的防御。北京的城墙共有15.4万个城堞,一名士卒要看守好几个城堞,根本照管不过来。有人建议签发民兵,以弥补兵员之不足,但又担心他们不可靠,万一有人逃跑,就会起到连锁反应,后果不堪设想。二月二十八日,明思宗只得"诏征天下兵勤王"①,包括征调吴三桂入卫京师。但以陈演为首的阁臣,仍然坚持反对调吴三桂入关。三月初一日,"昌平兵哗,焚劫一空,宣府告急"②。三月初四日,诏封辽东总兵吴三桂为平西伯,平"贼"将军左良玉为宁南伯,蓟镇总兵唐通为定西伯,凤庐总兵黄德功为靖南伯,加山东总兵刘泽清秩一级(不久补封为平东伯)。三月初六日,"始弃宁远,征吴三桂、(蓟辽总督)王永吉率兵入卫。又召唐通、刘泽清入卫"③。吴三桂远在宁远,直到三月上旬才带领五千士卒和50万宁远汉人启程,十三日进入山海关。未等他赶到京师,京城已被大顺军攻破。刘泽清则拒不奉诏,大掠临清南下,远避至江淮一带。只有唐通在三月初七日率8000人到达京师,后被遣至居庸关设防,但不几天就投降了大顺军。

其次,派遣亲信宦官,监视各镇。二三月间,在大顺军的凌厉攻势之下,各地的文官武将纷纷投降,京师人心惶惶,进一步加重了明思宗的猜忌心理。于是,他再次派遣宦官分赴各镇,担任监督防范工作。二月下旬,即"命内臣监制各镇:太监高起潜总监关、蓟、宁远;卢惟宁总监通、德、临、津;方正化总监真定、保定;杜勋总监宣府;王梦弼监视顺德、彰德;阎思印监视大名、广平;牛文炳监视卫辉、怀庆;杨茂林监视大同;李宗先监视蓟镇、中协;张泽民监视西协"。兵部尚书张缙彦提出异议,认为"各处物力不继,而事权纷拏,反使督抚藉口",但是明思宗"不听"④。三月初,又命太监杜之秩与定西伯唐通一起"守居庸关"⑤。但是,这些宦官不仅没能尽到监督之责,而且后来绝大部分投降了大顺军。

再次,下罪己诏,以图挽回人心。为了收拾人心,明思宗在二月十三日发布罪己诏,检讨自己继位17年来的种种过失,承认"胡(指满洲贵族)寇(指农民起义

---

① 《平寇志》卷八,崇祯十七年二月丁亥,第187页;《国榷》卷一〇〇,崇祯十七年二月丁亥,第6031页。

② 《平寇志》卷八,崇祯十七年三月己丑,第188页。

③ 《明季北略》卷二〇,《初六日甲午》,第438页。

④ 《国榷》卷一〇〇,崇祯十七年二月庚辰,第6029页。

⑤ 《国榷》卷一〇〇,崇祯十七年二月丙申,第6037页。

军)并急","罪非朕躬,谁任其责";承认"使民罹锋镝、蹈水火","使民输刍挽粟,居送行赍,加赋多无艺之征,预征有称贷之苦","使民室如悬磬,田卒污莱,望烟火而无门,号泣风而绝命","使民日月告凶,旱潦洊至,师旅所处,疫疠为殃",皆"朕之过也";"至于任大臣而不法,用小臣而不廉,言官首鼠而议不清,武将骄懦而功不举,皆朕抚御失宜,诚感未孚"。诏书表示要"痛加创艾,深省夙衍",今后将采取措施"惜人才以培元气,守旧制以息纷嚣,行不忍之政以收人心,蠲额外之科以养民力"。但诏书仍为加派辩解,声称"用兵征饷,原非得已",各省值抚按官,要"呕饬有司,多方劝谕",让百姓照数征缴,只有"擅加羡耗,朦胧私征,及滥罚淫刑,民不堪命者",才"立行拿问",并宣布"草泽豪杰之士,有恢复一郡一邑,便分官世袭,功等开疆;即陷没胁从之流,能舍逆反正,率众来归,准令赦罪立功;能擒斩闯、献,仍予通侯之赏"①。通篇除了一堆空话套话,并没有任何救民于水火的实质措施,因此根本不起什么作用。明代史学家谈迁曾一针见血地评论说:"当其时民莫苦于横征,率空言无指实。"他认为:"倘即减今岁田租之半,躬阅内府,尽出其所有金币珠玉等,尺寸过毋少靳,明示吏民以充禄饷,诛一二掊克之吏,锐意更始,而吏民不为感动者,未之有也。"②

三月初六日,明思宗又发布了一个罪己诏,继续检讨自己在位 17 年来"年年征战,加派日多","贪官污吏,乘机巧取","将懦兵骄,莫肯用命","任用非人,养毒致溃"的罪过,并宣布与民相约:"钱粮剿饷已行蠲免,负买悉命停止。郡县官有私征私派,滥罚滥刑,朕不时密访以正其罪。"诏书还宣布:"除自成罪在不赦外,余伪官伪将有斩渠献城之功,即授侯爵,分别世荫贵赍,愿官者一体充用,不愿官者安插宁家。"③此时,全国的民心已彻底倒向农民军一边,明思宗想用纸上的甜言蜜语来扭转人心的向背,显然为时已晚,正如谈迁所说"此诏视诸二月壬申(十三日)(诏书),益加切矣,使移于昨冬,则远近闻之,或为感动。今剥床以肤,祸临俄顷,出都

---

① 《国榷》卷一〇〇,崇祯十七年二月壬申,第6025—6026页。
② 《国榷》卷一〇〇,崇祯十七年二月壬申,第6026页。
③ 《国榷》卷一〇〇,崇祯十七年三月甲午,第6035—6036页。

城一步,感怀疑易虑,其畴(通俦,即谁)为信之?"①

明思宗心里自然明白,他所采取的这些措施,根本无法阻挡大顺军的凌厉攻势,况且吴三桂调入关内护卫京师,关外的清兵乘虚而入,北京也同样难以保全。南迁的念头,于是又不时在脑海里浮现。正月中旬,都察院左都御史李邦华又建议南迁。李邦华同李明睿关系密切,是李明睿出任左中允的推荐者之一。此前,他曾同李明睿商议过南迁之事,他问:"上亲行与东宫(太子)孰便?"意即如果南迁,是皇上亲行,还是太子南下监国为好? 李明睿答道:"东宫少不更事,禀命则不威,专命则不敬,不如皇上亲行为便。"②不过,李邦华内心还是认为太子南下监国为妥。他"密疏请帝固守京师,仿永乐朝故事,太子监国南都"③。在召见首辅陈演时,明思宗拿出李邦华的密疏,对他说:"宪臣言是。"④陈演反对南迁,出宫后故意向外透露,引起了言官的竞相抨击。

南迁之议既然公开,李明睿便上疏阐明自己的主张。为掩人耳目,奏疏将南迁称为"亲征",说:"今日所最急者,无如亲征。……日逐一日,优柔不断,天下大事,尚可为哉?""南京有史可法、刘孔昭,此皆忠良,晓畅军务,可寄大事。皇上召与之谋,必能摧陷廓清,建中兴大业。"明思宗将他的奏疏交给廷臣速议,兵科给事中光时亨斥之为"邪说",声言:"不斩明睿,不足以安人心!"李明睿再次上疏申辩:"臣劝皇上亲征,非臆说也。此皆圣帝明王英君谊辟不忍天下之阽危,冒白刃,犯锋镝,身先士卒,非好之也,有所大不得已也。……且臣之进言,为亲征也,而诸臣妄意为南迁。就使皇上发策南迁,此亦救时急着。唐时再迁再复,宋室一迁南渡,传国百五十年。若唐、宋不迁,又何有灵武、武林之恢复? 又何有百五十年之历数哉?"明思宗览疏默然,召见光时亨而诘之,曰:"一样邪说,却专攻李明睿何也,显是朋党。"

---

① 《国榷》卷一○○,崇祯十七年三月甲午,第 6036 页。

② 《流寇志》卷九,崇祯十七年正月丁未,第 140 页。

③ 《明史》卷二六五,《李邦华传》,第 6846 页。

④ [清]钱谦益:《牧斋有学集》卷三四,《都察院左都御史赠特进光禄大夫柱国太保吏部尚书谥忠文李公神道碑》,四部丛刊本。

还说:"光时亨阻朕南迁,本应处斩,姑饶这遭。"①南迁之议遂寝。

二月二十五日,驸马都尉巩永固(明光宗乐安公主之夫婿)入朝,明思宗询以"救时要务",巩永固极力劝说皇上南迁,称愿"请卫驭以从,力可召募义兵数万,寇乱不难定也"。②二十八日,明思宗又在文华殿召见群臣,命"府部大臣各条战守事宜"③。左都御史李邦华与左庶子李明睿再次提出太子监抚南京及皇上南迁两个方案。李明睿固主张皇上南迁,说:"事前疏请亲征,为南迁也。"他见众论狐疑未有所定,慷慨陈言:"《易》云'利用为依迁国',《尚书·盘庚》皆言迁事,唐以再迁而再复,宋以一迁而南渡,诸君何所疑,而违言迁乎?"大臣皆错愕而未有应者,唯有少詹事项煜"请以太子监军南中",与李邦华的计策相吻合。明思宗原本是支持李邦华主张的,后来几经琢磨,觉得由太子去南京监抚,自己还是难以逃命,且由太子监国,说不定会重演唐肃宗灵武登基的旧戏,认为还是实行李明睿之议为妥。明思宗想南迁,但又怕承担责任,希望廷臣特别是内阁首辅能出面陈请或支持南迁,然后施行。第二天,明思宗专为此事召见内阁辅臣,面带愠色地说:"宪臣有密奏,劝朕南迁,卿等看详来。"随手将李邦华的密奏递给辅臣,要他们当面表态。辅臣阅后却回奏:"昨东阁会议,有二臣亦主此论。"明思宗问是哪两位大臣,辅臣回答后,明思宗遂赌气地说:"祖宗辛苦百战,定鼎于此土。若贼至而去,朕平日何以责乡绅士民之城守者?何以谢先经失事诸臣之得罪者?且朕一人独去,如宗庙社稷何?如十二陵寝何?如京师百万生灵何?逆贼虽披猖,朕以天地祖宗之灵,诸先生夹辅之力,或者不至此。如事不可知,国君死社稷,义之正也,朕志决矣!"他说这一番气话,实际是想让阁臣转而支持李明睿的南迁主张,大臣们却担心皇上南迁而让他们辅佐太子留守北京,成为替死鬼;就算随驾南迁,一旦京师失守,自己也会因为支持南迁之议而代人受过。因此,他们都一味劝谏:"太子监军,古来尝有,亦是万世之

---

① 《流寇志》卷九,崇祯十七年正月丁未,第141页。
② 《甲申传信录》卷三,《戚臣》,第38页。
③ 《平寇志》卷八,顺治元年二月丁亥,第187页。

计。"明思宗反驳道:"朕经营天下,十几年尚不能济,哥儿们孩子家,做得甚事!"①

　　首辅陈演公开反对南迁,明思宗这次召见辅臣便故意撇开了他,他只得在二月二十八日乞求辞职。明思宗在这前一天就指责过他:"朕不要做,先生偏要做;朕要做,先生偏不要做。"②因此便批准他的辞职。继任首辅魏藻德,对南迁之议始终一言不发,令明思宗感到无可奈何。

　　三月初三,督师大学士李建泰自保定飞章上奏,乞请明思宗南迁,表示愿护太子先行。翌日,明思宗召对平台,对阁臣说:"李建泰有疏劝朕南迁,国君死社稷,朕将何往?"大学士范景文、都御史李邦华、少詹事项煜"请先奉太子抚军江南",给事中光时亨大声斥责道:"奉太子往南,诸臣意欲何为? 将欲为唐肃宗灵武故事乎?"所谓"唐肃宗灵武故事",是指唐朝天宝年间发生安史之乱,唐玄宗逃往成都,宦官夹持太子李亨逃往灵武,拥立为帝,是为唐肃宗,尊奉唐玄宗为太上皇。光时亨引用此典,意在指斥主张奉太子南下抚军的大臣有拥立太子、架空明思宗之嫌。范景文等大臣一听,都吓得脸色煞白,浑身冒汗,默不作声。明思宗摇头叹道:"朕非亡国之君,诸臣尽为亡国之臣!"③拂袖而去。南迁之事,终因明思宗的优柔寡断、患得患失而不了了之。

　　李自成亲统的大顺北路军,在二月十三日攻占宁武后,乘胜进抵阳和,明兵备道于重华郊迎十里,具牛酒迎降。三月初六日,抵达宣府,镇守太监杜勋出城 30 里迎降。十五日至居庸关,监军太监杜之秩、总兵唐通投降,号称天险的京师"北门锁钥"向大顺军敞开了大门。大顺军顺利入关,向昌平挺进。刘芳亮率领的大顺南路军,在二月从河南怀庆向东挺进,经彰德、磁州(今河北磁县),畿辅的广平、顺德、河间,于三月下旬到达保定。督师大学士李建泰所率几百士卒向大顺军投降。

　　保定城破之后,刘芳亮留下部分兵力镇守,自己率领部队向京师挺进。与此同

　　① 《绥寇纪略》补遗中,《虞渊沉》。

　　② 《天问阁集》卷上,《甲申廷臣传》;[清]徐鼒撰,王崇武点校:《小腆纪年附考》卷三,顺治元年三月戊子,中华书局 1957 年版,第 71 页。

　　③ 《明季北略》卷二○,《初三日辛卯》,第 427 页。

时,明思宗也部署京城的防守,决意做最后的挣扎。三月初二日,命太监及各官分守京师九门,令襄城伯李国祯提督城守。城内实行宵禁,昼夜巡逻,严缉奸细。除了朝廷派出的官员,其他官员及家属一律禁止出城。接着,以外饷不至、太仓久虚,下令各官捐资助饷,规定"凡在狱犯官,如曾缨、董象恒、侯恂、王志举、王永祚、陈睿谟、郑三阳七人,皆充饷赎罪",又令百官助饷,按所捐数额升爵,"措饷及万者,建坊"①;由于百官助饷是自愿的,后来干脆改为按衙门摊派,规定每个衙门必须捐助若干,后又改为按官员籍贯摊派,规定各省仕京的官员必须捐助的数目,如江南8000、江北4000、浙江6000、湖广5000、陕西4000、山东4000之类,等等。② 但是,宦官、勋戚和文武百官见内帑堆满金银,每当大臣请求发帑以充军饷时,明思宗却说内帑没有多少钱,不肯往外拿。因此,他们也都装穷,不愿往外拿钱充饷。勋戚中,只有太康伯张国纪捐出 2 万两银子,被晋封为侯爵。嘉定伯周奎是周皇后之父,明思宗派太监徐高劝他捐助 12 万两,给其他臣工做个榜样,周奎却说:"老臣安得多金?"徐高气得拂袖而起,曰:"老皇亲如此鄙吝,大事去矣,广蓄多产何益?"他不得已,才答应捐 1 万两。皇上嫌少,说至少得捐 2 万两。周奎派人入宫求助于女儿周皇后。周皇后暗中派人送去五千两,让他拿出家中的积蓄凑足数额,周奎却"匿宫中所畀二千金,仅输三千"③。太监曹化淳、王永祚捐至三万、五万。王之心是宦官中的第一富翁,明思宗要他助捐,他以"家计消乏"为词,仅捐出万金。其他宦官纷纷装穷,在门口贴上"此房急卖"的纸条,有的则把家中的雕镂玩好诸物拿到市场上出售,装出一副破家纾国难的样子。有的太监在宫阙壁上题诗,声称"此处不留人,自有留人处"④。文武百官中,辅臣魏藻德仅捐五千两,其他官司员捐助几十两、几百两不等。陈演已被罢官,但尚未离开京城,明思宗要他捐资,他"极言清苦,从未

---

① 《甲申传信录》卷一。
② [明]赵士锦:《甲申纪事》。杨士聪《甲申核真略》中记作"陕西五千"。
③ 《明季北略》卷二○,《初十征戚珰助饷》,第 445—446 页。
④ 《甲申传信录》卷一,《睿谟留憾》,第 12 页。

向吏、兵二部讨一缺"①,无银可捐。据史籍记载,这次大搞捐助,"合百官、勋戚、内臣所助,共得二十万(两)"②,根本解决不了缺饷的问题。后来大顺军攻下北京,大搞追赃助饷,王之心就吐出银子十五万两,周奎被抄出现银五十三万两,陈演也献出白银四万两,追赃所得共有白银七十多万两,而大顺军从大内四十多个地窖中搜出的金银竟多达"几千百万"两,具体的数字,史籍记载不一。赵士锦《甲申纪事》说,当时内库"银尚存三千余万两,金一百五十万两"③。张正声《二素纪事》说,"李自成括内库银九千几百万,金半之"④。杨士聪《甲申核真略》说:"贼入大内,括各库银三千七百万,金若干万。其在户部外解不及四十万,捐助二十万而已。"⑤谈迁《国榷》说,李自成撤出北京时,"尽运金宝以入秦,驱骡马千计,括各库金共三千七百万有奇,制将军罗戴恩以万骑护之而西。初,户部外解不及四十万,捐助二十万有奇,而大内旧藏黄金四十余窖,内监皆畏先帝,不以闻"⑥。有学者认为,比较可信的说法,是白银三千七百万两,黄金一百五十万两⑦。明末的君臣,爱钱财胜过社稷,这样的朝廷哪有不亡之理!

三月十六日,明思宗召见文武大臣商议对策,大臣皆相顾不发一言。同一天,他又照例召对考选诸臣,以抵御满洲贵族和农民起义军的进攻以及军饷的筹措问题,挨次召对。召对尚未结束,内侍递进密封文书,明思宗一看,大惊失色,仓皇退入后宫。原来,这是一份报告昌平已于当天凌晨失守的塘报,它预示着大顺军即将兵临北京城下了。

三月十七日,大顺军自昌平进抵北京城下。驻屯城外由襄城伯李国祯指挥的京军三大营,一与大顺军接触,立即溃降,他们的火炮都落到大顺军的手里,成为大

① 《甲申传信录》卷一,《睿谋留憾》,第12页。
② 《流寇志》卷九,崇祯十七年三月癸巳,第151页。
③ [明]赵士锦:《甲申纪事》,崇正丛书本。
④ [明]张正声:《二素纪事》,清刻本。
⑤ [明]杨士聪:《甲申核真略》,崇恩阁丛书本。
⑥ 《国榷》卷一○一,崇祯十七年三月壬申,第6074页。
⑦ 顾诚:《明末农民战争史》,中国社会科学出版社1984年版,第253页。

顺军攻城的利器。城里人心惶惶,不知所措。明思宗"仰天长号,绕殿环走,拊胸顿足,叹息通宵,大呼'内外之臣误我,误我'"[1]。他仓皇召对群臣,群臣个个战栗无策,噤不发声。被赶上城墙守堞的士卒,饥不得食,也无心守御。至夜半三更,明思宗命驸马都尉巩永固领家丁护太子南下。按照规定,明朝的皇亲不得私藏武器。巩永固回答说:"臣等安敢私蓄家丁? 即有,亦何足当贼?"[2]

大顺军围攻北京之时,李自成在沙河巩华城设立临时总部,由大将刘宗敏担任前线总指挥,负责指挥攻城。三月十八日,大顺军将士架云梯猛攻西直、平则(今阜成)、彰义(今广安)三门,同时派遣在宣府投降的太监杜勋和在昌平投降的太监申之秀入城,与明思宗谈判,要求他主动逊位。明思宗犹豫不定,拖延不决。大顺军忍无可忍,在夜间攀城而入,占领了外城。明思宗徘徊殿廷,计无所出。太监张殷跑过来,对他说:"皇爷不须忧愁,奴辈有策在此。"明思宗忙问何策,答曰:"贼若果入城,直须投降,便无事矣。"[3]明思宗大怒,拔剑将他刺杀。而后与秉笔太监王承恩登上煤山(今北京景山)四处瞭望,见城外烽火蔽天,徘徊良久;回头又见正阳门上悬挂三盏白灯,按照京城的惯例,"正阳门悬白灯,自一至三,以表寇信之缓急"[4],正阳门上悬挂的白灯多至三个,表明局势已经极为危急,大势已去,又返回乾清宫,布置应急后事。他用朱笔急书一道简短的谕旨:"令成国公朱纯臣提督内外诸军,夹辅东宫。"遣内臣送到内阁。然后命进酒,连饮数杯,叹道:"苦我民尔!"随即传令两宫及懿安皇后自尽。接着命人将16岁的太子、13岁的定王、10岁的永王送往勋戚周奎、田弘遇处,由他们助其逃亡。而后来到坤宁宫见周皇后已上吊自杀,又转到寿宁宫,见15岁的长平公主正在嘶声痛哭,他说:"汝何故生我家!"挥剑向她砍去,公主举起左臂一挡,左臂即被砍断,昏厥过去。接着,又到昭仁殿挥剑砍死了昭仁

---

① 《二素纪事》。
② 《流寇志》卷九,崇祯十七年三月乙巳,第158页。
③ [清]王世德:《烈皇帝遗事》,清刻本。
④ 《流寇志》卷九,崇祯十七年三月丙午,第158页。

公主,昭仁公主是其幼女,"年六岁矣"①。出了昭仁殿,又折回南宫仁寿殿,命宫女逼懿安皇后张氏自尽。

逼令张皇后自杀后,已是深夜时分。明思宗召来提督京营的司礼监秉笔太监王承恩,换上轻便靴子,手持三眼枪,由王承恩领着持斧的数十名太监陪同,企图出城逃跑。他们出了东华门,走到齐化门(今朝阳门),想夹杂在百姓中混出城外,没有成功;又到安定门,同样碰壁而回。十九日,天刚破晓,大顺军已攻入内城。明思宗走投无路,与王承恩来到煤山,在衣襟前书写一段文字:"虽朕薄德匪躬,上干天咎,然皆诸臣之误朕也。朕死无面目见祖宗于地下,故自去冠冕,以发覆面,任贼分裂,无伤百姓。"又书一行,曰:"百官俱赴东宫行在。"②然后与王承恩面对面地一起在寿皇亭畔的一棵大树上自缢身亡。两天后,人们在煤山发现明思宗的尸体。四月初,大顺政权派人将他与周皇后的遗体葬入昌平田贵妃的墓穴,这就是明十三陵中的思陵。明思宗之死,标志着统治长达277年的明王朝的覆灭。

清代官修《明史》称:"论者谓明之亡,实亡于神宗。"③明太祖创建的明王朝高度强化的封建君主专制统治,按照其《祖训》的规定,"一字不可改易"④,即一成不变地运转了二百多年,到明中后期已是弊端百出,无论是政治、军事还是经济都产生了深刻的危机。幸赖张居正的改革,才使明王朝的统治危机得到一定的缓解。但明神宗亲政后的倒行逆施,又将明王朝的统治推向了崩溃的边缘。不过,明王朝毕竟未亡于明神宗亲政之时,而是亡于明思宗之手。明思宗多次声称"朕非亡国之君""内外诸臣误我",把明亡的责任都推到文武大臣身上。毫无疑问,崇祯朝的许多大臣如温体仁、周延儒之流,对明亡负有一定的责任,但手握军国大政最后决策大权、"沉机独断"的专制君主明思宗,则应负主要的责任。

---

① 《绥寇纪略》补遗中,《虞渊沉》。
② 《崇祯实录》卷一七,崇祯十七年三月丙午。
③ 《明史》卷二一,《神宗纪》赞,第295页。
④ [明]朱元璋:《皇明祖训序》,见杨一凡点校《皇明制书》第三册,社会科学文献出版社2013年版,第783页。

明思宗的确怀抱中兴之梦,在继位之初有铲除魏忠贤阉党集团之功,而且一生励精图治、勤于理政、生活俭朴、不近声色,并引进西方近代的科技文化,因而不乏赞誉。但是,他对宦官势力的斗争有其始而无其终,清除魏忠贤阉党集团不久,又重新起用身边亲信的太监,培植效忠自己的宦官势力,导致政局的混乱。而勤于理政、崇尚俭朴,不过是任何阶级社会最高掌权者所应具备的基本素质,但仅仅具备这些基本素质并不足以治理好国家,更不要说挽回危局了。在封建社会,要想治理好国家,特别是挽回濒临危亡的局势,不仅要有远大的志向,而且必须具备深邃的目光、开阔的视野、高度的智慧、坚强的意志、果断的魄力和高超的治国能力,能够抓住当时社会的主要矛盾,找到相应的解决办法,从而制定出长远的治国方略,采取妥当的政策措施。

明思宗虽有中兴之志,却缺乏治国理政的才干,没有认识到明末深刻的社会危机的根源所在,并找到挽回危局的办法。经过长期的历史发展,明朝的各种社会矛盾日积月累,到明后期呈现纵横交错、急剧激化的状态。在东北地区,民族矛盾已成为主要的社会矛盾,但就关内的广大地区而言,则是阶级矛盾占据主要地位。而阶级矛盾之所以激化,则肇源于高度强化的君主专制政体的僵化腐朽,官吏的贪污腐败,土地的高度集中,赋役征敛的过分苛重,贫富差距的过度扩大,从而导致社会生产的严重破坏,人民生活的极端贫困。只有果断地采取措施解决这些问题,才能使社会生产得到发展,人民生活得到改善,阶级矛盾得到缓和,从而让起义农民放下武器,回到田地上进行耕作。这样,明廷才有可能免除后顾之忧,集中全国的人力、物力和财力,抵御满洲贵族的进攻,进而寻求解决民族矛盾的对策,并解决统治阶级内部的党争(这种党争很大一部分是由如何应付农民起义和后金的进攻引起的)。

明思宗见不及此,未能采取有效的措施落实其即位诏中宣布的"吏治民生,求宜于变通"的诺言,大力解决导致起义频发的民生问题,而是采取头痛医头、脚痛医脚的功利主义措施,满洲贵族打来了,就派兵抵挡,农民军崛起了,又出兵征剿,左右摇摆,举棋不定。四处用兵,需要巨额的军饷,但国库空虚,又不肯动用内帑,于是有辽饷的征派，剿饷的加派。兵力不足，又要加练精兵，于是又有练饷的加派。这种竭泽而渔、饮鸩止渴的做法，彻底剥夺了广大农民起码的生存条件，只能导致农民的大量逃亡或起义，使起义的烈火越烧越旺，而满洲贵族也就趁机加紧对明朝的进攻，使明廷更加难以应付。

不仅如此，明思宗自小在明末环境险恶的深宫里长大，养成刚愎自用而又多疑善变、急功近利而又优柔寡断、虚荣心强而又缺乏担当、专横残暴而又刻薄寡恩的性格，这导致他对许多军国大事的决策失误，措施失当。所有这一切，最终导致了明王朝的覆亡，而明思宗也就以有别于古来的以酒、以色、以暴虐、以奢侈、以穷兵黩武而亡的另一类亡国之君的形象，定格于史册之中。①

> 2020 年 2 月 15 日开笔
>
> 2021 年 5 月 3 日杀青

---

① 参看拙作《明思宗为何成为亡国之君》,《江南大学学报》第 13 卷第 2 期（2014 年 3 月）;《秋实集》,河南文艺出版社 2021 年版,第 249—272 页。